D1753203

Die Haferlbude

Von der Original Gmundner Tongeschirr-Erzeugung zur ÖSPAG

Werksbiografie von Engelhof bei Gmunden

Erhältlich im Fachgeschäft

Darauf sind wir stolz:

Auf unser neues Badezimmer sind wir richtig stolz. Alle unsere Gäste bewundern unser schönes Sanitärporzellan. Jedesmal freuen wir uns wieder, daß wir AUSTROVIT gewählt haben.

Waschtisch ohne Rückwand „KAMP" mit einem durchschlagbaren Hahnloch in der Mitte. (Befestigung: Konsolen, Laschen oder Steinschrauben). Nr. 4603 (Größe 635 x 520 mm), Nr. 4605 (Größe 560 x 460 mm). **Bidet** mit durchschlagbarem Loch für Unterdusche. Nr. 4782 E für Einlochbatterie mit durchschlagbarem Loch für Schaltgestänge. Nr. 4782 für Mehrlochbatterie.

austrovit
Sanitärporzellan ist bestes Kristallporzellan

Das gesamte AUSTROVIT-Sortiment ist in folgenden Farben erhältlich:

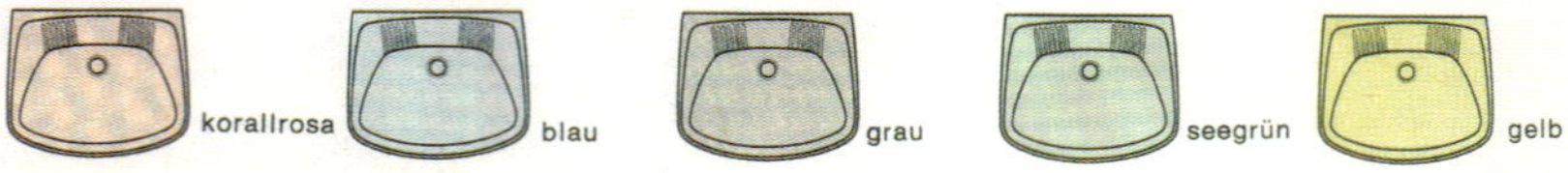

| korallrosa | blau | grau | seegrün | gelb |

René Edenhofer

Die Haferlbude

Von der Original Gmundner Tongeschirr-Erzeugung zur ÖSPAG

Werksbiografie von Engelhof bei Gmunden

Mit 382 Abbildungen, davon 187 in Farbe, und einem Sanitär-Katalog von 1935

2009
Band II
Eigenverlag René Edenhofer

Abbildung Titelseite:
Gefäße der „Original Gmundner Tongeschirr-Erzeugung",
Waschtisch „Inn" und Säule

Abbildung Rückseite:
Sanitärserie „IL BAGNO ALESSI",
Waschtisch mit integrierter Säule

Abbildung Seite 2:
Werbefolder um 1965

Abbildung Seite 5:
Reitsitz-Klosett „KREMS",
retuschiertes Foto um 1932

Gedruckt mit Unterstützung der

KULTUR NIEDERÖSTERREICH

KULTUR LAND OBERÖSTERREICH

BM.W_Fa
Bundesministerium für Wissenschaft und Forschung

und der Stadtgemeinden
Gmunden und Wilhelmsburg

ISBN 978-3-9501460-5-9

Copyright © 2009 by René Edenhofer, A-2232 Deutsch-Wagram
Druck:

DIE-DRUCKEREI
HANS SCHACHERMAYER SEIT 1976
Mediengestaltung, Offset- u. Digitaldruck, Copyshop
4300 St. Valentin, Kastanienstraße 2, Tel. 0 74 35 / 54 2 01

Alle Rechte vorbehalten. Das Werk einschließlich aller seiner Teile ist urheberrechtlich
geschützt. Jede Verwertung außerhalb der engen Grenzen des Urheberrechtsgesetzes ist
ohne Zustimmung des Autors unzulässig und strafbar. Dies gilt insbesondere
für Vervielfältigungen, Übersetzungen, Mikroverfilmungen,
Speicherung und Verarbeitung in elektronischen Systemen.

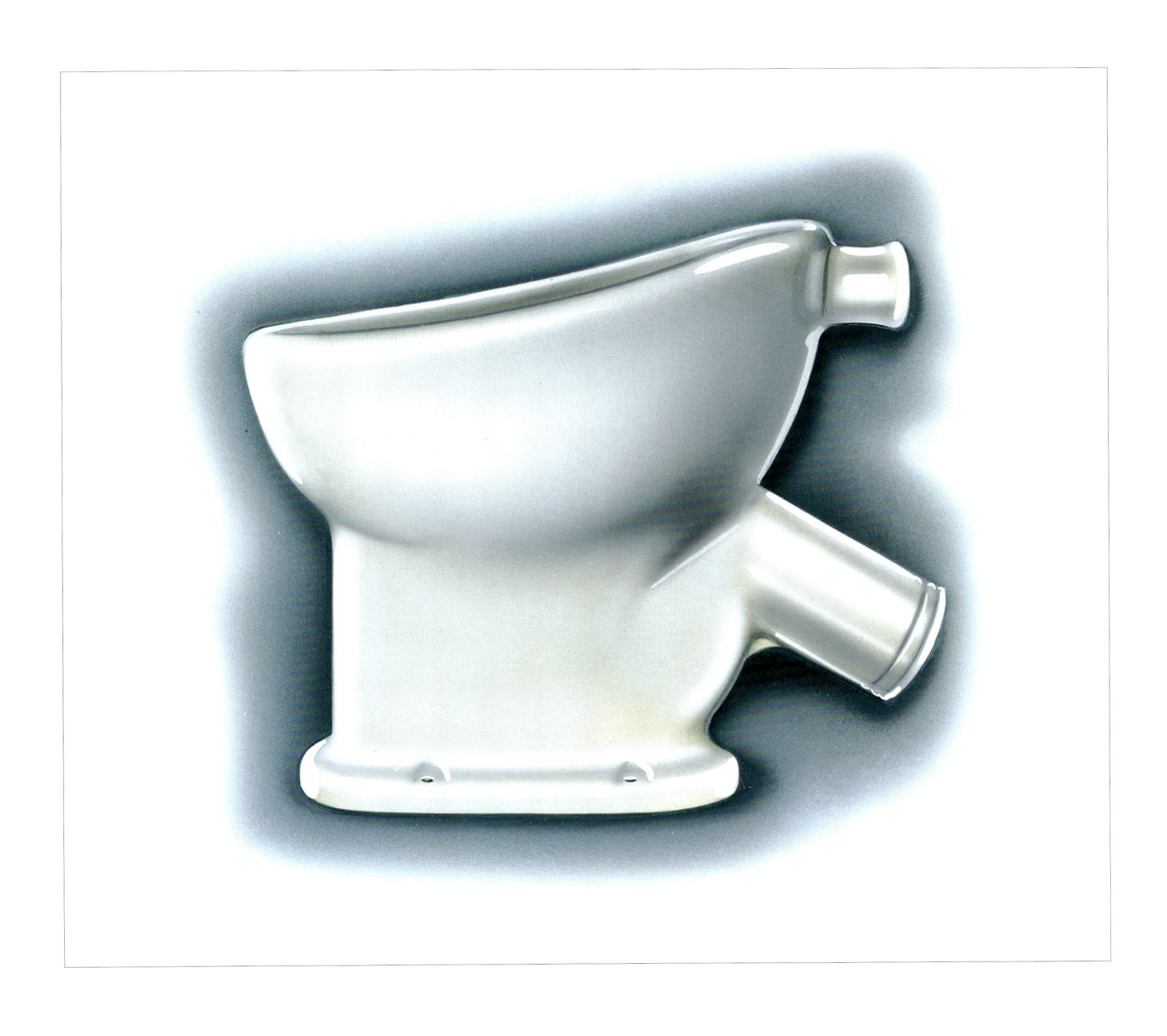

Gewidmet Herrn Dipl.-Ing. Paul C. Lester für seine langjährige Unterstützung

Inhalt

Vorwort	8
Einleitung	10

Original Gmundner Tongeschirr-Erzeugung

1921	12

Steingut-Industrie AG Gmunden/Engelhof

1923	18
1924 – 1925	20
1926	22
1927	23
1928	23
1929	24
1930	25
1931	25
1932	26
1933	27
1934	28
1935 – 1936	28
1937	32
1938	32
1939	35

Ostmark-Keramik AG, Werk Gmunden/Engelhof

1939	36
1940	38
1941	40
1942	41
1943	42
1944	44
1945	45
1946	48

Österreichische Keramik AG

1946	48
1947	49
1948	52
1949	53
1950 – 1952	54
1953	56
1954	59
1955	59
1956	60
1957	62
1958 – 1960	63

ÖSPAG

1961	65
1962	68
1963	70
1964	71
1965	71
1966	74
1967	76
1968	79
1969	80
1970	82
1971	83
1972	83
1973	84
1974	84
1975	85
1976 – 1978	89
Zusammenarbeit mit Prof. Gudrun Wittke-Baudisch	90
1979	92
1980	95
1981	95
1982 – 1983	96
Feinfeuerton	98
1984 – 1985	99
Sanitärdesign	101
1986	101
1987	103
1988	105
1989 – 1994	105
Kooperation mit dem „Porsche Design-Studio"	106
1995	112
1996 – Engelhof soll geschlossen werden	113
1997	117
1998	118
1999	119
2000 – 2001	120

Inhalt

Laufen Austria AG
2002 – 2003	120
2004 – 2005	121
2006	121
2007 – 2009	122

Anhang I
Sanitärmarken Werk Engelhof	126
Sanitärmarken für Steingut	126
Sanitärmarken für Porzellan	127
Produktionsablauf	132

Anhang II
Sommerseminare für Keramik	136
Das Stadtwappen über dem Kammerhoftor	156

Anhang III
Katalog 1935	160

Anhang IV
Quellen, Unterlagen und Gewährspersonen	176
Bildnachweis	176
Objekte	177
Dank	178

Abkürzungen

Steingut-Industrie = Steingut-Industrie AG Gmunden/Engelhof
Ostmark-Keramik = Ostmark-Keramik AG, Werk Gmunden/Engelhof
Keramik AG = Österreichische Keramik AG
ÖSPAG = Österreichische Sanitär-, Keramik- und Porzellan-Industrie Aktiengesellschaft

Unten:
Im Vordergrund das Werk Engelhof, im Hintergrund der Traunsee und Gmunden um 1980

Vorwort

Gmunden – Keramikstadt mit Tradition

Begünstigt durch die reichen Tonvorkommen am Fuße des Grünbergs, reicht die Kulturgeschichte der Gmundner Keramik weit in die Vergangenheit zurück. Eine frühe Besiedlung in der Stein-und Bronzezeit hinterließ ihre Spuren:

In den Jahren 1929 und 1931 entdeckte man auf einem Brandhorizont in den Tongruben der Ziegelei von Waldbach, zwischen Gmunden und Gschwandt, eine verzierte, doppelschneidige Lochaxt sowie ein Flachbeil. Diese Funde belegen den dortigen Tonabbau seit jener Zeit, denn noch heute beziehen die Gmundner Hafner von dort den Rohstoff Ton zur Erzeugung ihrer Keramikprodukte.

Aus dem bronzezeitlichen Gräberfeld von Gmunden-Traunleiten stammt eine ornamentierte Tonschale, die ein Alter von 3500 Jahren aufweist.

Auch die Römer siedelten hier, unter anderem in Engelhof, wo 1955 die Grundmauern eines römischen Landhauses mit Badehaus und eigener Töpferwerkstätte freigelegt wurden. In dieser, aus drei miteinander verbundenen Räumen bestehenden ältesten Töpferwerkstätte Gmundens, fand man die Reste eines Töpferofens, die Spindel einer Töpferscheibe und zahlreiche Tonscherben.

Die in der La-Tène Zeit entstandene und seit der Römerzeit verschwundene Graphittonware, wurde erst im fortschreitenden Mittelalter wieder hergestellt (Schwarzhafner). Etwa ab 1500 wurden die einfachen irdenen Erzeugnisse der Gmundner Hafner, wie Ofenkacheln und Gebrauchsgeschirr, mit brauner Hafnerglasur aus Blei versehen. Im Jahre 1625 erhielten die Gmundner Hafner eine eigene Handwerksordnung und gehörten nicht mehr wie bisher der Welser Hafnerzunft an. Die Tradition des heute überall als „Gmundner Keramik" oder „Gmundner Geschirr" bekannten „Grüngeflammten", reicht ebenfalls bis in diese Zeit zurück.

In der „Blau Periode", ca. 1675–1750, verwendete man hauptsächlich Blei-Zinn-Glasuren, bei denen die Farbe Blau vorherrschte. Die Gefäße und Teller waren mit Ornamenten und religiösen Darstellungen verziert. In der anschließenden „Blau-bunten Periode" von ca. 1750–1775, kamen bereits die vier Scharffeuerfarben zur Anwendung, man betonte aber weiterhin das Blau. Die figürliche Malerei hatte zwar häufig noch religiösen Charakter, doch tauchten vereinzelt Spruchweisheiten mit Darstellungen aus dem Volksleben auf. Das ausgehende 18. Jahrhundert leitete die Hochblüte der Gmundner Keramikerzeugnisse ein. Die Gmundner Hafner nutzten die sichere Transportmöglichkeit auf dem Wasserweg mit den bewährten Salzschiffen (Traunern) und konnten so ihre Erzeugnisse auf vielen Märkten der Donaumonarchie, u.a. auch in der Bundeshauptstadt Wien, feilbieten.

Die am häufigsten verwendeten Motive der „Grün-bunten Periode" von ca. 1775–1875 waren Blüten oder Blumensträuße am Tellerrand und gitterartig gemalte Hintergründe.

Mit Beginn des 19. Jahrhunderts versah man die Krüge vermehrt mit lustigen Szenen aus dem Volk und oft auch mit derben Sprüchen. Die Hafnermaler waren gute Beobachter und malten vieles vom Leben und Treiben der damaligen Zeit auf Krüge, Teller und Schüsseln. Die religiösen Darstellungen wurden fast gänzlich verdrängt, lediglich die „Godenschalen" bemalte man noch mit dem Porträt des jeweiligen Namenspatrons des Täuflings.

Nachdem die Hafnerdynastie Schleiß bereits seit dem Jahr 1843 in der Theatergasse 14 eine für ihr „Gmundner Geschirr" und die kunstvoll bemalten Fayencen weitum bekannte Töpferwerkstätte betrieb, gründete

Vorwort

1903 Leopold Schleiß (1853–1910) die „Gmundner Tonwarenfabrik" in Traunleiten und führte diese gemeinsam mit seinem Sohn Franz Schleiß II (1884–1968). 1909 übernahm dieser die alleinige Leitung der Fabrik und vermählte sich mit der Bildhauerin Emilie Siemandl (1880–1962) die er beim Kunststudium in Wien kennengelernt hatte. In einer äußerst fruchtbaren Zusammenarbeit zwischen Franz und Emilie Schleiß entstanden neben der Produktion von Gebrauchsgeschirr über 60 kunstvolle Modelle für verschiedene Figuren. Ab 1912 arbeiteten bei ihnen während der Sommermonate zahlreiche bekannte Künstler aus Wien so u.a. Dagobert Peche, Michael Powolny, Berthold Löffler, Vally Wieselthier, Franz von Zülow, und Ludwig Galasek.

Franz Schleiß fusionierte das aufstrebende Unternehmen 1913 mit der „Wiener Keramik" zur „Vereinigten Wiener und Gmundner Keramik und Gmundner Tonwarenfabrik Schleiß GmbH", aber bereits 1923 schieden Franz und Emilie Schleiß aus der Aktiengesellschaft aus und arbeiteten fortan ausschließlich im Stammhaus in der Theatergasse unter der Bezeichnung „Schleiß Keramische Werkstätten" weiter. Dort wurde sehr viel experimentiert und in zahlreichen Versuchen neue Formen und Glasuren entwickelt. Die drei Töchter von Franz und Emilie Schleiß, Margarete, Gertrude und Marianne, arbeiteten alle im elterlichen Betrieb in der Theatergasse. Der aus der zweiten Ehe von Franz Schleiß stammende Sohn Peter trat 1955 nach umfangreicher Fachausbildung als Keramiker in den väterlichen Betrieb ein und übernahm 1968 nach dem Tod seines Vaters den Betrieb. Nach seinem Ableben im Jahre 1979 führte seine Schwester Gertrude die Keramikwerkstätte mit ihrem Sohn Franz Michael bis zur Betriebsschließung am 31. Dezember 1982 weiter.

Auch die Keramikfabrik in Traunleiten erlebte eine wechselvolle Geschichte. Nach mehrfachem Besitzerwechsel erwarb sie 1968 Johannes Hohenberg, der sie unter der Betriebsbezeichnung „Gmundner Keramik Johannes Hohenberg" weiterführte. Es gelang ihm für seinen Betrieb so bekannte Künstler wie Prof. Gudrun Wittke-Baudisch und Prof. Wolfgang von Wersin zu gewinnen und so kam es 1969 zur Gründung des Atelier „H" in dem auch junge Keramiker wie Franz Josef Altenburg, Anton Raidel und Waltraud Setz künstlerisch tätig waren. 1998 erwarb Johannes Graf Moy den Betrieb und ändert den Betriebsnamen in „Gmundner Keramik Manufaktur" um.

Nahe der Tongruben von Waldbach und Baumgarten im Gemeindegebiet Gschwandt wurde 1920 die „Original Gmundener Tongeschirr-Erzeugung" gegründet, welche nach einem Totalbrand im Jahre 1923 in unmittelbarer Nähe als „Steingut-Industrie AG Gmunden/Engelhof" wieder aufgebaut wurde. Nach wechselvollen Jahren und verschiedenen Eigentümern firmierte der Betrieb ab 1960 unter „ÖSPAG/Werk Engelhof".

1963 bis 1967 sowie 1969 und 1978 fanden in den Räumlichkeiten der ÖSPAG/Engelhof und der Gmundner Keramik von Prof. Kurt Ohnsorg und nach dessen Tod 1970 von Kurt Spurey geleitete „Nationale und Internationale Keramiksymposien" statt.

Seit 2003 finden diese mit den „Keramik Symposien Gmunden" eine neuerliche Belebung und tragen den Ruf der Keramikstadt Gmunden auch weiterhin in die Welt hinaus.

Ingrid Spitzbart
Direktorin K-HOF Kammerhof Museen Gmunden, Mai 2009

Einleitung

Für den Großteil der österreichischen Bevölkerung waren sanitäre Anlagen innerhalb der „eigenen vier Wände" vor nicht allzu langer Zeit noch keine Selbstverständlichkeit.

Wenn ich an meine Kindheit Anfang der 1970-Jahre denke, als mein Bruder und ich die Tage vor Weihnachten bei meiner Großmutter in Wien verbrachten, überkommt mich in diesem Zusammenhang noch immer ein mulmiges Gefühl. Der Altbau, in dem meine Großmutter wohnte, entstand um 1880 und hatte das WC am Gang. Das unbeheizte Klo war ein von zwei Parteien benutzter Ort, der besonders in der kalten Jahreszeit nicht zum Verweilen einlud. Wir Kinder benutzten es nur, wenn es wirklich keinen anderen Ausweg mehr gab. Dann musste der große neben der Wohnungstüre hängende Kloschlüssel abgenommen und der Gang zum Klo angetreten werden. Das Unaufschiebbare nahm seinen Lauf.

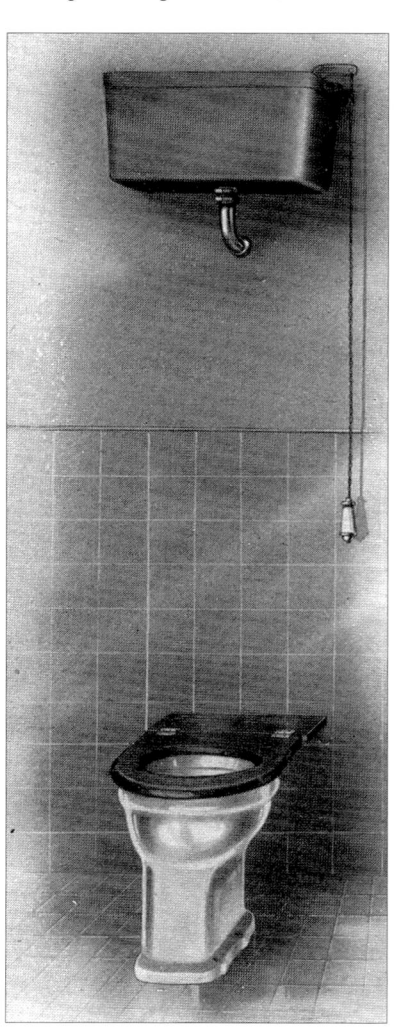

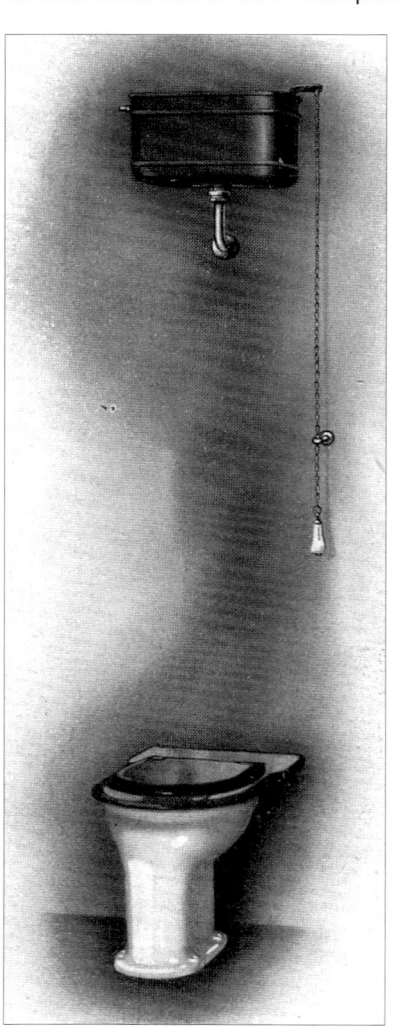

Nach dem Aufsperren erwartete einen im Inneren die WC-Schlichtheit der Gründerzeit. Links eine Holzplatte mit Eisenwinkel zum Aufhängen der Klopapierrolle, mittig ein Klosett mit dicker Holzbrille, knapp unter der Decke ein Wasserbehälter und an dessen Seite, etwas hoch, für mich aber mit Mühe erreichbar, ein an einer Kette baumelnder Porzellangriff für den Klozug. Nach dem schnellen Geschäft – je kälter, desto schneller – zog man kräftig am Porzellangriff. Die daraufhin aus der Höhe niederdonnernde Wassermenge schwemmte all das vorher Vollbrachte in die Wiener Kanalisation. Hände waschen war erst in der Wohnung möglich, aber nach mehreren Türschnallen waren die Hände sowieso schon wieder sauber. Wobei Großmutters „Küchenbad" – neben dem Küchenherd ein Waschbecken und eine Dusche mit Vorhang – im Gegensatz zu anderen Wohnungen im Haus bereits „Luxus" war.

Der damals kleine „Luxus" meiner Wiener Großmutter war bei meiner Großmutter am Land nicht einmal ansatzweise vorhanden. An ein „Badezimmer" oder Ähnliches kann ich mich beim besten Willen nicht erinnern. Das

Unten und rechts:
Komplette „Hochspülklosette"
Katalogabbildungen um 1900

Einleitung

Klo erreichte man nur, wenn man auf einem Holzbrett mit Querhölzern – die wegen der Rutschgefahr montiert waren – zum im Freien stehenden „Häusl" emporstieg. Hat man das „Stille Örtchen" erklommen, sah man vor sich eine Bank mit rundem Holzdeckel, den man beiseite legte, wenn einen die innere Unruhe plagte. Durch die Öffnung blickte man in die unter Wasser stehende Mistgrube, bei deren Anblick ich immer Angst hatte hinunter zu fallen. Dementsprechend verkrampft saß ich auf dem Loch. Nachdem sich die Verkrampfung gelöst hatte, verabschiedete sich das

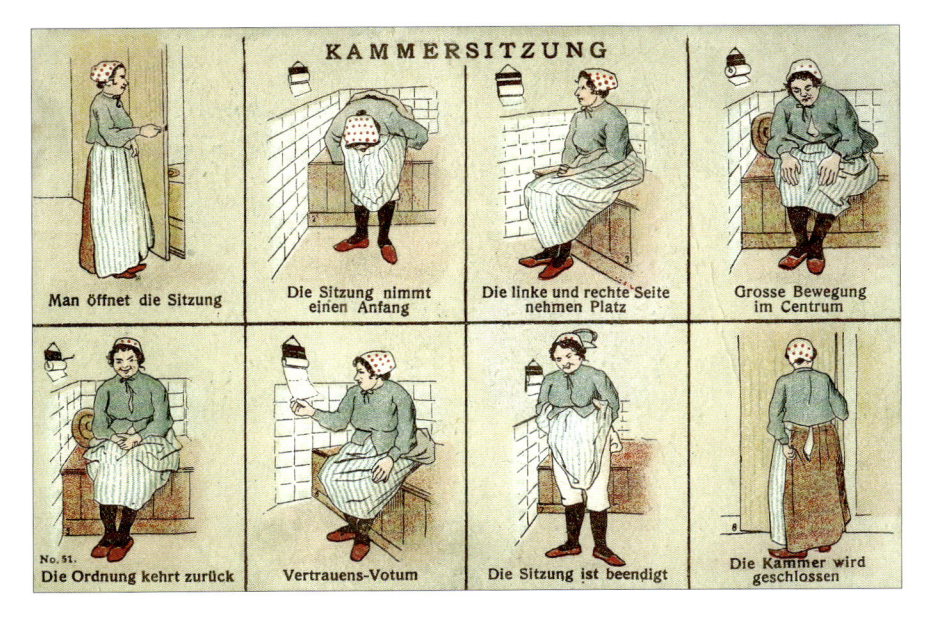

Links:
Scherzkarte um 1900

Geschäft mit einem Platschen in die Mistgrube. Dann kam Großmutters mit großer Sorgfalt in kleine Quadrate geschnittene und auf einem Nagel aufgespießte Tageszeitung zum Einsatz. Damals hatten Zeitungen noch mindestens zwei Funktionen.

Ob durch das mittige Nagelloch im Papier „etwas" durchgedrungen ist, kann ich heute nicht mehr mit Sicherheit beantworten. Aber ich bin dankbar, dass meine Erinnerungen nur mehr Anekdoten sind, und der Begriff „Sanitärkultur" in unserem heutigen Alltag einen wesentlich anderen Stellenwert besitzt.

René Edenhofer
Deutsch-Wagram, im März 2009

Original Gmundner Tongeschirr-Erzeugung
1921 – 1923

Unten:
Standort der Firma „Hans Fötinger Original Gmundner Tongeschirr-Erzeugung, Gesellschaft m. b. H."

Rechte Seite:
Ansuchen um Betriebs-Bewilligung an die Löbliche Gemeinde-Vorstehung Gschwandt, 21. Juli 1921

Unten:
Tonkrug, gemarkt mit „Original Gmundner Tonwaren"

Gmunden in Oberösterreich blickt auf eine jahrhundertelange Keramik-Tradition zurück. Die damals dafür wichtigsten Voraussetzungen, Rohstoffvorkommen und Holzreichtum, waren in der näheren Umgebung vorhanden, was die Gründung von Keramikbetrieben begünstigte.

Am Beginn des 20. Jahrhunderts waren es die Wirren des Ersten Weltkrieges und der Zerfall der österreichisch-ungarischen Monarchie, welche die Wirtschaft des nun kleinen „Restösterreich" in arge Bedrängnis brachten. Nur langsam begann sich die ökonomische Lage wieder zu entspannen. Anfang der 20er-Jahre des vorigen Jahrhunderts war davon auch rund um Gmunden etwas zu spüren.

Die steigende Nachfrage nach keramischen Haushaltswaren ermutigte die Gmundner Geschäftsleute Hans Fötinger (Hafnermeister), Franz Haas (Hutmachermeister und Kaufmann) und „Gust Riegenauer"[1], zur Gründung der Firma Hans Fötinger „Original Gmundner Tongeschirr-Erzeugung, Gesellschaft m. b. H.". Zu diesem Zweck wurde eine ca. 4 km östlich von Gmunden in der Katastralgemeinde Moosham, Gemeinde Gschwandt, gelegene ehemalige Ziegelei umgebaut und erweitert. Begünstigt wurde diese Entscheidung durch die für die Produktion wichtigen Lehmabbaugebiete, die unweit des Standortes der beabsichtigten Betriebsanlage in Baumgarten und Waldbach lagen.

Das *Ansuchen um Bewilligung zur Herstellung eines Anbaues bei der Ziegelei „Spitzer in der Steig" in Moosham Nr. 23 an die Löbliche Gemeinde-Vorstehung Gschwandt* wurde am 21. Juli 1921 verfasst und lautet:

Die gefertigte Firma beabsichtigt in der Ziegelei „Spitzer in der Steig" der Aloisia Reiter in Moosham Nr. 23 eine Tongeschirr-Erzeugung einzurichten.
Zu diesem Zwecke ist die Herstellung eines Anbaues, in welchem der Arbeitsraum, Kanzlei und Wohnräume untergebracht werden sollen, und eine Umänderung im Ziegelofen notwendig. Unter Einem wird bei der Bez. Hauptmannschaft Gmunden wegen Genehmigung der Betriebsanlagen angesucht. Es wird um ehemöglichste Genehmigung der baulichen Anlagen gebeten.

[1] Unterschrift unleserlich

Firma Hans Pötinger,
Gmundner Original-Tonegeschirr-
Erzeugungs-Gesellschaft m.b.H.
Gmunden

Gmunden, 21. Juli 1921

Ansuchen um Bewilligung
zur Herstellung eines Anbaues
bei der Ziegelei „Spitzer in der
Steig" in Mooshaum Nº 23
1 Beilage.

    Löbliche
   Gemeinde-Vorstehung
     Tschwandt

  Die gefertigte Firma beabsichtigt in der
Ziegelei „Spitzer in der Steig" der Frau Aloisia
Reiter in Mooshaum Nº 23 eine Tongeschirr-
Erzeugung einzurichten.
  Zu diesem Zwecke ist die Herstellung eines
1 Plan Anbaues, in welchem der Arbeitsraum,
Kanzlei und Wohnräume untergebracht werden
sollen, und eine Veränderung im Ziegelofen
notwendig.
  Unter Einem wird bei der bez. Hauptmann-
schaft Gmunden wegen Genehmigung der
Betriebsanlage angesucht.
  Es wird um ehemöglichste Genehmigung der
baulichen Anlagen gebeten.

       Franz Hacker
       Hans Pötinger
       Emil Siegerth

Original Gmundner Tongeschirr-Erzeugung

Die mit 20. August 1921 datierte und an die Bezirkshauptmannschaft Gmunden gerichtete Anlagenbeschreibung für die Betriebsanlage beinhaltet eine Beschreibung des Produktionsablaufs.

Doch schon bald, am 5. Juni 1923, erzählt ein Dokument vom raschen Ende der „Tongeschirr-Erzeugung". Im Protokollbuch der Feuerwehr Gschwandt existiert eine Niederschrift, welche den Brand in der Fabrik beschreibt: *5. Juni um 9 Uhr 15 (Anm. abends) brach in der Haferlfabrik*

Oben:
Tonhumpen, gemarkt mit
„Original Gmundner Tonwaren" und für
die Füllmenge „1/2"

Rechts:
Tonkrug, gemarkt mit
„Original Gmundner Tonwaren"

Oben:
Franz Haas, Mitbegründer der „Original Gmundner Tongeschirr-Erzeugung"

Original Gmundner Tongeschirr-Erzeugung

Links:
Fabriksbeschreibung

Beschreibung.

der Gmundner Tonwarenfabrik Hans Fötinger G.m.b.H. Gmunden.

Beiliegend : Plan N° 5202

Plan N° 5202 zeigt die Anordnung und Typen der Maschinen, welche zur Aufstellung gelangen sollen um damit das Rohmaterial einerseits genügend vorzubereiten, anderseits schon Fertigprodukte : Original-Gmundner-Tongeschirre zu erzeugen. Zu diesem Zwecke wird der Rohton in den gemauerten Sumpfbottichen S unter reichlicher Wasserzugabe lagern " sumpfen" gelassen. Von hier wird er entnommen und von Hand der Tonknet-und Mischmaschine "M" aufgegeben. Die darauf erzeugten Tonkuchen werden durch einen Arbeiter in den Nebenraum (Neubau) getragen und dort zu Blumentöpfen auf der Tonformmaschine "T" , oder zu verschiedenen Geschirren, Tellern etc. auf den Drehscheiben "D" mit Fussbetrieb verarbeitet. Diese nochnassen Formstücke werden über dem Gebäude in Stellagen zwecks Trocknung eingereiht. Schon getrocknet werden sie in den Brennofen eingesetzt und gebrannt. Nach diesem Vorbrande werden die Tongeschirre glasiert und abermals gebrannt, Fertigbrand. Die Notwendige Glasur wird in der Glasurmühle "G" , welche ca. 30 Liter Inhalt hat, feinstens nass vermahlen.

Zum Betriebe dieser Tonwarenfabrik dient ein Elektromotor von 6 P.S. und 1400 Umdrehungen in der Minute. Zur Kraftabgabe an die einzelnen Maschinen dient die vorhandene Transmission mit einer Umdrehungszahl vom n = 200 pro Minute. Die Tonknetmaschine ist nur zeitweilig im Betriebe, da die Leistung derselben derart bemessen ist, dass die Tonkuchen als solche noch einige Tage aufgestapelt lagern gelassen werden. Der Kraftverbrauch der Maschine beträgt ca. 5-6 P.S. bei einer Umdrehungszahl von n = 100 in der Minute. Die Glasurmühle und die Tonformmaschine zusammen haben einen Kraftverbrauch von ca . 1 P.S.

Zum Schlusse sei noch darauf hingewiesen, dass die vorhandene Maschinengruppe zur Erzeugung von Ziegeln, sowie der Elevator nicht zum Betriebe gehören, daher stillstehen.

Lichtenegg, 20. August 1921.

Unten:
Firmenstempel

Hans Fötinger
Original Gmundner Tongeschirr-Erzeugung
Gesellschaft m. b. H.

Oben:
Henkelverzierung mit Christusmonogramm „IHS"

16

Original Gmundner Tongeschirr-Erzeugung

ein Brand, dessen Ursache nicht ermittelt werden konnte, aus; es entstand in kurzer Zeit ein Totalbrand. Am Brandplatze erschienen: die Wehr Gschwandt, Gmunden, die Benzinmotorspritze des Herzogs von Cumberland und St. Konrad. Der Kanzleitrakt und Magazinsteil konnte gerettet werden. Durch die günstige Windrichtung war es möglich, daß das Spitzergut nicht vom Feuer erfasst wurde. Der Schaden geht in Milliarden und dürfte durch entsprechende Versicherungen gedeckt sein. Das Kommando am Brandplatze hatte die Wehr Gmunden. Unglücksfälle bei dem Brande kamen nicht vor: es ist als ein Glücksfall zu bezeichnen, daß kein Rohrführer zu Schaden kam, da nämlich der ins Werk führende Starkstrom nicht ausgeschaltet werden konnte …

Auch in der „Salzkammergut Zeitung" vom 10. Juni 1923 wird über diesen Brand berichtet.

Durch dieses Unglück wurde der bis dahin gut zu funktionieren scheinende Betrieb vernichtet. Heute finden sich vor Ort keine Spuren der Fabrik. Die letzten vom Brand verschont gebliebenen Fabriksgebäude wurden 1964 abgetragen. Einzig einige Erzeugnisse sind erhalten geblieben, gemeinsam mit der mündlichen Überlieferung, dass Objekte auch mit der in der Region üblichen grün geflammten „Hörndlmalerei" dekoriert wurden.

Obwohl die Fabrik nur kurze Zeit existierte, scheinen in verschiedenen Unterlagen verschiedene Namen auf: Haferlfabrik, Tonfabrik der Fa. Hans Fötinger G.m.b.H. Gmunden oder, offiziell richtig, Hans Fötinger „Original Gmundner Tongeschirr-Erzeugung, Gesellschaft m. b. H.". Zusätzlich Verwirrung stiftet die Bezeichnung der Erzeugnisse als „Original Gmundner Tonwaren". Es war aber immer dieselbe Fertigungsstätte gemeint. Ob im Werk auch Kunstkeramiken hergestellt wurden – der Betrieb war auch unter dem Namen „Austria-Kunstwerke" bekannt – konnte nicht in Erfahrung gebracht werden. Kenntnisse über diese Art von Produktion hätte der im August 1921 bestellte Betriebsleiter Josef Unger wohl gehabt. Er kam aus einem Ziersteingut und Sanitärwaren produzierenden Werk, welches in Teplitz-Schönau (Böhmen) lag.

Die Tongeschirr-Fabrik hatte nur kurz bestanden und in die neu gegründete Fabrik wurde von den Arbeitern nur die Bezeichnung „Haferlbude" mitgenommen.

Linke Seite:
Tonkrug, gemarkt mit
„Original Gmundner Tonwaren"

Mitte:
Zeitungsausschnitt,
Salzkammergut Zeitung, 10. Juni 1923

Unten:
„Original Gmundner Tonwaren",
Bodenmarke der Firma Hans Fötinger
Original Gmundner Tongeschirr-
Erzeugung, Gesellschaft m. b. H.

Steingut-Industrie AG Gmunden/Engelhof

Steingut-Industrie AG Gmunden/Engelhof
1923 – 1939

Einem der Gründer der „Original Gmundner Tongeschirr-Erzeugung", Herrn Franz Haas, gelang es, mit der Brandschaden-Versicherungssumme als Grundlage, zusätzlichem Kapital von der „Bank für Oberösterreich und Salzburg" und weiteren Geldgebern, eine neue Betriebsanlage errichten zu lassen und diese danach als „Steingut Industrie AG Gmunden-Engelhof" weiterzuführen.

Oben:
Blau: Standort der „Steingut-Industrie AG Gmunden/Engelhof"

Rot: Standort der Firma „Hans Fötinger Original Gmundner Tongeschirr-Erzeugung, Gesellschaft m. b. H."

Der Kapitalgründungsplan wurde am 19. Juli 1923 beschlossen, und unmittelbar danach kam es zum behördlichen Bewilligungsverfahren für die Genehmigung der Errichtung einer Tonwarenfabrik. Es wurde ein Grundstück nahe des alten Firmengeländes gewählt, verkehrsmäßig günstig neben dem Bahnhof Engelhof[1] und nahe der Bundesstraße gelegen. Der Liegenschaftsbesitzer Josef Eibl stellte das Grundstück zur Verfügung und beteiligte sich am Bau der Werksanlage.

Am 1. September 1923, keine drei Monate nach dem Totalbrand, wurde der Bau der neuen Tonwarenfabrik von der in Gründung befindlichen Aktiengesellschaft genehmigt und am 10. Oktober 1923 nach Feststellung des aktuellen Kapitalsbedarfs das Grundkapital mit 4.000.000.000,–[2] österreichischen Kronen festgelegt.

Grundstückskosten	Kr. 110.000.000,–
Fabriksgebäude (Haupttrakt mit 2 OG)	1.092.626.000,–
Fabriksgebäude (Anbau mit 1 OG)	298.220.000,–
Verwaltungsgebäude	656.198.000,–
Magazin	163.251.000,–
Lagerräume	118.950.000,–
Vorbau	11.675.000,–
Verladerampe	24.525.000,–
Senkgrube und div. kleine Objekte	16.455.000,–
Ofenanlagen samt Schornsteinen	508.100.000,–
	Kr. 3.000.000.000,–
Inbetriebnahmekosten	Kr. 1.000.000.000,–

Der Bau entstand in Eisenbetontechnik mit Ziegelausmauerung und erhielt einen Holzdachstuhl mit Eterniteindeckung.

---

[1] Engelhof ist eine Ortsbezeichnung von Gmunden in der Katastralgemeinde Schlagen.
[2] 4.000.000.000,– österreichische Kronen entsprechen im Jänner 2009 1.352.000 Euro. Es war die Zeit starker Geldentwertung (Inflation), welche Ende 1924 mit der Umstellung von der Kronen- auf die Schillingwährung endete.

Steingut-Industrie AG Gmunden/Engelhof

Die Originalniederschrift zählt unter anderem die Verwendung der Räumlichkeiten auf:

Kellergeschoß: Masseeinlagerung und Masseknetmaschine

Parterre: Masseaufarbeitung sowie Glasiererei und Brennerei

I. Stock: Gießerei, Putzraum, Glühfüllraum, Modellwerkstätte

II. Stock: Dreherei mit derzeit 10 Drehspindeln

Dachboden: Lagerung von Modellen und Formen, Gießquirl

Hof: Materialmagazin, Kollergang, E-Motor (17 PS) für Massemühle und Kollergang, E-Motor (5 PS) für Dreherei und Gießquirl, E-Motor (1 PS) für automatische Wasserpumpe.

Die ehemalige Bauhütte an der Südgrenze des Werksareals gelegen, wird mit Eternit verkleidet zum Materiallager.

Ofenanlage: 1 Langmuffelofen (165m^2) und 2 Scharffeuermuffelöfen (je 21m^2), errichtet von der Fa. F. Padelt, Leipzig (Anm.: von den drei geplanten Öfen wurden nur zwei gebaut).

Die neuen Geldgeber gaben dem Betrieb einen neuen Produktionsschwerpunkt. In der oben genannten Niederschrift wird darauf hingewiesen: *„Vorerst Erzeugung hygienischer Bedarfsartikel, später übrige keramische Produkte"*, und im Revisionsbericht vom 31.12. 1924 findet sich folgender Hinweis: *„Erzeugung von Handelsartikeln aus Steingut und zwar insbesondere von sanitären Steingutwaren aller Art"*. Das Erzeugungsprogramm zu ändern, hatte wirtschaftliche Gründe. Nach dem Zerfall der österreichisch-ungarischen Monarchie im Jahre 1918 gab es innerhalb der neu geschaffenen Grenzen Österreichs keine Sanitärwaren-Fabrik. Die „Wilhelmsburger Steingutfabrik" (Niederösterreich) besaß vor dem Zerfall der Donaumonarchie auch Sanitärwerke in Znaim (Mähren) und Teplitz-Schönau (Böhmen) und erzeugte bis dahin nur Geschirrwaren. Aufgrund der Zerschlagung des einheitlichen Wirtschaftsraumes begann man in Wilhelmsburg 1922 mit der Fabrikation von sanitären Spülwaren. Der steigende Bedarf an Sanitärartikeln sicherte dem Wilhelmsburger

Mitte:
„Steingut-Industrie AG Gmunden/Engelhof",1925
Blick von der Bahnlinie Richtung Werk

Unten:
„Wilhelmsburger Steingutfabrik" (Niederösterreich) um 1922

Steingut-Industrie AG Gmunden/Engelhof

Betrieb eine Vormachtstellung in Österreich. Klosetts mit Wasserspülung aus Steingut wurden nicht nur für die neuen Wohnbau-Großvorhaben in Wien gebraucht. Viele Orte in Österreich begannen mit Kanalisationspro-

Am 21. September 1923 beschloss der Wiener Gemeinderat das erste Wohnbauprogramm mit dem Bau von 25.000 Wohnungen bis 1928.
Das zweite Wohnbauprogramm von 1924 bis 1934 sah insgesamt 60.000 neue Wohnungen in Wien vor.
Bis 1934 wurden insgesamt 61.175 Wohnungen mit Vorraum, WC, Wohnküche und Zimmer fertiggestellt.

Rechts:
Karl-Marx-Hof, Wien um 1930

jekten, die auch die Erneuerung von sanitären Anlagen mit sich brachten. Um international konkurrenzfähig zu bleiben, mussten auch Hotellerie und Gastronomie in Sanitärausstattungen investieren.

Der steigende Sanitärprodukte-Absatz blieb den neuen Gesellschaftern in Oberösterreich nicht verborgen. Mit der geplanten Neuausrichtung des Erzeugungsprogramms wollte man am Verkaufserfolg teilhaben. Daran hatte auch die Firma „Reformbauges.m.b.H Wien/Linz" Interesse, da sie für den Wohnungsbau sanitäre Einrichtungen aus eigener Hand anbieten wollte. Man wurde handelseinig, indem die Firma „Reformbau" die Bauausführung der Tonwarenfabrik zum Selbstkostenpreis übernahm und dafür Firmenteilhaber an der „Steingut-Industrie AG" wurde. Es kann vermutet werden, dass dies eine Vorsichtsmaßnahme zugunsten beider Seiten war, um das finanzielle Risiko wegen der herrschenden Geldentwertung hintanzuhalten.

Unten:
500.000 Kronen Banknote
Die Geldentwertung erreichte 1924 ihren Höhepunkt in der Umstellung von der Kronen- auf die Schillingwährung

1924 – 1925

Am 4. November 1924 kam es zur Fertigstellungsanzeige an die Behörde. Die Kommissionierungsverhandlung am 19. Jänner 1925 ergab keine Be-

Steingut-Industrie AG Gmunden/Engelhof

anstandungen, was zur Erteilung der Betriebsbewilligung an die in Gründung befindliche „Steingut-Industrie AG Gmunden/Engelhof" führte.

Das Unternehmen stand unter der Leitung von Direktor Hans Coeln, Betriebsleiter war wieder Josef Unger aus Teplitz-Schönau. Auch Arbeiter der alten Fabrik wurden wieder aufgenommen und der Belegschaftsstand auf

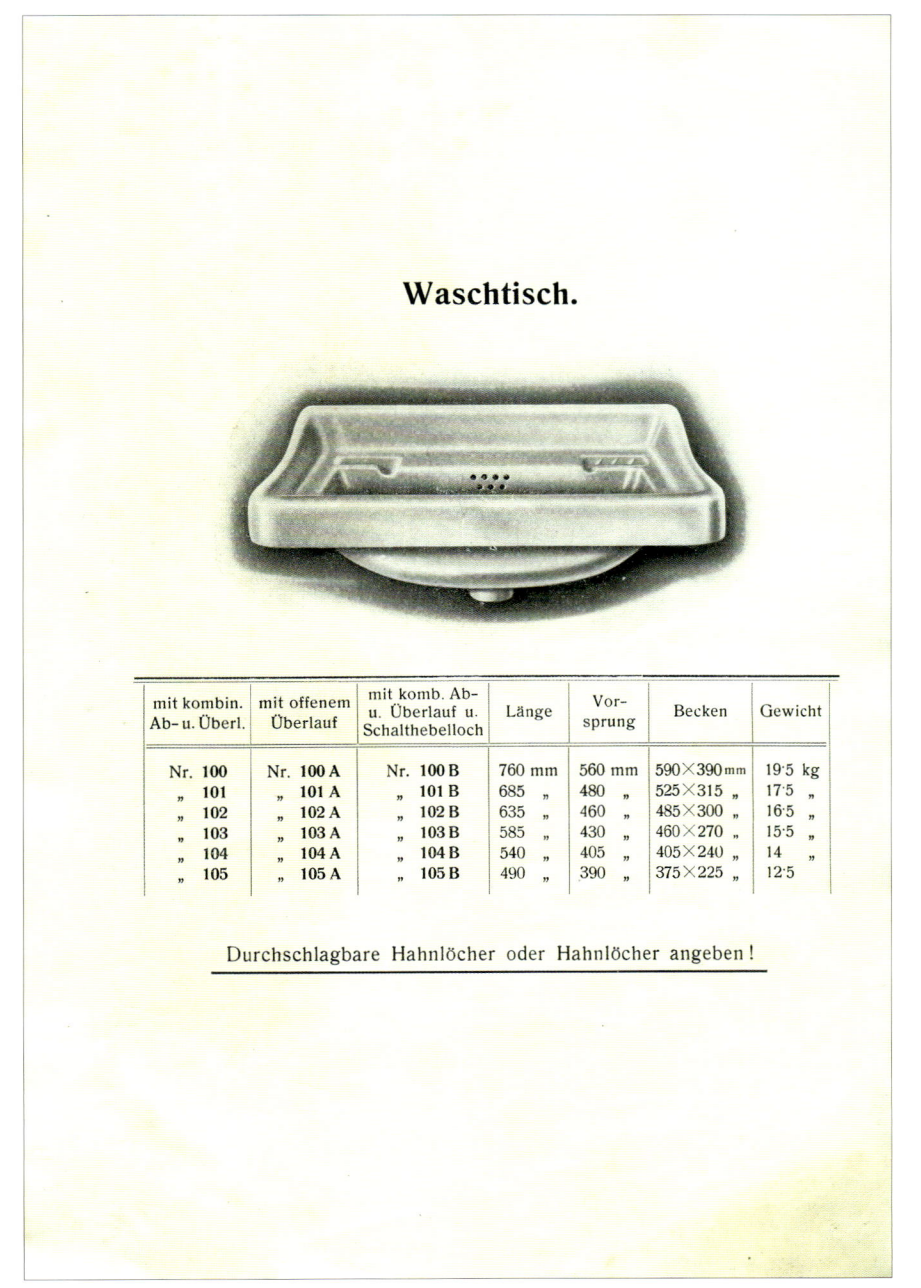

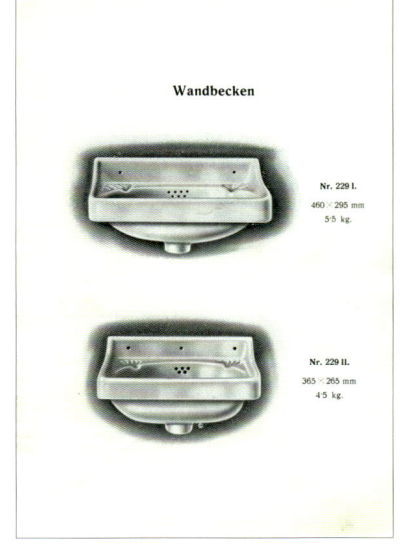

Waschtisch.

mit kombin. Ab- u. Überl.	mit offenem Überlauf	mit komb. Ab- u. Überlauf u. Schalthebelloch	Länge	Vorsprung	Becken	Gewicht
Nr. 100	Nr. 100 A	Nr. 100 B	760 mm	560 mm	590×390 mm	19·5 kg
„ 101	„ 101 A	„ 101 B	685 „	480 „	525×315 „	17·5 „
„ 102	„ 102 A	„ 102 B	635 „	460 „	485×300 „	16·5 „
„ 103	„ 103 A	„ 103 B	585 „	430 „	460×270 „	15·5 „
„ 104	„ 104 A	„ 104 B	540 „	405 „	405×240 „	14 „
„ 105	„ 105 A	„ 105 B	490 „	390 „	375×225 „	12·5 „

Durchschlagbare Hahnlöcher oder Hahnlöcher angeben!

Wandbecken

Nr. 229 I.
460×295 mm
5·5 kg.

Nr. 229 II.
365×265 mm
4·5 kg.

Oben und links:
Auszug aus dem 1. Katalog, 1925
Lose Blätter wurden mit einem Deck- und Rückblatt zusammengebunden. Noch befindet sich keine Herstellerangabe im Katalog, da die „Steingut-Industrie AG Gmunden-Engelhof" erst in Planung war.

40 bis 50 Mitarbeiter aufgestockt. Neben der Haupterzeugung von Sanitärprodukten wurden in kleinem Umfang auch weiterhin Haushaltswaren hergestellt, nicht zuletzt um den Brennraum der Öfen besser auszulasten.

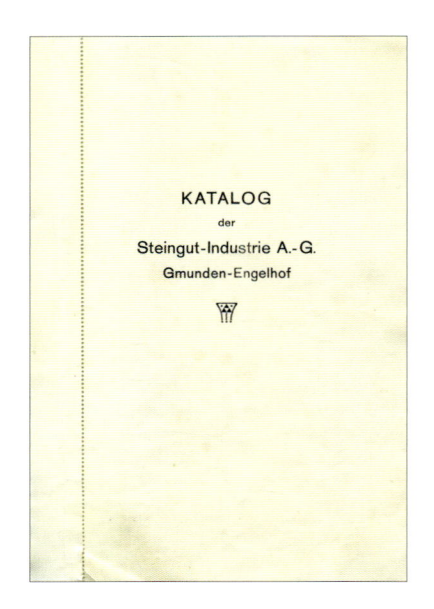

Steingut-Industrie AG Gmunden/Engelhof

Oben:
Nach der Gründung der „Steingut-Industrie AG Gmunden-Engelhof" wurde dem Katalog nach dem Deckblatt eine Seite des Herstellers beigefügt.
Der Katalog wurde laufend um neue Produktseiten erweitert.

Unten:
Werksansicht 1926, rechts der Schornstein des neuen Rundofens

Zwischen den großen Sanitärstücken gab es Leerraum, der mit Geschirrteilen befüllt wurde.

Ein Lager für Fertigwaren und ein Verkaufsbüro wurden im Nordwestbahnhof, 20. Wiener Gemeindebezirk, eingerichtet.

Am 7. September 1925 fand in Linz die konstituierende Generalversammlung der Firma „Steingut-Industrie AG Gmunden-Engelhof" statt. Als Gesellschafter eingetragen waren:

Land Oberösterreich („Bank für Oberösterreich und Salzburg" in Linz)
Reform-Baugesellschaft m. b. H. Wien/Linz
Kaufmann Franz Haas, Gmunden
Kaufmann Josef Eibl, Gmunden
Ing. Robert Coeln, Strobl
Kaufmann Hans Coeln, Hamburg
Dir. Richard Rosenberg, Linz
Dir. Basch, Linz

Bei dieser Generalversammlung wurde auch die Errichtung eines Brennhauses für zwei Rundöfen beschlossen. Das Brennhaus wurde im darauf folgenden Jahr von der Firma Ing. J.Reischer aus Gmunden errichtet.

1926

Der Betrieb entwickelte sich nicht wie erwartet. Von Beginn an gab es finanzielle Schwierigkeiten. Von den beiden Rundöfen errichtete man vorerst nur einen (Firma F. Padelt, Leipzig). Die Auftragsbücher erfüllten in keiner Weise die Erwartungen der Gesellschafter. Die schlechte Auftragslage gepaart mit einer hohen Ausfallsquote in der Produktion, war existenzbedrohend. In dieser für alle schwierigen Phase wechselte Mitte des Jahres der fachkundige Betriebsleiter Josef Unger in das Werk der „Ditmar-Urbach AG" nach Teplitz-Schönau. Sein Nachfolger wurde ein Gründungsmitglied der „Steingut-Industrie AG", Ing. Robert Coeln aus Strobl. Doch auch diesem gelang es nicht, den Betrieb aus seiner misslichen Lage zu führen.

1927

Noch nahm man an, dass das Problem der fehlerbehafteten Produktion überwiegend bei den Muffelöfen zu suchen sei. Mit dem Bau des zweiten Rundofens, ausgeführt von der Firma Schulze aus Dresden, glaubte man, das Problem in den Griff zu bekommen. Rundöfen waren leistungsstärker und wiesen einen geringeren Energieverbrauch als Muffelöfen auf, doch ein besseres Produktionsergebnis wurde in Engelhof auch damit nicht erzielt. Nun erst begann man auf die wirkliche Ursache des Qualitätsproblems zu stoßen. Es lag an der Auswahl der Rohstoffe für die Massezusammensetzung. Verformungen und Risse nach dem Brand standen in ursächlichem Zusammenhang mit der Wahl der Rohstoffe. Um die für die Produktion geeigneten Rohstoffe einzukaufen, zu erproben und gleichzeitig den dabei auftretenden Produktions- und damit Einnahmenausfall auffangen zu können, musste dringend neues Kapital beschafft werden. Um das bisher eingebrachte Kapital zu retten, sprang das Land Oberösterreich in Form der „Bank für Oberösterreich und Salzburg" ein. In der Generalversammlung vom 4. Juli 1927 wurde die Reduktion des Aktienkapitals durch Zusammenlegung der Aktien auf S 50.000,– und gleichzeitig die Wiedererhöhung auf S 500.000,– durch Neueinzahlung beschlossen. Mit dieser Vorgehensweise übernahm die „Bank für Oberösterreich und Salzburg" die Leitung des Unternehmens.

1928

Anfang des Jahres 1928 kam es zum Tod des Direktors Hans Coeln und des Betriebsleiters Ing. Robert Coeln. Wie es zu diesen zeitlich nahe liegenden Todesfällen kam, und ob sie in Verbindung mit dem Betriebsgeschehen standen, konnte nicht ermittelt werden. Im Februar übernahm wieder der „Heimkehrer" Josef Unger die Stelle des Betriebsleiters.

Während die „Steingut-Industrie AG Gmunden/Engelhof" mit großen Schwierigkeiten zu kämpfen hatte, entwickelte sich die „Wilhelmsburger Steingutfabrik" durch den Wissensaustausch mit dem Werk in Znaim kontinuierlich weiter. Die Umsetzung technischer Neuerungen, eine bessere Ausbildung der Mitarbeiter und vor allem das Wissen um die Qualitätserreichung war das, was sie den „Engelhofern" voraus hatte. Damit beherrschte Wilhelmsburg den Sanitärmarkt nach Belieben. Um die genannten Nachteile etwas auszugleichen, wurde mit den Wilhelmsburger Erzeugnissen über den Preis konkurriert. Diese Vorgangsweise schmälerte den Ertrag des Engelhofer Betriebes noch mehr.

*Oben:
Deckblatt des 2. Kataloges um 1927
Wieder wurden lose Blätter mit einem Deck- und Rückblatt zusammengebunden. Der Katalog wurde laufend um neue Produktseiten erweitert.*

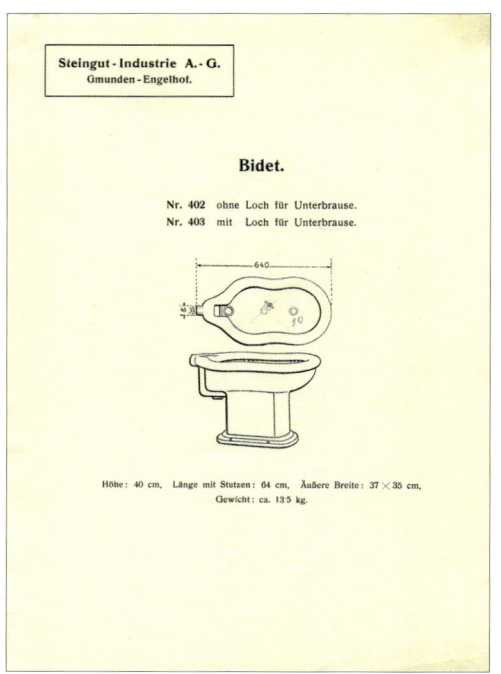

Steingut-Industrie AG Gmunden/Engelhof

1929

Nachdem die Qualitätsprobleme trotz Rohstoffänderungen bestehen blieben, vermutete die Fabriksleitung die Ursache der auftretenden Mängel in der Arbeit der Gießer. Sie beschloss, den entgangenen Verkaufserlös den Gießern vom Lohn abzuziehen. Allerdings waren die Gießer der festen Meinung, dass die Ursache der hohen Fehlerquote weiterhin in der Auswahl der verarbeiteten Rohstoffe lag. In einer Resolution verlangten sie von der Fabriksleitung, dass diese einen Teil des Schadens selber übernehmen müsse. Nachdem kein Einvernehmen hergestellt werden konnte, legten alle Gießer ihre Arbeit nieder und traten am Nachmittag des 25. Jänner 1929 in einen Streik, dem sich weitere Fabriksarbeiter anschlossen. Insgesamt beteiligten sich zwei Drittel der Belegschaft an der Arbeitsniederlegung. Um die Produktion in kleinem Umfang aufrecht zu erhalten, musste die Betriebsleitung zwischenzeitlich 16 Arbeiter aufnehmen. Nach langwierigen Verhandlungen kam es am 4. März zu einer Einigung.

Ab Mitte des Jahres begann sich der von den Gießern geäußerte Verdacht zu bewahrheiten. Langsam aber doch begannen die Rohstoffumstellungen zu greifen, und die Ausschussquoten wurden geringer. Das ließ das Betriebsergebnis bald anders aussehen, und so war das

Oben:
Auszug aus dem 2. Katalog um 1927
(am Ablauf Bleistiftkorrekturen)

Rechts und unten:
Wirtschaftsunterstützung,
Werbung der österreichischen Woche,
1. bis 7. März 1929

Steingut-Industrie AG Gmunden/Engelhof

Jahr 1929 das erste seit der Gründung der „Steingut-Industrie AG", in dem es zu einem fast ausgeglichenen Geschäftsabschluss kam und der Verlust mit Schilling 163,- erfreulich gering ausfiel. Im selben Jahr kam die Fabrik erstmals mit ihrem künftigen Eigentümer, der „Credit Anstalt" (Wien), in Berührung: Anlässlich der Übernahme der „Allgemeinen Boden-Credit-Anstalt" erwarb die „Credit-Anstalt" auch deren Interessen an der „Bank für Oberösterreich und Salzburg", welche ja seit 1927 die Kapitalmehrheit an der „Steingut-Industrie AG Gmunden/Engelhof" hatte.

1930

Das Ergebnis des „guten" Geschäftsjahres 1929 konnte 1930 nicht wiederholt werden. Große Verluste entstanden durch Maschinenschäden und einen Ofenzusammenbruch mit den daraus resultierenden Problemen im Produktionsablauf. Noch unangenehmer war ein von der „Steingut-Union", das war die Verkaufsgesellschaft der „Wilhelmsburger Steingutfabrik", begonnener Preiskampf. Um weiterhin gegen die Wilhelmsburger Erzeugnisse bestehen zu können, mussten sämtliche Engelhofer Artikel um 25 Prozent preisreduziert angeboten werden, womit die Rentabilität des Betriebes einmal mehr in Frage gestellt wurde. Noch dazu verschlechterte sich das wirtschaftliche Umfeld. Die Weltwirtschaftskrise erreichte Österreich und Engelhof. Als Reaktion erfolgte am Ende des Jahres eine durchgreifende Reorganisation des Werkes. Nur dadurch konnte die Produktion aufrechterhalten werden.

*Oben:
Hauptsitz der „Credit-Anstalt für Handel und Gewerbe" am Hof 6,
Wien nach 1920*

1931

In vielen Ländern der Erde erfasste die Weltwirtschaftskrise nach und nach sämtliche Zweige der Produktion und des Handels. Die Arbeitslosigkeit erreichte ein bis dahin unbekanntes Ausmaß. Auch die „Steingut-Industrie AG" musste Mitarbeiter entlassen. Zum einen aus wirtschaftlichen Gründen, zum anderen kam es durch den Einbau einer „Transportanlage" – eines Patents der Brüder Lengersdorff aus Bunzlau (Preußisch Schlesien) – ebenfalls zu einem Personalabbau. Der Betrieb dieser Anlage verbrauchte allerdings mehr elektrische Energie als bisher

Steingut-Industrie AG Gmunden/Engelhof

Oben:
Eintrag im Linzer Markenregister,
7. 12. 1931

benötigt. Mit 50 PS wurde doppelt soviel Energie verbraucht als noch ein Jahr zuvor.

Neben den weltwirtschaftlichen Problemen stand das Geschäftsjahr weiterhin unter dem Einfluss des sich spürbar auswirkenden Preiskampfes mit der „Steingut-Union". Weitere gewinnreduzierende Ereignisse im ersten Halbjahr waren ein Ofen- und ein Maschinendefekt mit einem dadurch verursachten Sinken des Handelswaren[1]-Anteils von 74 auf 65 Prozent. Im zweiten Halbjahr blieb man von derartigen Ereignissen verschont, und auch die Qualität insgesamt verbesserte sich. Die Produkte konnten nun mit der Qualität deutscher und tschechischer Erzeugnisse mithalten. Dies war wichtig, da in Exportländer wie Deutschland, Frankreich, Spanien und England nur H-Ware geliefert wurde.

Die Brüder Lengersdorff (Max und Willy), die auch eine große Ziegel- und Töpfereifabrik in Bunzlau besaßen, traten als Geschäftsführer und leitende Direktoren in die Gesellschaft ein und gaben ihr Patent „die Erzeugung von Steingutwaren betreffend", für Österreich an die „Bank für Oberösterreich und Salzburg" ab. Im Juli verabschiedete sich, zum wiederholten Male, der Betriebsleiter Josef Unger und ging als Betriebsleiter zur „Gmundner-Keramik". Sein Nachfolger wurde Herr Pleschinger.

1932

Die Aufstellung der „Transportanlage" der Brüder Lengersdorff brachte eine nachhaltige Verbesserung des Produktionsergebnisses mit sich. Die nun auch bessere Qualität ließ den Kundenstock größer werden. In der Folge suchte man nach einer Lösung im Preiskampf mit der „Steingut-Union".

Oben:
Die Brüder Lengersdorff
hinten stehend v. l. n. r. Max und Willy

Über Vermittlung der Oberösterreichischen Landesregierung und mit Unterstützung des Handelsministeriums beendete man diese ruinöse Praxis. Zwischen der Wilhelmsburger Steingutfabrik und der Fabrik in Gmunden/Engelhof wurde ein Mengenkartell vereinbart. Zwei Drittel des österreichischen Bedarfes wurden von Wilhelmsburg und ein Drittel von Gmunden gedeckt. Die Einigung wurde von der „Steingut-Union" kontrolliert, und die

---

[1] Handelsware – „H"-Ware = beste Qualität.

Verkaufspreise konnten um 18 Prozent erhöht werden. Die Inlandsnachfrage nach Sanitärwaren war rege, und es gab Gespräche über Lieferungen nach Ungarn und Jugoslawien. Unter diesen Voraussetzungen erwartete die Geschäftsleitung eine Steigerung des Jahresumsatzes und begann mit der Planung zur Aufstellung eines dritten Rundofens.

1933

Leider zeigte sich im Verlauf des Jahres 1933, dass trotz des Übereinkommens mit der „Steingut-Union" der wirtschaftliche Aufschwung nicht wie erwartet eintrat und der Betrieb unter Auftragsmangel litt. Auch das

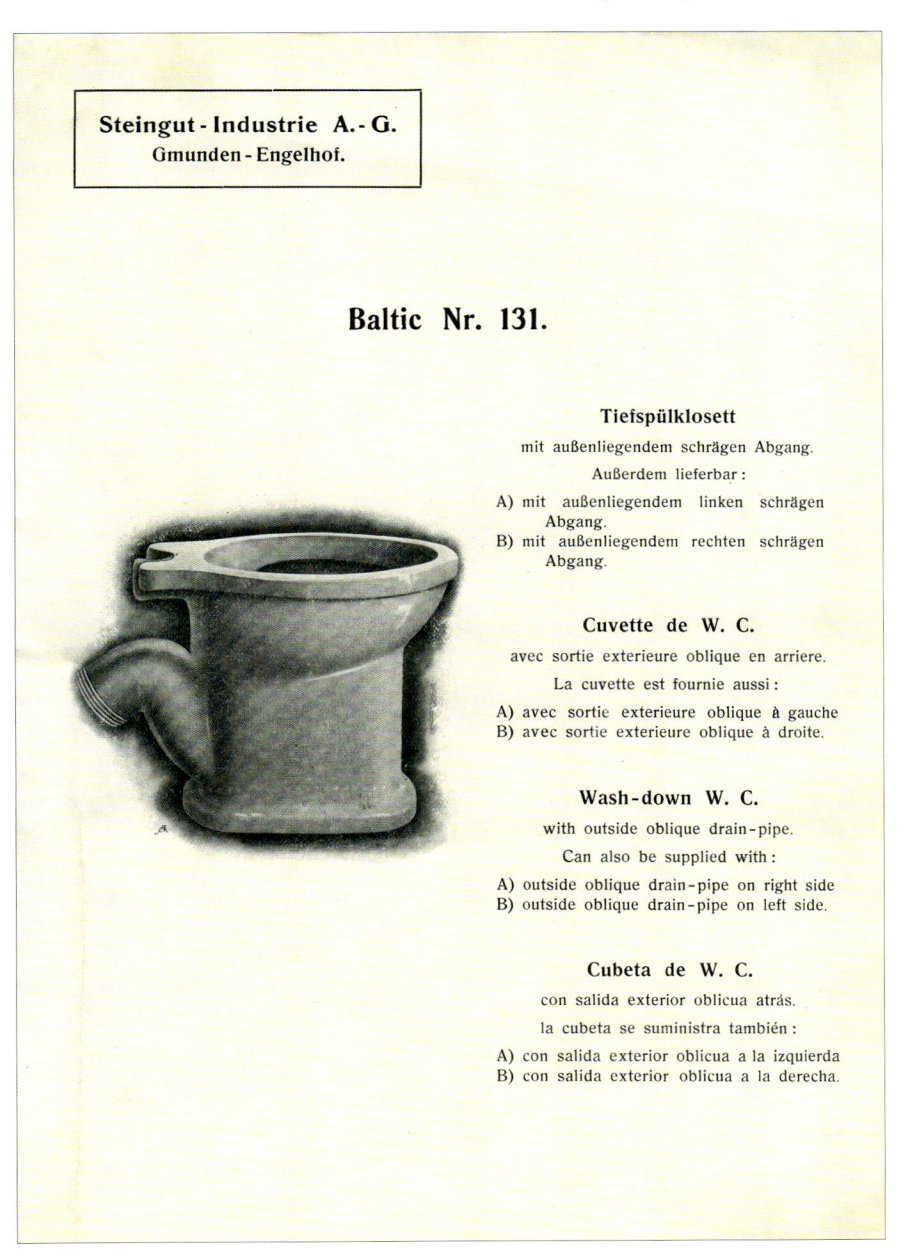

Oben:
Marke der Steingut-Union Verkaufsgesellschaft m.b.H., Wien I, Dominikanerbastei 10

Links:
Ergänzungsblatt zum 2. Katalog, Tiefspülklosett mit viersprachiger Beschriftung um 1931

Steingut-Industrie AG Gmunden/Engelhof

Mitte:
Waschtisch „Traun", um 1934

Unten:
Waschtisch „Salzach", um 1934

Waschtische wurden angeboten mit: „Schalthebelale"- und Überlaufgarnitur, Waschtisch-Halterung und Handtuchhalter, Syphon, langem Rohr und Rosette

keramische Wissen der Brüder Lengersdorff konnte den Betrieb nicht aus seiner schwierigen Lage befreien. Der noch im Vorjahr geplante Bau eines dritten Rundofens kam nicht zur Ausführung. Wieder mussten Arbeiter entlassen werden, und auch die Brüder Lengersdorff verließen die Gesellschaft.

1934

Seit seiner Gründung befand sich das Werk nun in seiner wirtschaftlich schwierigsten Situation und stand kurz vor der Schließung. Waren Ende 1930 noch 60 Mitarbeiter beschäftigt, so schwankte deren Zahl nun je nach Auftragslage zwischen 5 und 37. Fast im täglichen Wechsel wurden Arbeiter/innen gekündigt oder aufgenommen.

Bei einer am 18. Mai 1934 stattgefundenen Generalversammlung wurde eine abermalige Reduktion des Aktienkapitals von S 500.000,– auf S 200,– durch Aktienzusammenlegung im Verhältnis 2500 : 1 und gleichzeitiger Wiedererhöhung des Kapitals auf S 200.000,– beschlossen. Nun trat die „Österreichische Creditanstalt – Wiener Bankverein"[1] als Patronanzbank auf den Plan und übernahm ab Juni die Leitung der Geschäfte. Die Bank setzte für die Neuorganisation des Betriebes Walter Salvenmoser als Geschäftsführer ein. Salvenmoser, der bei anderen Industriebeteiligungen der Creditanstalt schon Erfahrung gesammelt hatte, konnte vorerst den Betrieb nur durch Akzeptieren des Mengenkartells aufrecht erhalten. Die im Kartellvertrag enthaltenen Ausgleichszahlungen an die „Steingut-Union" mussten in Kauf genommen werden. Wobei dieser Betrag im Juni 1934, dem ersten Monat der Übernahme durch die Bank, am höchsten war.

1935 – 1936

Das im Jahr 1925 gegründete Wiener Verkaufsbüro übersiedelte vom 20. Wiener Bezirk in den 4. Bezirk, Prinz Eugen Str. 4, und das Wiener Auslieferungslager übersiedelte vom Nordwestbahnhof zum Nordbahnhof, da von dort bessere Bahnverbindungen bestanden.

Ein stillgelegter Muffelofen wurde mit eigenem Personal abgetragen.

---

[1] Mit Stichtag 31. Dezember 1933 Änderung des Firmenlautes „Credit-Anstalt" in „Österreichische Creditanstalt – Wiener Bankverein"

Steingut-Industrie AG Gmunden/Engelhof

Im Laufe des Jahres 1935 begann sich die Auftragslage wieder zu bessern, und mit Ausnahme des Monats Dezember, in dem nur 12 Menschen Arbeit fanden, konnte der Betrieb in den Produktionsspitzen wieder bis zu 41 Arbeitnehmer beschäftigen.

1936 löste Herr Steindl Herrn Pleschinger als Betriebsleiter ab.

In den letzten Jahren vor dem Anschluss 1938 wurden den österreichischen Steingutbetrieben vom Staat namhafte Unterstützungen unter dem Titel „Zollschutz" gewährt. Tschechische und deutsche Steingutwaren wurden, da billiger als die heimische Ware, mit einem „Schutzzoll" belegt, der proportional an die Steingutbetriebe in Österreich weitergegeben wurde. Der größte Steingutbetrieb, das Wilhelmsburger Werk, profitierte davon am meisten. Kleinere Betriebe wie Gmunden/Engelhof, die umsatzmäßig nicht so bedeutend waren, erhielten eine dementsprechend geringere „Schutzzoll-Unterstützung".

Im Jahr 1936 begann eine gesamtwirtschaftliche Erholungsphase, und Ende des Jahres beurteilte die Gesellschaft zum ersten Mal seit Beginn der Weltwirtschaftskrise die Aussichten für das nächste Jahr als günstig.

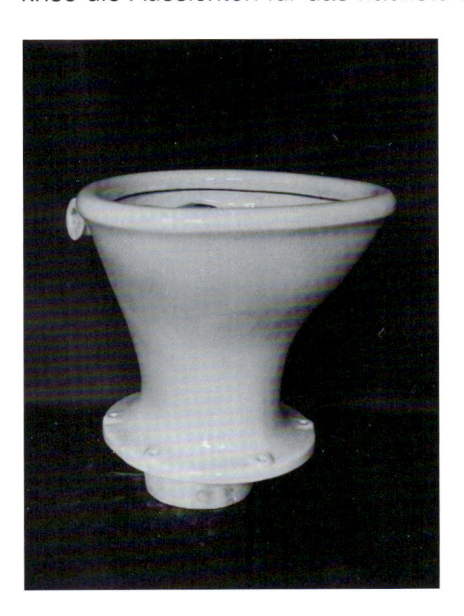

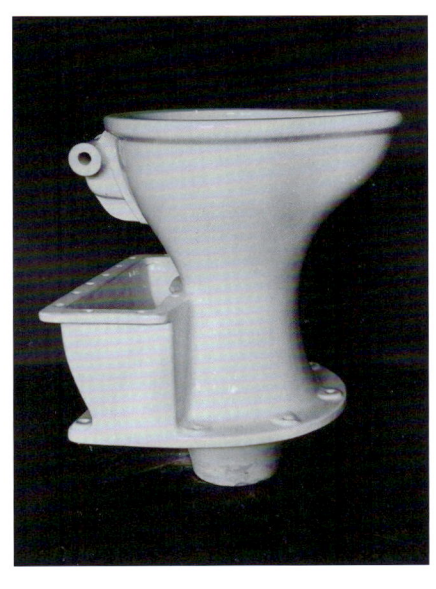

Oben:
Deckblatt Katalog, 1935
Wie auch bei den zuvor aufgelegten Katalogen wurden lose Blätter in einem Einband zusammen gebunden.
Der Katalog wurde laufend um neue Produktseiten erweitert.

Links:
Beginn der Klosettproduktion für Eisenbahnwagons, Mitte 1930

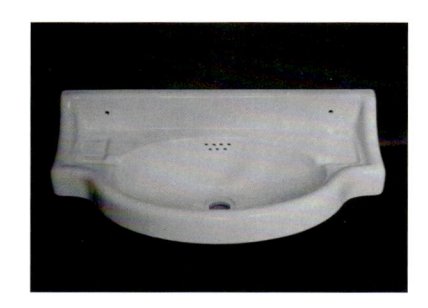

Steingut-Industrie AG Gmunden/Engelhof

Vom Foto zur Katalogseite.

Oben:
Originalfoto

Rechts oben:
Retuschiertes Foto

Dazu in L. & C. Hardtmuth´s Photo-Materialien Werbeblatt um 1930: „Das Bild ist gelungen. Wunderbar präzise die Wiedergabe des Aufgenommenen. Und dennoch bedarf es in der Photographie der geübten Hand des Retoucheurs, um Härten zu mildern, Kontraste wiksamer zu gestalten, Farbenwirkungen zu erzielen."

Rechts unten:
Seite aus dem fertigen Katalog, 1935

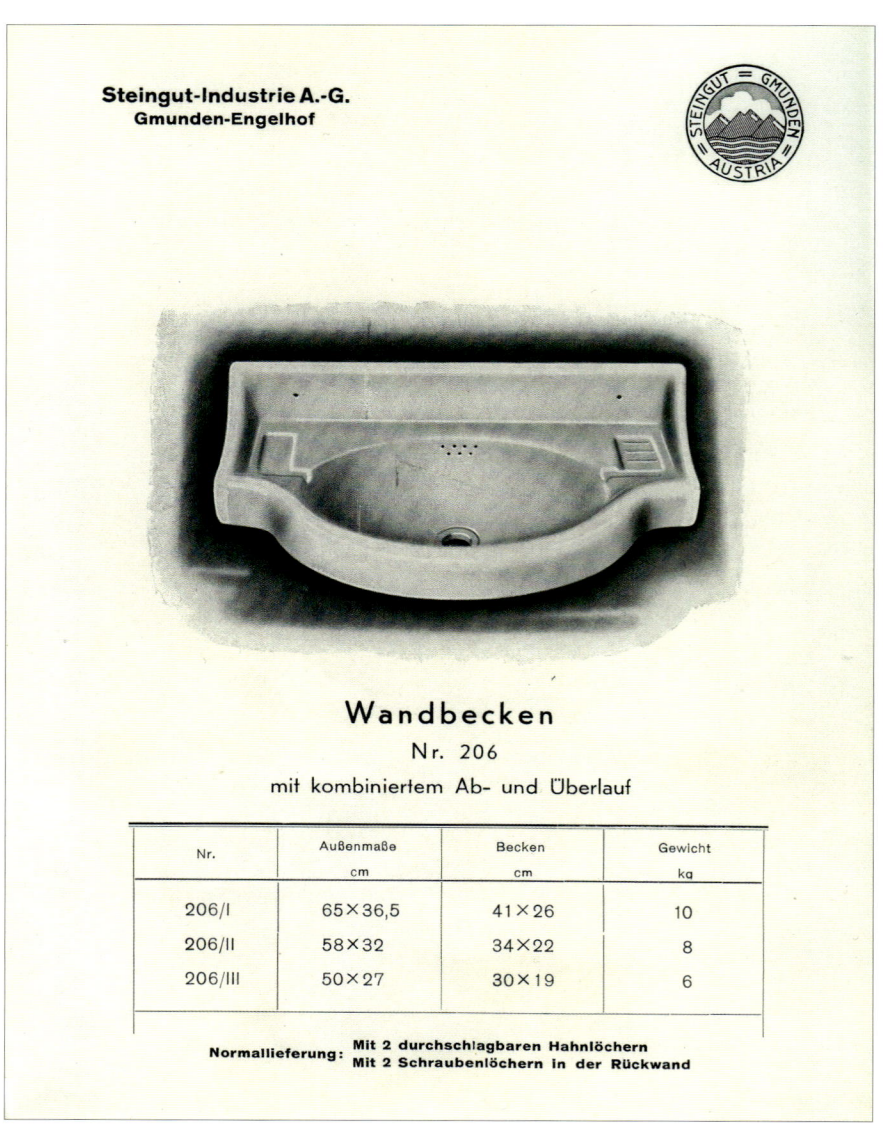

Steingut-Industrie A.-G.
Gmunden-Engelhof

Wandbecken
Nr. 206
mit kombiniertem Ab- und Überlauf

Nr.	Außenmaße cm	Becken cm	Gewicht kg
206/I	65×36,5	41×26	10
206/II	58×32	34×22	8
206/III	50×27	30×19	6

Normallieferung: Mit 2 durchschlagbaren Hahnlöchern
Mit 2 Schraubenlöchern in der Rückwand

Steingut-Industrie AG Gmunden/Engelhof

Vom Foto zur Katalogseite.

Oben:
Originalfoto

Links oben:
Retuschiertes Foto

Links unten:
Seite aus dem fertigen Katalog, 1935

Steingut-Industrie A.-G.
Gmunden-Engelhof

DOPPELTSTARKES SPEZIALERZEUGNIS

Waschtisch „LECH" Nr. 413

ohne Rückwand, mit vorderem Spritzrand und kombiniertem
verdecktem Ab- und Überlauf

Nr.	Außenmaße cm	Becken cm	Mittenentfernung der Hahnlöcher cm	Gewicht kg
413	69×56	56×36,5	20	26

EINGETRAGENE — STEINGUT = GMUNDEN = AUSTRIA — SCHUTZMARKE

Steingut-Industrie AG Gmunden/Engelhof

1937

Der erwartete Erfolg trat ein, und der Betrieb konnte gesunden. Wenngleich am Jahresende der Gewinn nur geringfügig war, so war es doch die erste positive Geschäftsbilanz seit Gründung der AG. Das Jahr endete so erfolgreich, dass Reserven für den bereits 1932 geplanten, aber nicht zur Ausführung gelangten Neubau eines dritten Rundofens zurückgelegt werden konnten.

1938

Der Jahresbeginn stand ganz im Zeichen des wirtschaftlichen Aufschwungs. Durchschnittlich 50 Mitarbeiter fanden Beschäftigung, der dritte Rundofen wurde gebaut und danach der letzte stillgelegte Muffelofen abgetragen. Den Bauauftrag erhielt, wie schon im Jahr 1927, die Firma Schulze aus Dresden. Zeitgleich baute die Firma Fritz Frack aus Grünau im Almtal die dazu gehörende Ofenhalle. Um den neuen Ofen auslasten zu können, wurden Gießerei und Modellstube vergrößert, sowie die Fabriksanlage um 2 Materialschuppen erweitert. Neben der Erzeugung von Sanitärartikeln gab es einige Monate lang auch eine Ziegelproduktion, die aber Ende des Jahres wieder eingestellt wurde.

Nach dem Einmarsch der deutschen Truppen in Österreich am 12. März 1938 entfielen die staatlichen Unterstützungszahlungen aus dem Titel „Schutzzoll". Eine weitere wirtschaftlich nachteilige Maßnahme folgte am 25. April: Der Schilling verlor seine gesetzliche Zahlungskraft und wurde 1 Reichsmark = 1,50 Schilling umgerechnet. Diese Pseudo-Aufwertung verteuerte Exporte, die Produktion wurde verringert und das Auslandsgeschäft vorerst eingestellt.

Noch schlechter erging es der Konkurrenz in Wilhelmsburg, da dieses Werk in jüdischem Besitz war. Abnehmer wie die „Hermann Göring-Werke" in Linz, die „Deutsche Luftwaffe" in Wien, verschiedene andere Staatsstellen und private Händler weigerten sich, Produkte eines Betriebes jüdischer Besitzer zu ordern. Nun trat der im Jahr 1934 von der „Creditanstalt" eingesetzte Geschäftsführer des Werkes Engelhof, Salvenmoser auf den Plan. Der – jetzt – Parteigenosse Salvenmoser, veranlasste den „helfenden" Ankauf Wilhelmsburger Ware durch die „Steingut-Industrie AG" und fakturierte diese dann als Ware aus Engelhof. Die Wilhelmsburger mus-

Unten links:
Fertigstellung des dritten Rundofens, im Hintergrund der letzte Muffelofen, 1938

Unten rechts:
Die zwei bestehenden und im Vordergrund der neue Rundofen, 1938

Unten:
15. 03. 1938 – Nach vollzogenem Anschluss wurden von österreichischen und deutschen Grenzbeamten die Grenzpfähle niedergelegt

Steingut-Industrie AG Gmunden/Engelhof

sten über diesen Großabnehmer ihre Ware billig abgeben, was das Unternehmen in wirtschaftliche Schwierigkeiten brachte. Eine berechnende Aktion Salvenmosers, der in Wahrheit die Übernahme des Wilhelmsburger Betriebes anstrebte. Bereits Ende Mai kam er als kommissarischer Verwalter nach Wilhelmsburg, um die Arisierung der „Wilhelmsburger Steingut- und Porzellanfabrik AG" durchzuführen. In einem Bericht an die Vermögens-Verkehrsstelle Wien über die Arisierung des Werkes beschrieb er seine Situation folgendermaßen: *„Ordnungshalber wird bemerkt, dass der Unterzeichnete kommissarische Verwalter hauptberuflich bei der Creditanstalt-Bankverein, die als einziger Interessent der Wilhelmsburger A.G. in Betracht kommt, beschäftigt ist und überdies auch für die Gestion (Anm.: Geschäftsführung) der Gmundner Konkurrenz gegenüber dem Bankinstitut als Eigentümerin verantwortlich ist."*[1]

Oben:
15. März 1938, Ansprache Adolf Hitlers auf dem Wiener Heldenplatz

Unten:
Bericht zur Arisierung der „Wilhelmsburger Steingut- und Porzellanfabrik AG"

Salvenmoser verhandelte mit den unter massivem politischen und wirtschaftlichen Druck stehenden Vertretern der Wilhelmsburger Eigentümer und der „Creditanstalt" als Käufer. So war es ihm möglich, die „Wilhelmsburger AG" zu einem niedrigen Preis von der „Creditanstalt" aufkaufen zu lassen. Am 8. Juli 1938 wurde die „Wilhelmsburger Steingut- und Porzellanfabrik AG" und deren Verkaufsgesellschaft, die „Steingut-Union Lichtenstern & Co", von der „Österreichischen Creditanstalt – Wiener Bankverein" erworben und eingegliedert. Noch im selben Monat fand die von Salvenmoser betriebene Auflösung der „Steingut-Union" statt.

Die Auflösung der Verkaufsgesellschaft bedeutete für Engelhof das Ende des Kartellübereinkommens von 1932. Ab sofort konnte wieder frei produziert werden, ohne Pönalezahlungen an die „Steingut Union" leisten zu müssen. Doch der Wegfall der Mengenbegrenzung nützte nichts, da durch die Aufwertung des Schillings Lieferungen ins Ausland zu teuer wurden. Um die Auslandsmärkte wieder zurückzuholen, wurde eine Mitgliedschaft im „Verband sanitär-keramischer Werke in Heidelberg" angestrebt, einer in Deutschland die

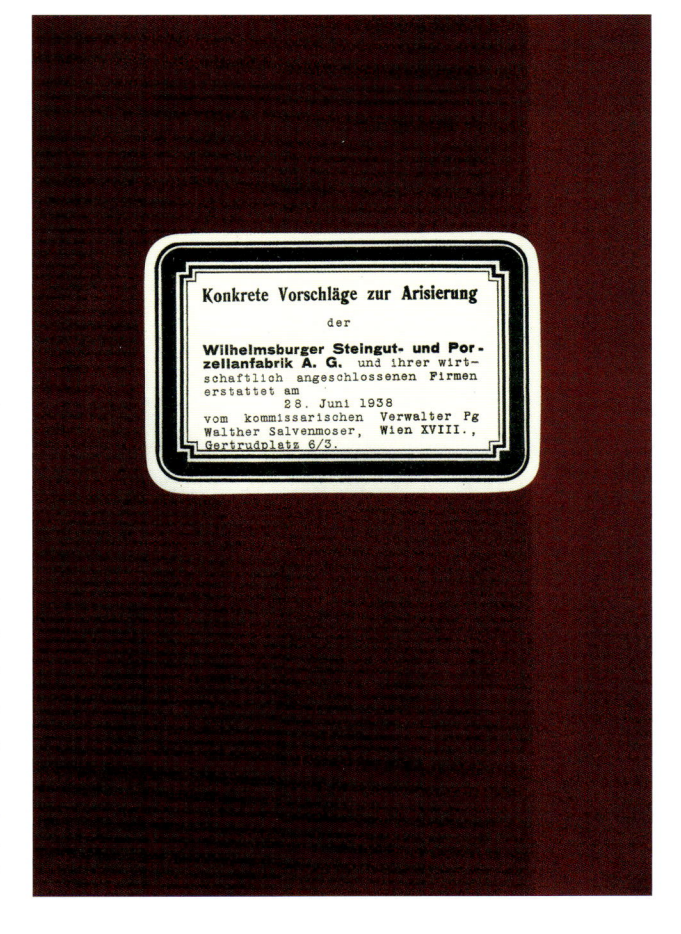

[1] Auszug aus: Konkrete Vorschläge zur Arisierung der Wilhelmsburger Steingut- und Porzellanfabrik A.G. und ihrer wirtschaftlich angeschlossenen Firmen, erstattet am 28. Juni 1938 vom Kommissarischen Verwalter Pg Walter Salvenmoser. (BA,CA-IB, ÖSPAG)

Steingut-Industrie AG Gmunden/Engelhof

Oben:
Propagandaplakat, 1938
Mit Plakaten wie diesem sollte die Enteignung der jüdischen Bevölkerung voran getrieben werden

Unten:
Klosett mit gesetzlich geschützter Klappenkonstruktion
Gesetzlich geschütztes Patent, Nr. 97948 (Marke Mitte)
Steingutmarke (rechts oben)

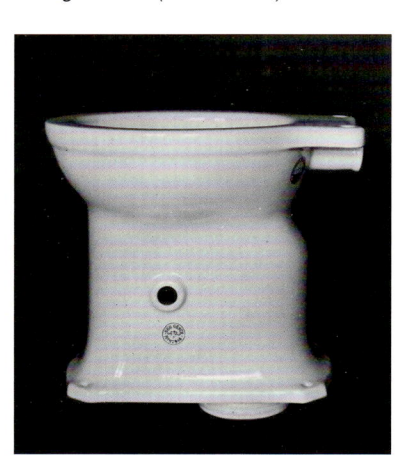

Preise regelnden Organisation. Dies vor allem in Hinblick auf den 1. Jänner 1939, an dem die Zollschranken zwischen Deutschland (dem „Altreich") und der „Ostmark" (dem ehemaligen Österreich) fallen sollten. Doch Salvenmoser hegte andere Pläne. Im Juli stellte er an die „Creditanstalt" den Antrag, ihn zum leitenden Direktor der „Wilhelmsburger AG" zu ernennen. Diesem Antrag wurde, auch in Anerkennung seiner Verdienste bei der „Arisierung", am 15. Juli entsprochen. Von der „Wilhelmsburger AG" erhielt er für diese „Verdienste" einen Geldbetrag. Auch von der „Creditanstalt" erhielt er dafür Geld, und gleichzeitig wurde er zum Vorstandsmitglied der „Wilhelmsburger Steingut- und Porzellanfabrik AG" bestellt. Eine nationalsozialistische Bilderbuch-Karriere!

Nun begann Salvenmoser mit der Zusammenlegung der Werke Engelhof und Wilhelmsburg. Sein Plan war, das Kapital der „Steingut-Industrie AG", also jenes von Engelhof, in die „Wilhelmsburger AG" einzubringen, und mit diesem Geld das Wilhelmsburger Werk zu erneuern. Darüber hinaus zeigte er auch am Erwerb des Znaimer Werkes der „Ditmar Urbach AG" Interesse. Alle drei Werke würden dann eine einzige Fabrikationsgesellschaft für Steingut in der „Ostmark" bilden. Die Produktion sollte auf die mit modernen und leistungsfähigen Tunnelöfen ausgestatteten Werke Wilhelmsburg und Znaim konzentriert, und das Werk Engelhof mit seinen veralteten Rundöfen stillgelegt werden.

Im Münchner Abkommen vom 29. 09. 1938 wurde die Abtretung der deutschsprachigen Gebiete der Tschechoslowakei an das Deutsche Reich geregelt und im Oktober 1938 umgesetzt. Die folgende Eingliederung des Sudetenlandes und einiger Grenzgebiete von Mähren in das „Großdeutsche Reich" kam Salvenmoser gelegen. Noch im selben Monat begannen in Znaim Verkaufsgespräche. Schon bei der „Arisierung" der „Wilhelmsburger AG" war Salvenmoser mit dem Znaimer Werk in Verbindung gewesen. Es gab familiäre Beziehungen zwischen den Eigentümern, und es gab die geschäftliche Zusammenarbeit in der „Steingut Union". Während der Verkaufsverhandlungen wurde auch dieser Betrieb arisiert, da sich das Aktienkapital teilweise in jüdischem Besitz befand.

Im Dezember brachte die „Creditanstalt", die nunmehrige Alleinaktionärin der „Wilhelmsburger AG" und Besitzerin des Aktienkapitals von S 200.000,–

Steingut-Industrie AG Gmunden/Engelhof

der „Steingut-Industrie AG Gmunden/Engelhof", dieses Aktienpaket für RM 150.000,– in die „Wilhelmsburger AG" ein. Die „Wilhelmsburger Steingut- und Porzellanfabrik AG" umfasste nun die Werke Wilhelmsburg und Engelhof.

Abschließend betrachtet war das Jahr 1938, trotz des Wegfalls des „Schutzzolls" und der ausländischen Märkte, ein positives für das Werk Engelhof und die „Wilhelmsburger Steingut- und Porzellanfabrik AG". Doch der Weiterbestand der „Steingut-Industrie AG" blieb ungewiss.

1939

Am 1. Jänner 1939 kam es zu der angekündigten Aufhebung der Zollschranken. Bis zum Ende des Jahres sorgte diese Maßnahme nur im

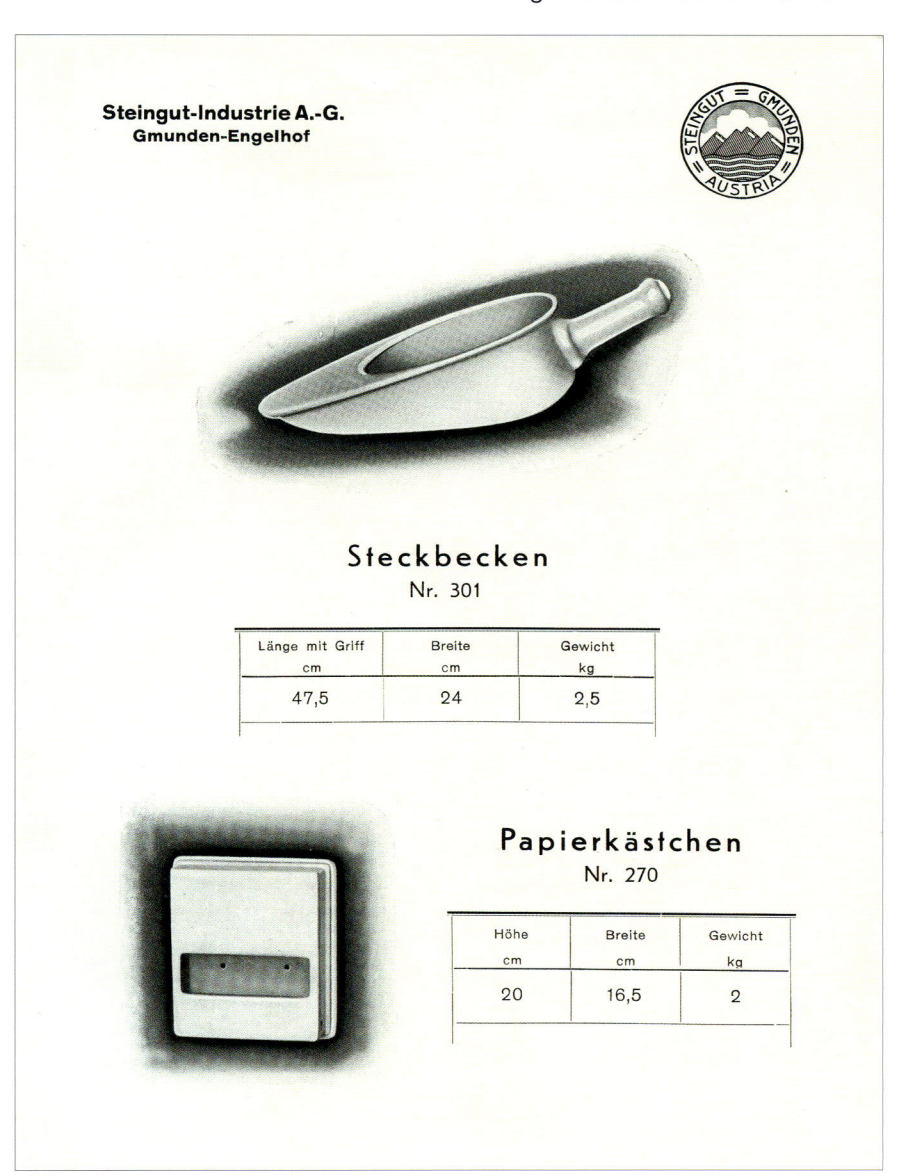

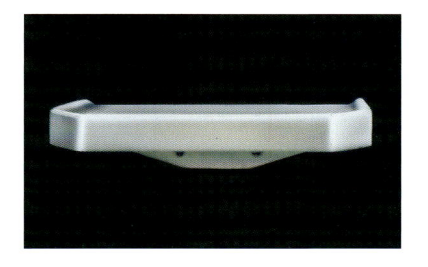

Oben:
Etagere,
Foto für den Katalog, 1935

Links:
Seite aus dem Katalog, 1935

Steingut-Industrie A.-G.
Gmunden-Engelhof

Steckbecken
Nr. 301

Länge mit Griff cm	Breite cm	Gewicht kg
47,5	24	2,5

Papierkästchen
Nr. 270

Höhe cm	Breite cm	Gewicht kg
20	16,5	2

Ostmark-Keramik AG

Geschirrbereich in Wilhelmsburg für negative Auswirkungen. Der Sanitärsektor hingegen hatte trotz des ab September herrschenden Kriegszustandes und der daraus entstandenen Abschwächung der Bautätigkeit nur einen kleinen Umsatzeinbruch gegenüber dem Vorjahr zu verzeichnen.

Am 4. April erhielt Walter Salvenmoser für die „Wilhelmsburger Steingut- und Porzellanfabrik AG" die Prokura. Damit war er teilberechtigt, für diese zu zeichnen und diese zu vertreten.

Ostmark-Keramik AG
Werk Gmunden/Engelhof 1939 – 1946

Unten:
Briefkopf, 8. September 1939

Der in Planung befindliche Kauf des Znaimer Werks (10. November 1939) wurde bereits im Briefkopf Monate davor berücksichtigt.

In der Generalversammlung vom 5. Mai 1939 wurde die Übernahme der „Steingut-Industrie AG Gmunden/Engelhof" und die Firmenänderung in „Ostmark-Keramik Aktiengesellschaft" mit der gleichzeitigen Verlegung des Firmensitzes von Wilhelmsburg nach Wien beschlossen. Der Name

OSTMARK-KERAMIK AKTIENGESELLSCHAFT
WIEN, I., GOETHEGASSE 3 / RUF R-28-5-45
Vorsitzer des Aufsichtsrates: Dr. Hans Friedl. / Vorstandsmitglieder: Walther Salvenmoser, Franz Huber
Werke: Gmunden-Engelhof, Wilhelmsburg a/d Traisen, Znaim
LAGER: WIEN-NORDBAHNHOF, MAG. 10 / SANITÄR: RUF R-43-0-55 / GESCHIRR: RUF R-41-4-44

Oben:
Spülkasten um 1940

„Steingut-Industrie AG Gmunden/Engelhof" wurde infolge der Übertragung ihres gesamten Vermögens an die „Wilhelmsburger AG" gelöscht. Der Firmensitz wurde von Wilhelmsburg in den 1. Wiener Bezirk, Goethegasse 3, verlegt. Von Beginn an wurde die Zusammenlegung der Verwaltungen überdimensioniert und großzügig betrieben. Unmittelbar neben der Wiener Oper entstand ein prestigeträchtiger aber kostenaufwändiger Verwaltungsstandort.

Der schon im Vorjahr angestrebte Beitritt der „Ostmark-Keramik AG" zum „Verband sanitär-keramischer Werke in Heidelberg", wurde in der zweiten Jahreshälfte 1939 vollzogen. Vom Verband zwar widerstrebend aber schlussendlich doch akzeptiert, konnte die AG einige Zugeständnisse erreichen:

1. Preisnachlass von 4 Prozent bei Lieferungen in die Ostmark, wodurch praktisch die Konkurrenz aus dem „Altreich", also das Gebiet Deutschlands in den Grenzen vor dem März 1938, ausgeschaltet war.

2. Als einziges Mitglied des Verbandes durfte die „Ostmark-Keramik AG" ein Auslieferungslager in Wien unterhalten.

Ostmark-Keramik AG

3. Die „Ostmark-Keramik AG" gehörte wohl dem Preis- und Konditionenkartell, nicht aber dem Verkaufskartell an. Wäre man dem Verkaufskartell beigetreten, so hätte das wohl den Verlust der Wiener Zentralverwaltung nach sich gezogen.

Ein genialer Schachzug, hielt sich doch damit die AG im Sanitärsektor sowohl in der „Ostmark" als auch in den südmährischen Gebieten die Konkurrenz vom Leibe.

Am 10. November 1939 wurde das Znaimer Werk nach über einem Jahr des Verhandelns von der „Ostmark-Keramik AG" erworben. Der Kaufpreis wurde mit RM 1.130.434,61 festgelegt. Unter den Kosten fand sich auch eine Gutschrift für Walter Salvenmoser, dessen dreizehnmonatiges Streben mit RM 36.227.– vergütet wurde. Salvenmosers Leistung wurde überschwänglich gewürdigt: *...eine ganz ungeheuerliche persönliche Leistung...* und weiter *...es der alleinige und ausschließliche Verdienst unseres Betriebsführers ist und die mühsame Erreichung dieses Zieles lediglich seiner unglaublichen Energie und Ausdauer zugeschrieben werden muß*[1]. Die „Ostmark Keramik AG" umfaßte nun die Werke Engelhof („Gau Oberdonau"), Wilhelmsburg und Znaim (beide „Gau Niederdonau"). In der „Ostmark" waren nun sämtliche Fabriken gleicher Produktion in einer Hand. Walter Salvenmoser hatte sein Ziel erreicht.

Der Ankauf des Znaimer Werkes und der Aufbau des Wiener Zentralbüros bedeutete für Wilhelmsburg, dass weder für einen zweiten Tunnelofen noch für andere geplante Um- und Ausbauten Geldmittel bereitgestellt wurden. Das wiederum verzögerte

Unten:
Abschrift zum Kauf der Ditmar Urbach AG Znaim, 11. November 1939

> **Abschrift.**
>
> Wien, am 11. November 1939.
>
> An den
> Betriebsobmann des Werkes
> Wilhelmsburg.
> Gmunden.
>
> Sie erhielten wahrscheinlich bereits Kenntnis davon, daß die ehemalige Ditmar Urbach A.G. Znaim mit 10. November d.J. von der Ostmark-Keramik Aktiengesellschaft erworben wurde. Wir fühlen uns verpflichtet, Ihnen zu dieser offiziell zugegangenen kurzen Mitteilung noch folgende Aufklärungen zu geben:
> Nur einem ganz kleinen Kreis von Mitarbeitern unseres Betriebsführers Walther Salvenmoser ist es bekannt, unter welch schwierigen,- man könnte manchesmal geradezu sagen- widerwärtigen Umständen es gelungen ist, die Erwerbung des nunmehrigen Werkes Znaim durchzusetzen. Allein der dreizehnmonatliche Kampf um die Erreichung dieses Zieles mag Ihnen begreiflich machen, daß dies eine ganz ungeheuerliche persönliche Leistung war und eine unglaublich starke Nervenanspannung die ganze Zeit hindurch für ihn, der die ganze Verantwortung für unser Unternehmen trägt, bedeutete. Es mag Ihnen genügen, aus dem Kreise seiner engsten Mitarbeiter zu erfahren, daß die Erwerbung von Znaim, die zweifellos als eine Existenzsicherung sämtlicher Arbeiter und Angestellten betrachtet werden kann, das alleinige und ausschließliche Verdienst unseres Betriebsführers ist und die mühsame Erreichung dieses Zieles lediglich seiner unglaublichen Energie und Ausdauer zugeschrieben werden muß. Sie können davon überzeugt sein, daß der Erwerb von Znaim keine Arisierung im gewöhnlichen Sinne war und daher nicht so ohneweiters von jemand anderen hätte durchgeführt werden können, sondern daß die Erwerbung trotz der unendlich vielen entmutigenden Phasen nur ihm, der nicht locker ließ und beharrlich weiterkämpfte, zu verdanken ist. Es drängt uns, Ihnen dies zum Bewußtsein zu bringen, weil wir annehmen, daß es ihn freuen würde, von der Belegschaft der Werke in entsprechender Form für diese übermenschliche Arbeit den Dank ausgesprochen zu bekommen. Wir glauben, daß der von ihm erzielte Erfolg erst dann seinerseits die volle Befriedigung fände, wenn ihm der Vertrauensrat oder die gesamte Belegschaft -schon mit Rücksicht auf die endgültige Sicherung des Arbeitsplatzes jedes einzelnen Gefolgschaftsmitgliedes- ihre Anteilnahme an der erfolgreichen Beendigung dieses Existenzkampfes für unser Unternehmen in Form einer Dankadresse oder eines Dankschreibens zum Ausdruck bringen würde.
>
> Mit kameradschaftlichem Gruß
> Heil Hitler!
>
> Blümel m.p.   Himmler m.p.

[1] Abschrift vom 11. November 1939, Wien, an die Betriebsobmänner von Gmunden und Wilhelmsburg (BA, CA-IB, ÖSPAG)

Ostmark-Keramik AG

die geplante Stilllegung des Werkes Engelhof. Denn die nun folgende Kapazitätssteigerung konnte ohne die drei Rundöfen in Engelhof nicht bewältigt werden.

Die wirtschaftliche Stärke der „Ostmark Keramik AG" nutzend und mit den Konditionen des Vertrages mit dem „Verband sanitär-keramischer Werke in Heidelberg" im Rücken, begann nun auch außerhalb der „Ostmark" eine rege Verkaufstätigkeit. Damit waren besonders das „Protektorat Böhmen und Mähren" und die Slowakei (beide aus der früheren Tschechoslowakei hervorgegangen) sowie generell die Länder des Ostens und des Balkans gemeint.

Dem stark wachsenden Umsatz entsprechend stieg auch der Gewinn. Doch konnte dieser zur Gänze dem Werk Znaim zugeschrieben werden.

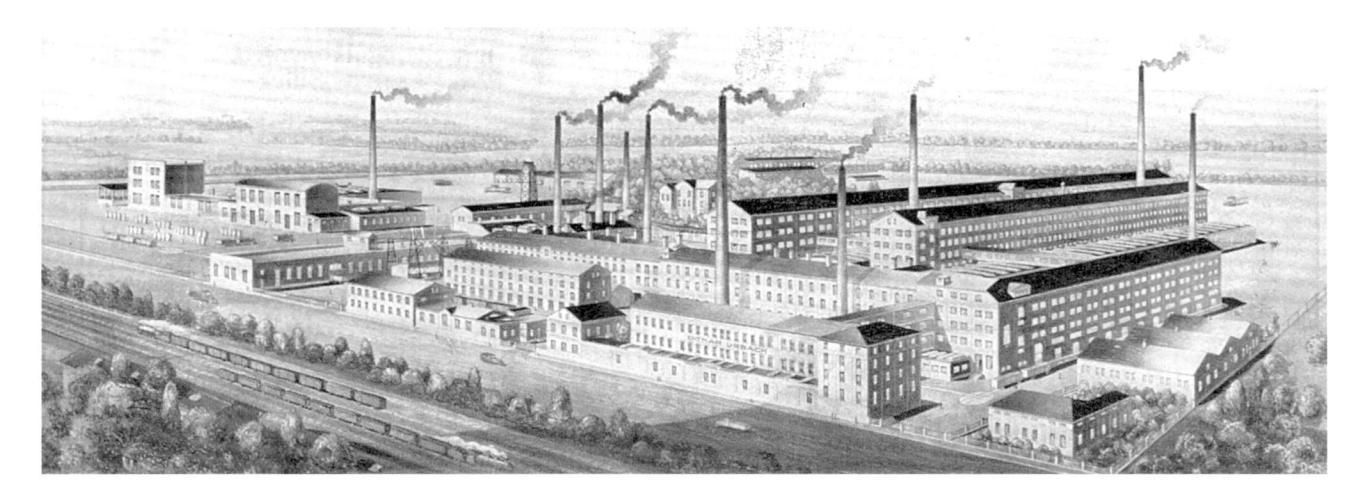

Oben:
Werk Znaim um 1930

Engelhof wurde wegen der Stilllegungsabsicht bewusst defizitär geführt. Damit sollten die Aktionäre leichter von einem solchen Schritt überzeugt werden. In der Realität bedeutete dies, dass überwiegend aufwändige und unwirtschaftliche Artikel erzeugt wurden. Wilhelmsburg wiederum erwirtschaftete wegen der nicht umgesetzten Modernisierungsmaßnahmen keinen Gewinn.

Unten:
Waschbecken um 1940

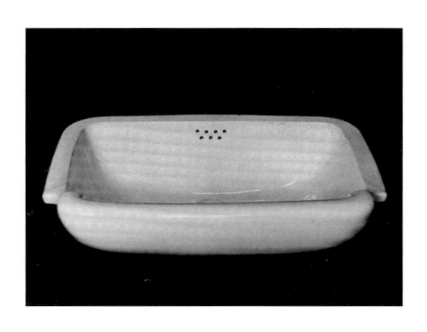

1940

Auf den Ankauf der Znaimer Fabrik wurde bei der Hauptversammlung am 23. April 1940 mit einer Erhöhung des Grundkapitals reagiert. Trotz dieses Kapitalzuflusses erhielt die Wilhelmsburger Fabrik keinen neuen Tunnelofen. Damit war die Stilllegung des Gmundner Betriebes vorerst kein Thema mehr.

Die Aufwärtsentwicklung der Wirtschaft, die durch den Krieg nicht gehemmt schien, brachte der „Ostmark Keramik" vorerst vermehrt Aufträge,

Ostmark-Keramik AG

aber schon bald wurden Wilhelmsburg und Znaim zu kriegswichtigen Betrieben erklärt, Engelhof hingegen nicht. Die entstehenden Einschränkungen behinderten den Produktionsablauf im großen Werk Znaim nur bedingt, im nur halb so großen Werk Wilhelmsburg hingegen schon. Die Kriegsverpflichtung schloss nicht nur die freie Lenkung der Produktion und des Verkaufes aus, sondern es mussten, um „sozialpolitischen Erfordernissen" gerecht zu werden, einfache, „allen Volksschichten zugängliche Waren" in das Erzeugungsprogramm aufgenommen werden. Zusätzlich erschwerte der einsetzende Abzug von Facharbeitern zum Kriegsdienst die Lage. Engelhof war von den Beschränkungen der beiden anderen Werke insofern betroffen, als deren „normale" Produktion hierher umgeschichtet wurde. Was bedeutete, dass hier mit gleichem Personalstand mehr produziert werden musste. Noch konnten die für den Kriegsdienst abgezogenen Fachkräfte durch ältere oder wehruntüchtige Arbeiter ersetzt werden. Diese Situation wird im Vorstandsbericht für das Jahr 1940 so beschrieben: *Die Betriebe vermochten ihrer doppelten Aufgabe, nämlich der Anpassung an die kriegsverpflichtete Wirtschaft in vollem Umfang und der Befriedigung des zunehmenden Konsums, weitgehend gerecht zu werden.*[1]

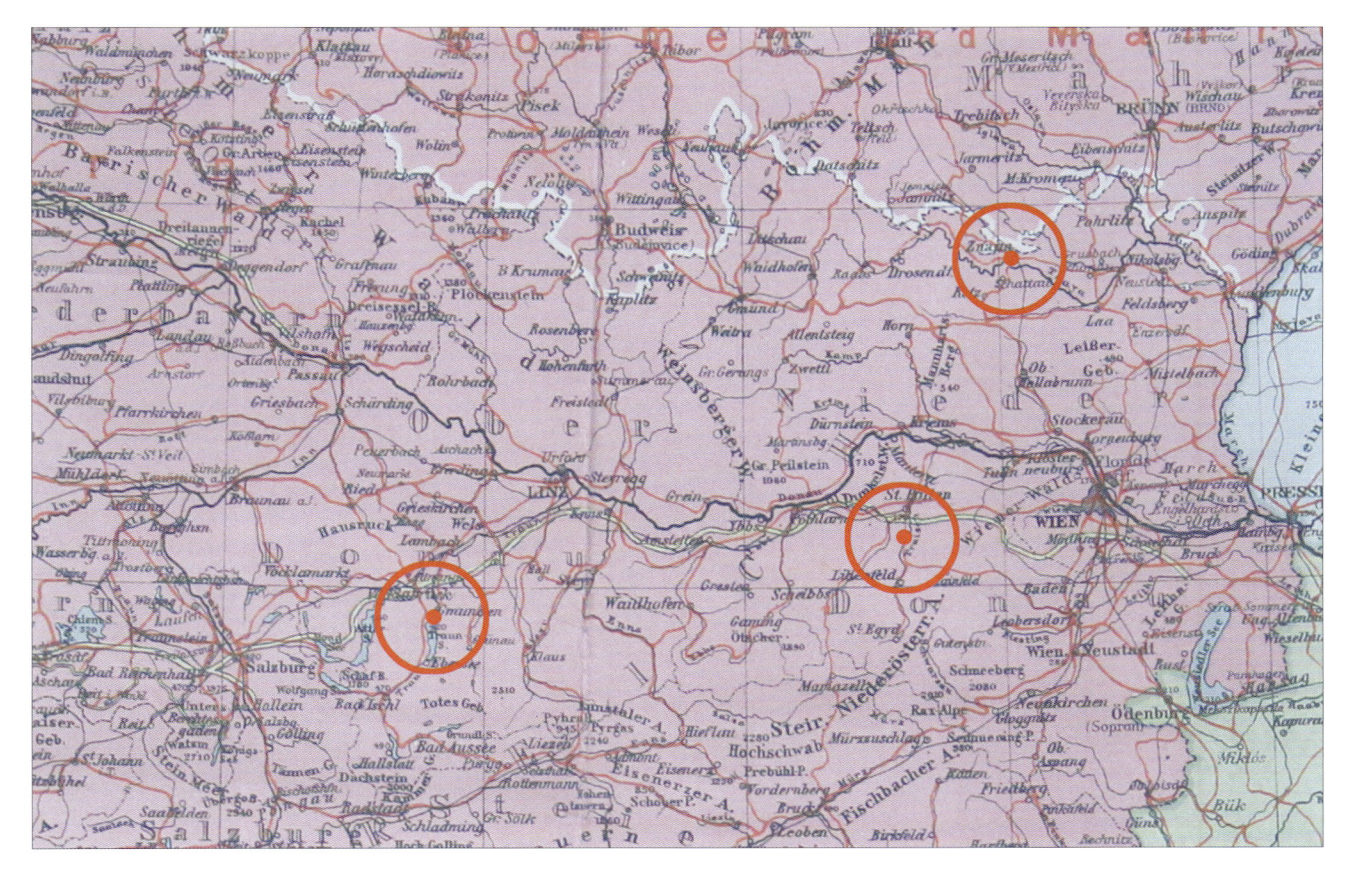

Oben:
Die drei Werke der Ostmark-Keramik AG:
Engelhof bei Gmunden, Wilhelmsburg und Znaim
Landkarte: Das neue politische Gesicht Mitteleuropas 1939

[1] Bericht des Vorstandes 1941 über das Geschäftsjahr 1940 (BA, CA-IB, ÖSPAG)

Ostmark-Keramik AG

Die Betriebsführung der „Ostmark Keramik AG" war sich der erhöhten Einsatzbereitschaft ihrer Mitarbeiter bewusst und brachte dies in zusätzlichen Sozialleistungen zum Ausdruck. Das waren im Wesentlichen eine Beihilfe zu Weihnachten und eine zusätzliche Unterstützung für Angehörige von Kriegsdienst leistenden Mitarbeitern.

1941

Am 7. Februar wurde Walter Salvenmoser zum Geschäftsführer des Werkes Wilhelmsburg ernannt.

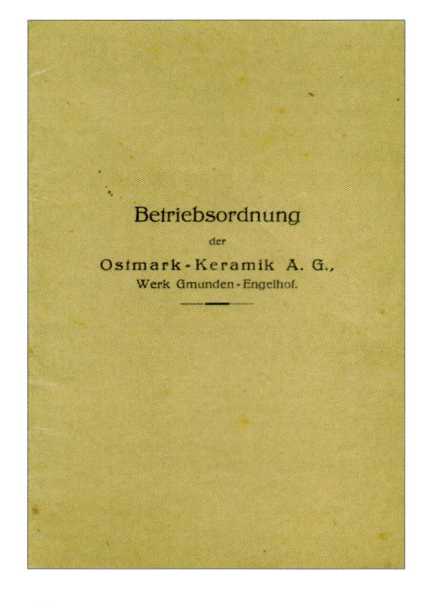

Oben:
Betriebsordnung
der „Ostmark-Keramik AG",
20. September 1941

Rechts:
Auszüge aus der Betriebsordnung

II. Arbeitszeit.

Die regelmäßige wöchentliche Arbeitszeit beträgt 48 Stunden. Arbeitspausen werden in diese Zeit nicht eingerechnet.

Die Arbeitszeit für die männlichen und weiblichen Gefolgschaftsmitglieder dauert zur Zeit:

a) für Gießer und Gießerinnen und die Hilfskräfte in der Gießerei:
Montag bis Freitag von 7 —12 Uhr und von 13—16.15 Uhr.
Pause von 9 — 9.15 Uhr und von 12—13 Uhr.
Sonnabend von 4.30—12.45 Uhr.
Pause von 9 — 9.15 Uhr.

b) für Ofensetzer und Zuträger:
Beginn und Ende der Arbeitszeit und Pausen erfolgen nach den Erfordernissen des Ofenbetriebes.

c) für alle übrigen Gefolgschaftsmitglieder:
Montag bis Freitag von 7—12 Uhr und von 13—17 Uhr.
Pause von 9— 9.15 Uhr und von 12—13 Uhr.
Sonnabend von 7—11.30 Uhr.
Pause von 9— 9.15 Uhr.

d) für Angestellte:
Montag bis Freitag von 8—12.15 Uhr und von 13—17.30 Uhr.
Sonnabend von 8—12.15 Uhr.

V. Lohnberechnung.

§ 22

Die Handarbeit ist im Zeit-, Prämien- oder Akkordlohn nach den Anordnungen des Betriebsführers zu leisten. Bezahlt wird nur die Zeit, in der wirklich gearbeitet worden ist.

Für die Berechnung der Akkorde gelten die kollektivvertraglich festgelegten Akkordgrundlagen. Die Berechnung der Akkorde erfolgt pro Woche.

RM —.80 × 48 = RM 38.40 : abgenommene Leistungszahl = Akkordpreis.

Alle bisherigen außervertraglichen höheren Löhne bleiben in Geltung.

§ 23

Alle Utensilien, wie Pinsel, Gummi, Bleche etc., werden von der Firma unentgeltlich beigestellt. Schwämme werden von der Firma zu 30% des Einkaufspreises beigestellt. Sollte ein auf Mißbrauch zurückzuführender Mehrverbrauch eintreten, steht der Firma das Recht zu, ein Fünftel der Eigenkosten zu berechnen.

Kriegsbedingt verwendeten alle Werke nur mehr „heimische" Rohstoffe von innerhalb des „Großdeutschen Reiches". Die Versorgung litt jedoch

OSTMARK-KERAMIK AKTIENGESELLSCHAFT

WIEN I, GOETHEGASSE 3

FERNRUF R 21520 / DRAHTANSCHRIFT: OSTKERAM WIEN

STEINGUT-
GEBRAUCHS-GESCHIRR
TELLER, SCHÜSSELN, TASSEN,
TÖPFE, KRÜGE, SERVICE USW.

SANITÄRE
STEINGUT-SPÜLWAREN
WASCHTISCHE, KLOSETTE,
URINALE, BIDETS USW.

FEUERFESTES
KOCHGESCHIRR „FIX"
AUFLAUFFORMEN, KOCHTÖPFE, KASSE-
ROLLEN USW.

SANITÄRE
FEUERTON-WAREN
BADEWANNEN, AUSGÜSSE, SPÜLKÄSTEN,
URINALE USW.

WERKE IN
WILHELMSBURG A. D. TRAISEN, ZNAIM UND GMUNDEN-ENGELHOF

Links:
Zeitungswerbung in der „Presse Wien", 1941

unter mangelnder Waggonbereitstellung. Auch die eingeschränkte Kohlezuteilung und deren oft mindere Brennqualität verursachten Probleme. Dadurch konnte immer nur kurze Zeit im voraus geplant werden. Im Verlauf des Krieges wurden unrentablere Artikel immer mehr in den Hintergrund gedrängt, die Typen- und Größenvielfalt reduziert und die Befriedigung des privaten Konsums stark eingeschränkt. Die finanzielle Lage der „Ostmark Keramik AG" war aber nach wie vor gut. Insgesamt erwirtschaftete die „Ostmark-Keramik" – so wie 1940 auch – einen Gewinn, während sich im Engelhofer Werk die Verluste zum Vorjahr fast verdreifachten. Diese waren auf eine weiter intensivierte sorten- und qualitätsmäßige Aufteilung des Erzeugungsprogrammes zurückzuführen. Engelhof musste die defizitäre Klosetterzeugung übernehmen, während in Wilhelmsburg die gewinnbringende Waschtischerzeugung verblieb.

1942

Die nun „von obersten Reichsstellen"[1] gelenkte Produktion war nur mehr auf die Erfordernisse des Krieges ausgerichtet und bot kaum noch Platz für die normale Erzeugung. Durch diese kriegswirtschaftlichen Eingriffe wurde es immer schwieriger, gewinnbringend zu produzieren. Der finanzwirtschaftliche Druck verstärkte sich.

Nun wurde nicht nur die Waggonbereitstellung für die anzuliefernden Rohstoffe, sondern auch jene für den Abtransport der fertigen Ware zu einem

Unten:
1942 erhielt Reichsminister Albert Speer die Steuerung der deutschen Gesamtwirtschaft übertragen. In der Folge wuchs die Rüstungsproduktion gewaltig. Speers Managementarbeit samt Rationalisierungsmaßnahmen führten, bis zum Juli 1944, dem Höhepunkt der Kriegsgütererzeugung, zu einer Verdreifachung des Produktionsumfanges von 1942.

[1] Geschäftsbericht der Ostmark-Keramik AG über das elfte Geschäftsjahr 1942 (BA, CA-IB, ÖSPAG)

Ostmark-Keramik AG

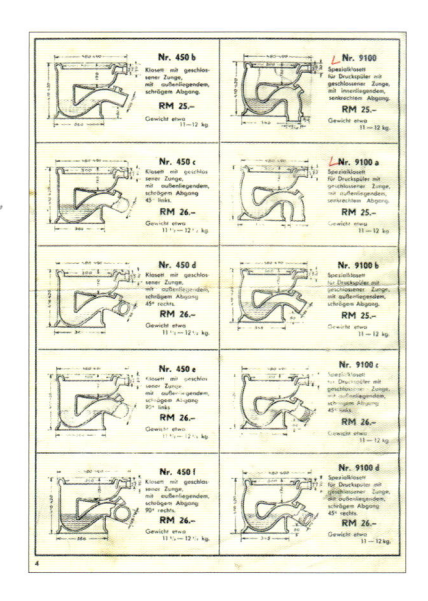

Oben:
Seite eines mit Matrizen vervielfältigten Kataloges

Oben und rechte Seite:
Werbe-Aschenbecher, Werk Engelhof um 1942

zunehmend größeren Problem. Generell sollten Verkehrsmittel nur mehr sparsam beansprucht werden, was zu einer Verkleinerung des Absatzgebietes führte. Dieses umfasste schließlich nur mehr die „Ostmark", den östlichen Teil des „Protektorates Böhmen und Mähren", die benachbarte Slowakei und den nördlichen Balkan. Trotz dieser Einschränkungen gelang es, den Export zu verdoppeln, wodurch doch noch ein gutes Geschäftsergebnis erzielt werden konnte. Durch Verknappung und Lieferschwierigkeiten bei den Brennstoffen wurde in Wilhelmsburg und in Znaim auf den kostengünstigeren, aber qualitativ schlechteren „Einmalbrand"[1] umgestellt. Die Qualität litt darunter, aber durch diese Maßnahme konnten im Werk Znaim alle elf und in Wilhelmsburg zwei der acht Rundöfen stillgelegt werden. In Engelhof wurden weiterhin alle drei Rundöfen beheizt. Die Aufrechterhaltung der Produktion in Engelhof war wichtig, da hier weiterhin „Vorkriegsqualität" im „Zweimalbrand"-Verfahren erzeugt wurde. Engelhof besaß keinen Tunnelofen, aber nur damit war „Einmalbrand" möglich.

Wenn auch nur gering und nur das Nötigste, noch wurde in die Werke investiert. In Engelhof waren dies die Überdachung eines Schuppens und die Installation einer Zentralheizungsanlage als Ersatz der bis dahin verwendeten Einzelheizungen. Davor war das Arbeiten in der kalten Jahreszeit in manchen Abteilungen nur unter widrigsten Umständen möglich.

Durch weitere Einberufungen zur Wehrmacht konnten erstmals die eingetretenen Ausfälle nicht mehr ergänzt werden. Ersatz zu finden war nicht mehr möglich, da ohnehin schon viele Jugendliche und Frauen die Produktion aufrecht erhielten.

1943

In den Personallisten der „Ostmark Keramik" schienen erstmals Kriegsgefangene auf. Wie viele dem Werk Engelhof zugeteilt waren, ist nicht bekannt. Viele waren es wohl nicht, da mit 44 Betriebsangehörigen gegenüber 66 im Vorjahr der Mitarbeiterstand schon beachtlich gesunken war. Dennoch blieben alle drei Rundöfen kontinuierlich in Betrieb.

Zu den vorhandenen Schwierigkeiten bei der Rohstoffbeschaffung und der Kohlezuweisung kam eine neue hinzu: Stromrationierungen. Anders als die anderen Werke der „Ostmark Keramik" war Engelhof komplett von Fremdstrom abhängig. Es verfügte über keine betriebseigene Elektrizitätserzeugung.

Starke Exportzuwächse mit guten Gewinnspannen bescherten der „Ostmark-Keramik" noch einmal einen zufriedenstellenden Betriebsertrag.

---

[1] Bis dahin war es üblich, Stücke zwei Mal zu brennen (Schrühbrand und Glattbrand)

43

Ostmark-Keramik AG

Während die Inlandsverkäufe gegenüber dem Vorjahr zurückgingen, konnten die Auslandslieferungen um fast ein Drittel gesteigert werden. Einsparungen durch den Einmalbrand (weniger Kohle, Löhne und Hilfsmittel) machten sich kostenmindernd bemerkbar. Im Wissen um das Funktionieren der Einmalbrand-Technik war die AG fast allen Steingutbetrieben im „Deutschen Reich" voraus. Auch die kriegsverlaufbedingten Produktionsschwierigkeiten der Erzeuger im „Altreich" mit den dort schon angerichteten Zerstörungen durch die alliierten Luftangriffe machten sich bemerkbar

In Engelhof war der Betriebsverlust um rund ein Drittel geringer als im Vorjahr. Erstmals kündigten sich Schwierigkeiten im Znaimer Werk an, welches in all den Jahren für die Gewinne der „Ostmark-Keramik" verantwortlich war.

Walter Salvenmoser wollte die Marktmacht der „Ostmark-Keramik AG" vergrößern und begann mit den Aktionären der Bukarester Steingutfabrik „Uzinele Cheraice" zu verhandeln. Obwohl bei den Aktionären eine grundsätzliche Verkaufsabsicht vorhanden war, kam es zu keinem Abschluss. Ein ungewohnter Rückschlag für den bis dahin erfolgsverwöhnten Salvenmoser.

Mitte:
Amerikanische B-24 Bomber im Angriff auf Linz

Unten:
Linzer Hauptbahnhof, 1944

1944

Obwohl 1944 der „Gau Oberdonau" (Oberösterreich) vermehrt Ziel alliierter Luftangriffe war, blieben die Stadt Gmunden und das Werk Engelhof von Schäden verschont. Kriegsbedingt wurden dem Betrieb nun auch die letzten Fachkräfte entzogen. Die Belegschaft bestand nur mehr aus Wehruntüchtigen, älteren Mitarbeitern, Kriegsgefangenen und Frauen. Je nach vorhandener Ressourcenlage verringerte sich der Personalstand bis auf einige wenige Mitarbeiter. Eine durchgehende Produktion aufrecht zu erhalten war nicht mehr möglich.

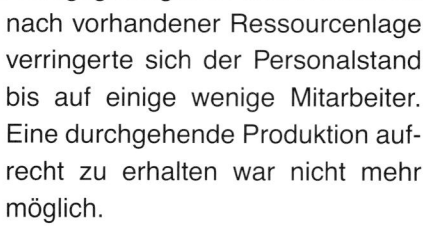

In den anderen beiden Werken der AG stellte sich die Situation nicht viel anders dar. Die Produktionsbedingungen wurden zunehmend härter, und fertige Ware konnte nur unter schwierigen Bedingungen abgesetzt werden. Schließlich ließen immer intensiver werdende Bombenangriffe den Versand zum

Ostmark-Keramik AG

Stillstand kommen. Die Wirtschaft war erschöpft und eine Änderung der Lage nicht in Sicht.

Infolge des Produktions- und Absatzrückganges in allen drei Werken verschlechterte sich die finanzielle Lage, und erstmals seit der Gründung der „Ostmark-Keramik AG" gab es ein Geschäftsjahr mit Verlusten.

Trotz dieser Schwierigkeiten schmiedete Salvenmoser weiterhin Zukunftspläne, und es drängte ihn zu neuen Aufgaben. Er nahm den Vorschlag der „Creditanstalt-Bankverein"[1] an und trat in den Vorstand der „Stölzle Glasindustrie AG" ein. Dort schlug er die Fusion der „Ostmark-Keramik" mit der „Stölzle Glasindustrie" vor, wo er dann den Konzern als Generaldirektor leiten wollte. Das nahende Ende des Krieges machte seine Pläne zunichte.

1945

Roh- und Brennstoffmangel und sonstige kriegsbedingte Gegebenheiten führten am 31. Jänner 1945 zur Stilllegung des Werkes Engelhof. Lediglich 1 Angestellter und 4 Arbeiter wurden für Aufsichtsarbeiten und als Sicherungskräfte im Werk belassen. Für die Mitarbeiter in der Wiener Zentrale bildeten Luftangriffe und die näher kommende Front eine immer größer werdende Gefahr. Zuerst übersiedelte die Buchhaltung in das im südlichen Waldviertel gelegene Nöchling und kurze Zeit später in die Bürogebäude des Werkes Engelhof.

Oben:
Stölzle Glasindustrie AG, Werk Alt Nagelberg, Niederdonau.
Weitere Fabriken in der Steiermark und im Sudetengau.

In diesen letzten Kriegsmonaten musste auch ein als kriegswichtig eingestufter Betrieb, die Firma „Henry Radio, Kapitän Oswald Heinrich & Co", aus der Wiener Schottenfelsgasse 39 evakuiert werden. Ein Ausweichquartier wurde in den Werkshallen von Engelhof gefunden. Die „Ostmark-Keramik AG" hatte diese zur Verfügung zu stellen. Ab Anfang April begann hier die Produktion von einfachen Radios, Mikrophonen und Lautsprechern, aber hauptsächlich von Sprengstoff-Zündern.

Oben:
Firmenlogo der Henry Radio, Kapitän Oswald Heinrich & Co

Oben links:
Mikrofon „Henry Radio", 1945

In Wien wurde das im zweiten Bezirk gelegene Auslieferungslager der „Ostmark Keramik" durch Plünderung und Kriegseinwirkung vernichtet und in der Folge aufgelassen. Die Wiener Zentrale wurde am 11. April 1945 von

---

[1] Am 16. Juni 1939 änderte die Bank ihren Firmenwortlaut von „Österreichische Creditanstalt-Wiener Bankverein" in „Creditanstalt-Bankverein".

45

Ostmark-Keramik AG

sowjetischen Armeeangehörigen besetzt, das Inventar beschädigt, die Geldschränke aufgebrochen und ausgeraubt. Jeder Zutritt war danach verboten. Dazu heißt es in einem an die „Creditanstalt" gerichteten Situationsbericht[1]:

Rechts:
Situationsbericht an den Creditanstalt-Bankverein, 27. April 1945

> 27.4.1945.
>
> **Ostmark-Keramik A.G.**
>
> Das Büro (Wien I., Goethegasse 3) ist von der GPU[2] besetzt und jeder Eintritt verboten. – Bei der Fabrik Wilhelmsburg fanden sehr starke Kämpfe statt; eine Verbindung mit dieser Fabrik war bisher nicht möglich. – Die Fabrik Znaim soll sich in Ordnung befinden, gearbeitet wird aber derzeit nicht. – Die Fabrik Gmunden ist ja schon seit längerer Zeit stillgelegt; eine Verbindung mit dieser besteht nicht.

Unten:
Generalfeldmarschall Wilhelm Keitel unterzeichnet die bedingungslose Kapitulation der Wehrmacht im Hauptquartier der Roten Armee in Berlin-Karlshorst

Am 6. Mai 1945 übergab der deutsche Kommandeur die Stadt Gmunden kampflos den US-Amerikanern[3]. Zwei Tage später, am 8. Mai, trat die bedingungslose Kapitulation der deutschen Truppen in Kraft, womit der Zweite Weltkrieg in Europa zu Ende war. Die Freude darüber wich schnell den täglichen Problemen der Nachkriegsmonate. Gmunden war seit 1944 zur Flüchtlingsstadt mit bis zu 30.000 zu versorgenden Menschen geworden. Aus Wehrmachtsbeständen stammende Lebensmittel waren bald aufgebraucht, und die Bevölkerung litt große Not. Obwohl Gmunden von Bombenangriffen verschont geblieben war und keine unmittelbaren Schäden durch Kriegshandlungen erlitten hatte, waren Wirtschaft und Infrastruktur nicht mehr vorhanden. Ohne die logistische und materielle Hilfe der US-Besatzungsmacht wäre die Nahrungsmittelversorgung der Bevölkerung und die rasche Wiederherstellung eines minimal funktionierenden Gemeinwesens nicht möglich gewesen.

In diesen schwierigen Nachkriegsmonaten führte als öffentlicher Verwalter Dipl.-Ing. Adolf Klampfer die „Ostmark-Keramik AG". Das Werk Znaim

---

[1] Situationsbericht an den Creditanstalt-Bankverein (BA, CA-IB, ÖSPAG)
[2] GPU – Glawnoje Polititscheskoje Uprawlenije – Staatspolizei in der Sowjetunion, gehörte zum Innenministerium der UdSSR. Sie bestand von 1922 – 1954 und war die Vorläuferorganisation des KGB.
[3] 4. Kompanie des 319. Infanterieregiments der 80. US-Infanteriedivision.

Ostmark-Keramik AG

wurde vom tschechoslowakischen Staat beschlagnahmt und enteignet. Durch den Verlust dieses Werkes, der Nichtproduktion in Engelhof und einem vorübergehenden Werksstillstand in Wilhelmsburg war der Personalstand auf etwa 10 Prozent von jenem Ende 1944 gesunken.

Links:
Besatzungszonen in Österreich von 1945 – 1955

Nach dem am 17. August erfolgten Abzug der sowjetischen Staatspolizei aus den Räumen des Zentralbüros, kehrten die Mitarbeiter von Engelhof nach Wien zurück. Sie fanden verwüstete Büros und ein großes Loch in einer Decke vor, durch das sie in die darunter liegenden Räume sehen konnten. Überall lagen Akten, auch im Aufzugsschacht und auf der Straße. Für Aufräumarbeiten, für die normal anfallende Arbeit und für die schwierige Rekonstruktion der Buchhaltung der vergangenen Monate war der bislang hohe Personalstand gerechtfertigt. Dieser wurde aber im folgenden Jahr auf ein normales Maß zurückgeführt.

Unten:
Aus unbewohnbar gewordenen Häusern wurden Hausrat und sanitäre Anlagen geborgen

Am 30. November 1945 wurde die „Ostmark-Keramik AG" vom „Staatsamt für Industrie, Gewerbe, Handel und Verkehr" angewiesen, den derzeitigen Firmenlaut in „Österreichische Keramik Aktiengesellschaft" zu ändern. Die Eintragung der Änderung des Firmenwortlautes im Handelsregister erfolgte 1946.

Die Absatzgebiete entlang der Donauländer gingen infolge der dort vollzogenen politischen Neuordnung vollkommen verloren. Die „Ostmark-Keramik" musste ihr Vertriebsnetz neu aufbauen. Durch den Verlust des Znaimer Werkes, dessen Beitrag zu Produktion und Umsatz zirka 50 Prozent betrug, und durch die Produktionsausfälle von Engelhof und Wilhelmsburg war der Umsatz der „Ostmark Keramik AG" im Vergleich zum Vorjahr um über 80 Prozent zurückgegangen. Die Zukunft sah nicht vielversprechend aus.

Österreichische Keramik AG

1946

Das Werk Engelhof war intakt geblieben, stand aber weiterhin still. Zwar wurde in den Werkshallen produziert, aber nicht Sanitärware, sondern weiterhin Mikrophone und Lautsprecher des eingemieteten Unternehmens „Henry Radio". Obwohl in der Zwischenzeit wieder in Wien fertigend, blieb Engelhof als „Zweigwerk" bestehen.

Für Sicherungs- und Überwachungsaufgaben im verbleibenden Sanitärbereich waren 1 Angestellter und 2 Arbeiter eingeteilt.

Am 16. Jänner wurde Dipl.-Ing. Adolf Klampfer offiziell zum öffentlichen Verwalter der bisherigen „Ostmark-Keramik AG" und baldigen „Österreichische Keramik Aktiengesellschaft" bestellt. Er war nun alleiniger Vertretungsbefugter der AG.

Österreichische Keramik AG 1946 – 1960

Am 29. Jänner 1946 wurde der neue Firmenwortlaut „Österreichische Keramik AG" im Handelsregister eingetragen.

Oben:
Firmenlogo „Henry Radio" mit Zweigwerk Engelhof
„Henry Radio" produzierte im Werk Engelhof bis Ende 1947

Unten:
Briefkopf „Österreichische Keramik Aktiengesellschaft", 1946

Unten:
Paul Mocsári

Im Sommer erfolgte eine erste Kontaktaufnahme der früheren Besitzer Conrad Henry Lester[1], Hans Arnold (Bankhaus „Arnold und Bleichroeder") und Paul Mocsári[2], der auch für die beiden Erstgenannten sprach, mit der Führung des Wilhelmsburger Werkes und mit der CA[3]-Führung. Zu diesem Zeitpunkt waren die gesetzlichen Grundlagen für die Rückgabe der von den Nationalsozialisten entzogenen Vermögenswerte noch nicht gegeben. Eine Bereinigung der Besitzverhältnisse kam dadurch noch nicht zustande.

In Wilhelmsburg konnte erst Anfang Juli 1946 wieder mit der Sanitärwarenerzeugung begonnen werden. Erst dann war die für die Beheizung des Tunnelofens notwendige kontinuierliche Gasbereitstellung durch regel-

---

[1] Conrad Henry Lester – Nach der Flucht aus Österreich erfolgte die Namensänderung von Kurt Lichtenstern in Conrad Henry Lester. Dies war eine Vorsichtsmaßnahme wegen seines Vorhabens, als Mitglied der amerikanischen Armee wieder nach Europa zu gelangen. Lichtenstern war nicht nur Jude, er zählte auch zu den von den Nationalsozialisten politisch verfolgten Personen.
[2] Paul Mocsári, Rechtsanwalt, Neffe von Kurt Lichtenstern alias Conrad Henry Lester
[3] CA – Creditanstalt-Bankverein

Österreichische Keramik AG

mäßige Kohlelieferungen wieder möglich. Bis dahin brannte Wilhelmsburg in seinen Rundöfen nur Geschirrwaren. In Gmunden stand das Werk nach wie vor still, eine Wiederaufnahme der Produktion schien fraglich. Das Jahr wurde erwartungsgemäß mit Verlusten abgeschlossen.

1947

Walter Salvenmoser, der den Wilhelmsburger Betrieb arisiert hatte und bekennender Anhänger des Nationalsozialismus war, galt ganz allgemein sowie speziell für die Rückstellungsverhandlungen mit den jüdischen Altbesitzern als nicht mehr tragbar. Am 14. April wurde Salvenmoser seines Vorstandspostens enthoben.

Über Salvenmosers Aktivitäten in der unmittelbaren Nachkriegszeit liegen nur bruchstückhafte Informationen über zweifelhafte Geldgeschäfte vor. Fest steht, dass er nach seinem Ausscheiden RM 85.000,–[1] Schulden gegenüber der „Keramik AG" hatte. Über Rückzahlungen und über sein weiteres Schicksal ist nichts bekannt.

Am 22. Juli 1947 führten die Rückstellungsverhandlungen zwischen der „Creditanstalt-Bankverein" und den ehemaligen Eigentümern der „Wilhelmsburger Steingut- und Porzellanfabrik AG" zu einem Vergleich. Den Majoritätsanteil, das waren ca. 56 Prozent der Aktien der „Österreichischen Keramik AG", erhielten die früheren Besitzer zurück. Der Rest blieb im Wertpapierbestand der „Creditanstalt", da diese das Werk Engelhof in die „Keramik AG" einbinden wollte. So wurde eine Trennung der beiden Werke vermieden, und die Gefahr einer Schließung von Engelhof war vom Tisch.

Waren die Produktionsmittel auch veraltet und desolat, so hatte Engelhof einen entscheidenden Standortvorteil: Es lag in der amerikanischen Besatzungszone, während Wilhelmsburg im sowjetisch besetzten Teil Österreichs stand. Dort versuchten die russischen Autoritäten immer wieder, Wilhelmsburg zu deutschem Eigentum zu erklären, um es dann als USIA[2]-Betrieb weiterführen zu können. Somit schien der Gmundner Standort gesichert, während die Zukunft des Werkes Wilhelmsburg unsicher war. Den Vorbesitzern blieb unter Berücksichtigung

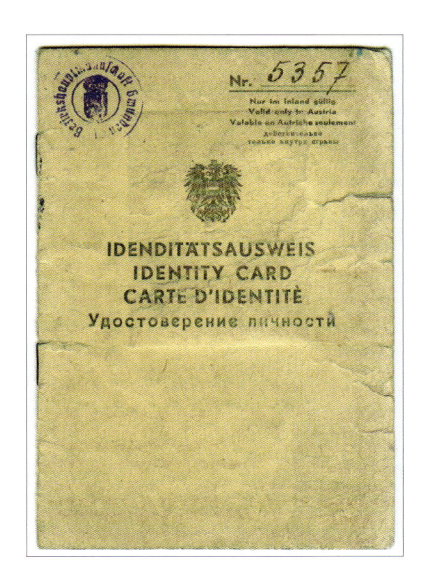

Oben:
Viersprachiger Identitätsausweis, ausgestellt von der Bezirkshauptmannschaft Gmunden

Unten:
Im Juni 1946 erließ der sowjetische Oberbefehlshaber in Österreich, General Kurassow, den Befehl Nr. 17, in dem er verfügte, dass alle Betriebe, die als „Deutsches Eigentum" galten, mit sofortiger Wirkung in das Eigentum der Sowjetunion übergehen.
Das Werk Wilhelmsburg war nie „Deutsches Eigentum" und ging nicht in das Eigentum der Sowjetunion über.

---

[1] 85.000 Reichsmark entsprechen im Jänner 2009 142.000 Euro.
[2] USIA – Uprawlenije Sowjetskim Imuschtschestwom w Awstriji – Verwaltungsstelle des sowjetischen Besitzes in Österreich.

Österreichische Keramik AG

Oben:
Übergang von der amerikanischen in die sowjetische Zone, Donaubrücke Linz

Unten:
Bürogebäude um 1947

Unten:
Ing. Heinrich Kienberger (rechts)

dieser Situation gar nichts anderes übrig, als dem Vergleich mit der „Creditanstalt" zuzustimmen. Im Rückstellungsvergleich waren für Engelhof Investitionen für den Um- und Ausbau inklusive der Errichtung eines Tunnelofens vorgesehen. Da den Vorbesitzern in Österreich noch keine Geldmittel zur Verfügung standen, übernahm die „Creditanstalt" die Finanzierung.

Schon während der Rückstellungsverhandlungen war ein Neuanfang für Engelhof absehbar. Vorsorglich wurde mit der Beschaffung von Rohstoffen und Brennmaterial begonnen, und zwei Tage vor der am 20. Juli erfolgten Vertragsunterzeichnung begann die Wiederaufnahme der Sanitärerzeugung. Die Zusammenarbeit zwischen Wilhelmsburg und Engelhof funktionierte, und der Erfahrungsaustausch mit dem „größeren Bruder" kam dem Werk Engelhof zugute.

Ende des Jahres waren in Engelhof wieder 44 Arbeiter und 5 Angestellte beschäftigt. Für das Werk verantwortlich war der bereits seit 1939 in leitender Funktion tätig gewesene Gmundner Franz Stoschek. Stoschek war Kaufmann, und als Betriebsleiter wurde im August 1947 der aus dem nordböhmischen Teplitz-Schönau stammende, sudetendeutsche Fachmann Ing. Heinrich Kienberger eingestellt. Dieser brachte eine kostengünstige Brenntechnologie mit. Den Einmalbrand in Rundöfen. Die Ergebnisse waren aber nicht zufriedenstellend, womit es bei Versuchen blieb.

Durch die reduzierte Produktion und die unsichere Zukunft von Wilhelmsburg, sowie durch den langen Stillstand der Betriebsanlage Engelhof, entsprachen die Aktienwerte nicht mehr der Realität. In einer Hauptversammlung am 6. August 1947 wurde die Änderung des Grundkapitals durch Zusammenlegung von je 5 Aktien auf 4 Aktien beschlossen.

Am 21. November wurde Dipl.-Ing. Adolf Klampfer zum Vorstandsmitglied bestellt. Gleichzeitig wurde er seiner Funktion als öffentlicher Verwalter, die er seit 16. Jänner 1946 innehatte, enthoben.

Abgesehen von der politischen Lage standen die wirtschaftlichen Aussichten für die „Österreichische Keramik AG" nicht schlecht. Es war absehbar, dass mit der Beseitigung der Kriegsschäden und dem beginnenden Wiederaufbau für lange Zeit eine starke Nachfrage nach Sanitärwaren gegeben sein würde. Im Inland gab es keine Konkurrenz, und Ware aus dem Ausland blieb durch

Österreichische Keramik AG

Zollschranken[1] ausgesperrt. In Österreich gab es für die AG keinen Wettbewerb. Umgekehrt tätigte die „Österreichische Keramik AG" aber auch noch keine Auslandsgeschäfte. Erstmals seit 1943 endete das Geschäftsjahr 1947 mit einem Gewinn für die „Österreichische Keramik AG".

Links und links unten:
1946 regelten Lebensmittelkarten die Kalorienversorgung mit durchschnittlich 980 Kalorien pro Person und Tag. Zu diesem Zeitpunkt galt Wien als die „hungrigste Großstadt Europas". Der Schwarzmarkt blühte trotz Verbots und bei Hamsterkäufen am Land wurden oft letzte Wertgegenstände gegen Lebensmittel eingetauscht. Erst 1951 gab es wieder annähernd freie Konsumwahl, und Mitte 1953 wurden die Lebensmittelkarten abgeschafft. Bezugskarten regelten den zusätzlichen „Luxus"-Bedarf.

Am 2. Juli 1948 wurde das amerikanische Hilfsprogramm ERP (European Recovery Programm – Europäisches Wiederaufbau Programm) zwischen Österreich und den USA unterzeichnet. Österreich erhielt aus den USA Geld- und Sachwerte. Auch die „Keramik AG" suchte 1953 um ein „Darlehen aus dem ERP-Fond für den Neubau einer Dienstwohnung" in Engelhof an. Die Bewilligung erfolgte in Form von Baumaterial. Die Wohnung war für Ing. Kienberger bestimmt.

Unten:
Amerikanischer Weizenmehl-Sack aus dem ERP-Programm für Österreich

[1] Durch das „Allgemeine Zoll- und Handelsabkommen" (GATT) wurde der Abbau von Zöllen, Abgaben und anderen Hemmnissen im internationalen Handel festgelegt. Dieses Abkommen trat am 1. Januar 1948 in Kraft, Österreich jedoch trat dem Gatt-Abkommen erst 1951 bei. Doch selbst dann erwirkte die „Österreichische Keramik AG" eine Ausnahmeregelung bis 1953, wonach für den Sanitärsektor erst dann die Liberalisierung des österreichischen Marktes begann.

Österreichische Keramik AG

1948

Im Juli, nach anhaltenden Intrigen gegen Franz Stoschek, wird Ing. Kienberger Direktor des Werkes Engelhof. Kienberger wird, um seine Ziele auch in Zukunft zu erreichen, auf dieses Instrument zurückgreifen und dafür auch seine Macht als Werksdirektor missbrauchen.

Am 30. September starb Paul Mocsári. Er hinterließ seine Aktien seinem Vetter Conrad H. Lester, der nun als Mehrheitseigentümer allein über die Entwicklung der Aktiengesellschaft bestimmte.

Rechts:
Todesanzeige Paul Mocsári, 1948

Mitte:
Dr. Conrad H. Lester

Unten:
Verkaufskatalog (Ringordner), 1949

Schmerzlich bewegt geben wir Nachricht, daß unser Aufsichtsratsmitglied Herr

Paul Mocsari
Großindustrieller früher in Wien, jetzt New York

am 30. September 1948 unerwartet aus unseren Reihen gerissen wurde. Der Dahingeschiedene hat durch lange Jahre all seine Erfahrung und Kraft bis in die letzten Tage selbstlos dem Wohle unseres Unternehmens gewidmet. Wir beklagen deshalb seinen allzufrühen Heimgang aufs Tiefste und werden seinem erfolgreichen Wirken stets ein dankbares Angedenken bewahren.

Wien, im Oktober 1948.

Der Aufsichtsrat, der Vorstand und die Belegschaft der Österreichischen Keramik Aktiengesellschaft

Obwohl die drei Rundöfen des Werkes Engelhof voll ausgelastet waren und eine Produktionssteigerung im Werk Wilhelmsburg den Bruttoumsatz im Geschäftsjahr 1948 auf fast das Doppelte des Vorjahres ansteigen ließ, bilanzierte das Werk Engelhof negativ. Als größte Schwachstelle im Werk galt der Brennhausbetrieb, der mit drei technisch veralteten Rundöfen auskommen musste. Dieses Brennsystem galt in der sanitärkeramischen Industrie Europas schon seit Ende der 20er-Jahre des 20. Jahrhunderts als überholt. Aus diesem Grund wurde in der Hauptversammlung des Jahres 1948 die Errichtung eines Tunnelofens beschlossen.

Ein weiteres Problem stellte die Auslandsabhängigkeit bei Rohstoffen dar. Um die dafür notwendigen Devisen erwirtschaften zu können, wurde nach Exportmöglichkeiten gesucht. Noch 1948 gelang es, Sanitärwaren nach Bulgarien, Griechenland, Jugoslawien und in die Türkei auszuführen. Ohne sichtbaren Erfolg blieben Exportanstrengungen in westliche Länder.

Österreichische Keramik AG

1949

Im April wurde Walter Salvenmoser offiziell seines Postens als Geschäftsführer des Werkes Wilhelmsburg enthoben. Hierbei handelte es sich um einen Formalakt, da Salvenmoser bereits 1947 alle geschäftlichen Tätigkeiten untersagt worden waren und er seitdem nicht mehr in Erscheinung getreten war.

Gelockerte Importbestimmungen veranlassten ausländische Firmen, den heimischen Markt mit hochwertiger Sanitärware zu beliefern. Obwohl die Anzahl der Stücke wegen der Einfuhrkontingentierung begrenzt blieb, reagierte die „Keramik AG", indem sie ihr Augenmerk auf Maßnahmen zur Qualitätsverbesserung richtete. Dies schon in Erwartung einer sich abzeichnenden Lockerung der bestehenden Regelungen.

1949 begannen in Engelhof die Bauarbeiten zur Errichtung des im Vorjahr genehmigten Tunnelofens. Auf einem bahnseitig gelegenen Kohleschuppen-Gelände entstand ein Gebäudeneubau, in dem ein Ofen der Schweizer Firma BBC, „Brown Boveri & Cie", aufgestellt werden sollte. Um die Produktion der erweiterten Ofenkapazität anzupassen, wurde im Stockwerk darüber eine Gießerei-Halle errichtet.

Am 16. November, dem Tag der Kollaudierung, wurden im Beisein der Herren des Aufsichtsrates und des Vorstandes die neuen Gebäude- und Produktionsanlagen, vor allem aber der neue Elektrotunnelofen feierlich in Betrieb genommen. Ein wichtiger Tag für das Werk Engelhof und die „Österreichische Keramik AG".

Produktionssteigerungen in Wilhelmsburg bescherten der AG in diesem Jahr bedeutende Umsatzzuwächse.

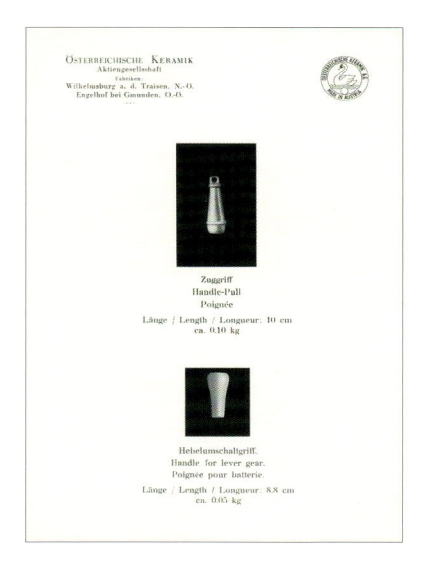

Oben:
Katalogblatt, ab 1949

Wie auch bei den zuvor aufgelegten Katalogen wurden lose Blätter nun in einem Ringordner zusammengefasst. Der Katalog wurde laufend um neue Produktseiten erweitert.

Links und links unten:
Gesamtansicht des Werkes Engelhof um 1949

53

Österreichische Keramik AG

1950 – 1952

Das neue Gebäude und der Elektro-Tunnelofen samt Infrastruktur wurden wie geplant 1950 fertiggestellt. Ab der Inbetriebnahme des Ofens verbesserte sich die Qualität der Sanitärprodukte, und die Gestehungskosten sanken. Seine größere Kapazität und sein kontinuierlicher Brennvorgang läuteten das Ende des Rundofenbetriebes ein.

Rechts:
Waschtisch und Klosett in „seemäßiger" Verpackung, um 1950

Unten:
Ballspende, Installateur Ball Wien, 1951

Der Importdruck ausländischer Sanitärerzeugnisse wurde spürbar, und dazu kam noch der Koreakrieg (Juni 1950 – Juli 1953), der gegen Ende des Jahres 1950 ganz allgemein zu erheblichen Preissteigerungen führte und das österreichische Wirtschaftswachstum negativ beeinflusste. So wurde die in Wilhelmsburg benötigte Gasgeneratorkohle noch 1950 um 104 Prozent und 1951 um weitere 187 Prozent teurer. In der Folge mussten auch die Verkaufspreise der Sanitärware angehoben werden. Angesichts der gesunkenen Kaufkraft ein schwieriges Unterfangen. 1951 und 1952 wurde die Produktion zurückgefahren und alle Rundöfen stillgelegt.

Im September 1951 wurde mit dem Umbau von Gießerei und Masseerzeugung begonnen.

Rechts:
Aufbau der Kleingießerei auf dem alten Fabrikstrakt, 22. September 1951

Rechte Seite:
Werbefiguren um 1950

54

55

Österreichische Keramik AG

Rechts:
Briefkopf „Österreichische Keramik Aktiengesellschaft", 1951

Rechts Mitte:
Engelhofer-Werkskapelle mit Dr. Bruno Kreisky, dem späteren Bundeskanzler von Österreich

Unten:
Logo-Entwurf für die Engelhofer-Werkskapelle, Fritz Lischka, 1953

1952 war das Gründungsjahr der Engelhofer Werkskapelle, heute „Werkskapelle Laufen". Mit finanzieller Unterstützung, eigenem Musiker- und Proberaum, standen und stehen die Werksleitung und die jeweiligen Firmenbesitzer hinter diesem musikalischen Projekt. Mehrmals ausgezeichnet, ist sie über den Betriebsbereich hinaus zu einem wichtigen Bestandteil des Musiklebens im Bezirk Gmunden geworden.

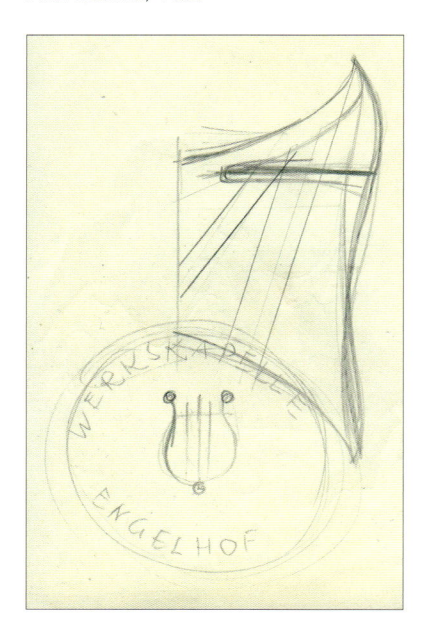

Rechts:
Das Werk Engelhof nach dem Umbau, 1952

1953

Die Einfuhr von Sanitärkeramik nach Oesterreich wurde liberalisiert. Die Erzeugnisse der „Keramik AG" waren ab sofort dem direkten Vergleich mit

Österreichische Keramik AG

Produkten hoch entwickelter Auslandsbetriebe ausgesetzt. Das Unternehmen sah sich gezwungen, die Modernisierung der eigenen Werke voranzutreiben.

In Engelhof wurde noch im selben Jahr einer der 3 Rundöfen geschliffen und ein zweiter Elektro-Tunnelofen bestellt. Im Vorfeld und parallel dazu wurde mit den Arbeiten für eine größere Gießerei, eine moderne Masseaufbereitung und eine Werkskantine begonnen.

Die Wirtschaft begann sich zu erholen, und die Bautätigkeit erwachte zu neuem Leben. Bessere Absatzzahlen bewirkten eine 40-prozentige Produktionssteigerung. Der Wirtschaftsaufschwung und die Umsatzsteigerungen der Keramik AG, bzw. der späteren ÖSPAG, hielten bis 1966/67 an. Später nannte man diese Zeit „die Wirtschaftswunderjahre".

1953 wurde „zur Unterstützung" des Werkdirektors Ing. Kienberger der akademische Keramiker Fritz Lischka in den Betrieb geholt. Ab 1. Juni begann

Oben:
Fritz Lischka,
Ausweisfoto, 1951

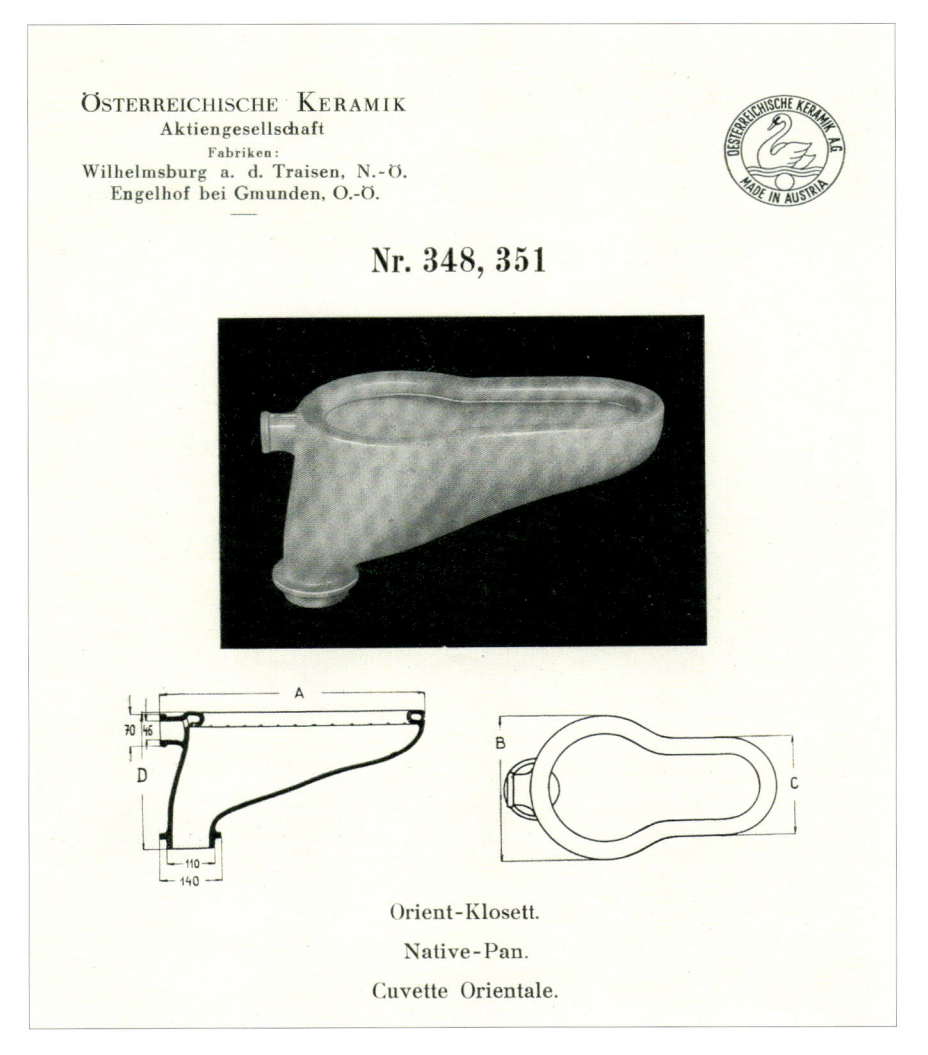

Oben:
Werbung, Österreichische Glas- und Porzellan-Zeitung, 1953

Links:
Auszug einer Katalogseite Anfang 1950
Orient-Klosett für den Mittleren Osten

Extra-Ausgabe

Wiener Zeitung

Gegründet 1703

Sonntag, 15. Mai 1955 — Einzelpreis: 90 Groschen

Staatsvertrag unterzeichnet!

Historisches Ereignis im Wiener Belvedere

Die vier Außenminister der Großmächte, Pinay (Frankreich), MacMillan (Großbritannien), Molotow (UdSSR) und Dulles (Vereinigte Staaten), sowie Außenminister Dr. h. c. Ing. Figl setzten ihre Namen unter das Dokument

Der authentische Wortlaut des Staatsvertrages im Innern des Blattes

Österreich nach siebzehn Jahren endlich frei

EIN DENKWÜRDIGER AUGENBLICK: Von links nach rechts: Botschafter Thompson, Außenminister Dulles, Botschafter Iljitschow, Außenminister Molotow, Außenminister Ing. Dr. Figl, Außenminister MacMillan, Botschafter Wallinger, Außenminister Pinay, Geschäftsführender Botschafter Lalouette

Österreichische Keramik AG

er in Engelhof als Betriebsassistent und Laborant zu arbeiten. Zwar wurden Kienbergers vergangene Leistungen geschätzt, aber einen modernen Betrieb zu führen, das traute man ihm nicht zu. Langfristig war Lischka für die Nachfolge Kienbergers vorgesehen. Das missfiel dem despotisch auftretenden Kienberger, und er begann seine Position zu verteidigen. Dagegen standen Lischkas starke Persönlichkeit und sein Selbstverständnis, sich nur begrenzte Zeit mit der Rolle der „Nr. 2" im Werk zufrieden geben zu wollen. Die beiden Männer wurden Gegner.

1954

Der zweite Elektro-Tunnelofen wurde fertiggestellt und einige Anpassungen in den innerbetrieblichen Abläufen vorgenommen. Wie richtig die Entscheidung für den Bau des zweiten Ofens war, zeigte sich anschaulich: Der großen Nachfrage wegen wurden die fertigen Stücke noch „ofenwarm" auf LKWs und Eisenbahnwaggons verladen.

Der Engelhofer Betrieb gehörte nun zu den modernsten Erzeugungsstätten von qualitativ hochwertigem Sanitär-Steingut in Europa. Um gegen die ausländische Konkurrenz weiterhin bestehen zu können, wurde mit Überlegungen zur Umstellung der Produktion von Steingut auf Porzellan begonnen.

1955

Das Jahr war ausgefüllt mit der Verfeinerung des Produktionsflusses und schließlich mit dem Beginn der Umstellung von Steingut auf Porzellan. Federführend und hauptverantwortlich für diese Umstellung war Fritz Lischka, der auch alle Masse- und Glasurrezepte dafür entwickelte. Die Stücke aus Porzellan mussten gleich groß wie die Steingutware sein. Da Porzellanmasse beim Brennen stärker schwindet als Steingut, galt es, alle Gipsmodelle zu ändern. Für die Herstellung und Verarbeitung von Porzellanmasse gelten strengere Regeln als für Steingut. Dies machte genauere Qualitätskontrollen erforderlich.

Nach Abschluss des Staatsvertrages und nach Abzug der alliierten Streitkräfte wurde mit der

Oben:
Katalogblatt um 1955

Mitte der 1950er-Jahre konnte für Eisenbahnwaggons im Katalog zwischen fünf Waschbecken/Waschtischen und sechs Klosetttrichter-Modellen gewählt werden.

Linke Seite:
Extra-Ausgabe „Wiener Zeitung",
15. Mai 1955

Unten:
Das Werk Engelhof um 1955

Österreichische Keramik AG

Modernisierung des Werkes Wilhelmsburg begonnen. Wegen der sowjetischen Besatzung bis 1955 war dort kaum investiert worden. Kleinere und größere Umbauten, wie das Schleifen der restlichen zwei Rundöfen, wurden in Engelhof noch bis 1956 fertiggestellt.

1956

In Engelhof wurde nun hochwertiges Sanitärporzellan erzeugt. Ein neuer Name wurde gesucht und mit „Austrovit"[1] gefunden. Die Steingut-

Rechts:
5. Internationaler keramischer Kongress, Wien 1956
Werksbesichtigung der Öst. Keramik AG Werk Gmunden-Engelhof (im Hintergrund die Modellstube)

Rechte Seite:
Katalog, 1956

Unten:
Katalogblatt, 1959, Semi-Klosett

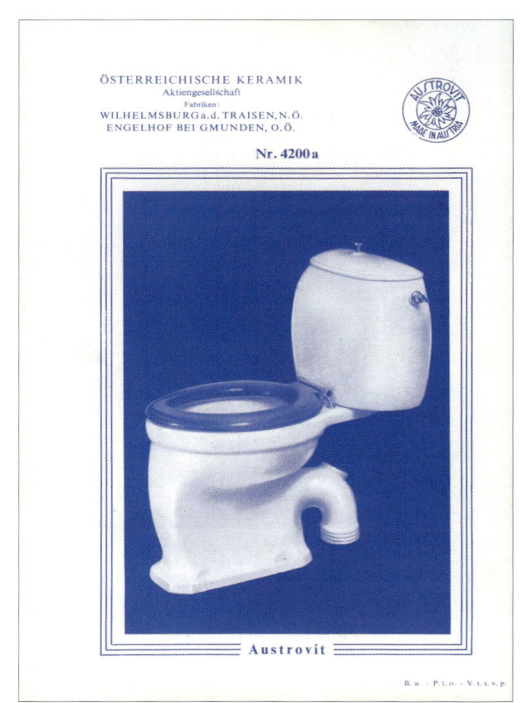

erzeugung wurde aus preislichen Gründen nicht eingestellt. Das bedeutete, dass zwei keramische Massen herzustellen waren. Doch für beide Massen konnten die gleichen Glasuren verwendet und Steingut- und Porzellanerzeugnisse konnten gemeinsam gebrannt werden. Das hielt den Mehraufwand in Grenzen.

Die Leistung, die Lischka mit dieser nahezu klaglosen Umstellung vollbrachte, blieb, sehr zum Verdruss von Direktor Ing. Kienberger, Dr. Lester nicht verborgen. Während dieser Lischkas Qualitäten immer mehr schätzte, ihn zu wichtigen Besprechungen einlud und zu Auslandsreisen mitnahm, schlug der bereits starke Argwohn bei Ing. Kienberger in offen gezeigte Ablehnung um.

---

[1] Der Name ergab sich aus der Bezeichnung von Weichporzellan, das im Englischen „Vitreous china" genannt wird. Die Endsilbe „-vit" von „Austrovit" deutet auf die Verarbeitung von Weichporzellan hin und „Austro-" auf Österreich. „Austrovit" = Österreichisches Porzellan.

ÖSTERREICHISCHE KERAMIK
AKTIENGESELLSCHAFT

AUSTROVIT — MADE IN AUSTRIA

WIEN I.
GOETHEGASSE 3

Fabriken:

Wilhelmsburg a. d. Traisen, NÖ
Engelhof bei Gmunden, OÖ

Österreichische Keramik AG

1957

Die Spannungen zwischen Lischka und Kienberger veranlassten ersteren, einen Brief an den Mehrheitseigentümer Dr. Lester zu richten. Darin informierte er ihn über seine Kündigungsabsicht. Gleichzeitig verwies er auf ein gut dotiertes Angebot der Gmundner-Keramik. Das persönliche Risiko, das Lischka damit einging, war nicht sehr groß, da er sich der Wertschätzung Dr. Lesters bewusst war. Einige Tage später erhielt er ein Antwortschreiben, in dem ihm die Anpassung seines Gehalts an das Offert der Gmundner-Keramik angeboten wurde. Trotz der schwierigen Zusammenarbeit mit Kienberger nahm Lischka das Angebot an.

Oben:
Werksbesuch des oberösterreichischen Landeshauptmannes Dr. Heinrich Geißner im Werk Engelhof um 1958. Links hinter ihm Franz Stoschek, der 1962 nach 33 Werksjahren in Pension ging

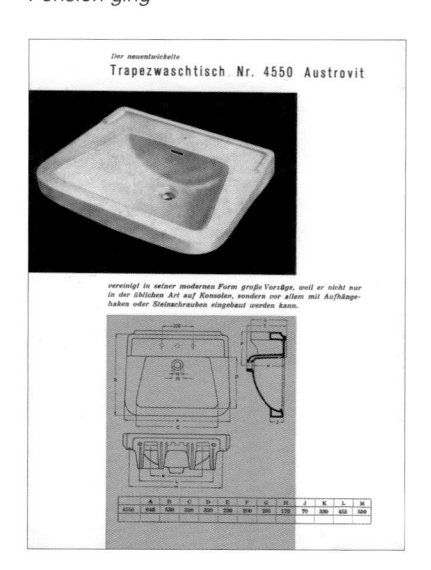

Oben:
Folderseite, 1958

Rechts:
Folder um 1958

Österreichische Keramik AG

1958 – 1960

Die „Österreichische Keramik AG" war trotz der Öffnung des Inlandsmarktes für ausländische Ware, Marktführer im Sanitärbereich geblieben. Produkte aus dem Ostblock waren den eigenen Erzeugnissen in der Qualität unterlegen, und Schweizer Importe störten das Preisgefüge kaum. Luxusartikel wurden in der AG nicht erzeugt, wodurch sich westdeutsche und skandinavische Ware den österreichischen Markt teilten. Exportiert wurde nach Deutschland, Griechenland, Irak, Jordanien, Kuba, Libanon, Ostafrika, Schweiz, USA und Zypern, wobei der mittlere Osten vorwiegend Steingutware orderte.

Oben:
Briefkopf, 1959

Mitte:
Gießplatz für Sanitärware, Werk Engelhof, 1960

Links:
Schauraum in der Zentrale, Wien I, Goethegasse 3

Oben:
Wirtschaftsunterstützung, Werbung der österreichischen Woche, 23. – 30. Oktober 1960

Links:
Gemeinschaftsstand auf der Wiener Messe, 1958

Teeservice

FORM: CORINNA   DEKOR: SELADON
Unterglasur, scheuerfest

Das exquisite Geschirr CORINNA in duftig zarten Dekoren bringt eine Atmosphäre vornehmer Tischkultur mit sich.

Heben Sie die Kanne auf: wegen seiner Schräglage hält der Deckel ohne Sperrmechanismus. Und fühlen Sie, wie angenehm die Tasse in der Hand liegt.

Also exquisite Form — exotisch zarter Dekor — eminent praktisch im Gebrauch — der Porzelliner nennt das funktionsgerechte, künstlerische Gestaltung.

Lilien-Porzellan
EINE SPITZENLEISTUNG DER ÖSPAG

Prospekt Nr. 9

ÖSPAG

1961

Lischka betätigte sich auch als Geschirrdesigner. Ohne offiziellen Auftrag begann er 1959 mit der Umsetzung einiger seiner Tafelgeschirrentwürfe, indem er davon Prototypen anfertigte. Anlässlich einer Besprechung des Vorstands mit Direktion und Verkaufsabteilung erhielt er den Auftrag, rund um einen seiner Teekannen-Prototypen sowohl ein Kaffee-, Tee- und Mokkaservice, als auch ein Speiseservice zu entwerfen. Die offene Feindschaft zu Ing. Kienberger und die Tatsache, dass die Geschirrerzeugung ihren Sitz in Wilhelmsburg hatte, veranlassten ihn, Engelhof zu verlassen und seine Entwicklungsarbeiten in Wilhelmsburg fortzusetzen. In einer Pressekonferenz im Februar 1961 wurde seine Form „Corinna" der Öffentlichkeit vorgestellt.

Lischkas Designertätigkeit beschränkte sich nicht auf Tafelgeschirr. 1960 entwarf er den im Jahre 1961 auf den Markt gekommenen Waschtisch „Ultra". Mit diesem Waschtisch revolutionierte er das Sanitärdesign des inzwischen von „Österreichische Keramik AG" in „ÖSPAG"[1] umbenannten Konzerns. Hatte man über Jahrzehnte gleich aussehende Objekte im Programm, so stellte Lischkas „Ultra" ein dem Zeitgeist entsprechendes Modell dar, welches für künftige Entwürfe richtungsweisend wurde.

Während seiner Tafelgeschirrform „Corinna" ein baldiges Ende bevorstand (1966), blieb sein Waschtisch „Ultra" ein über Jahrzehnte erfolgreich verkauftes Modell. „Ultra" stand am Beginn von Lischkas jahrzehntelang erfolgreicher Tätigkeit als Sanitärdesigner.

Oben:
Pressefoto, Fritz Lischka
Pressekonferenz, Präsentation der Form „Corinna", 1961

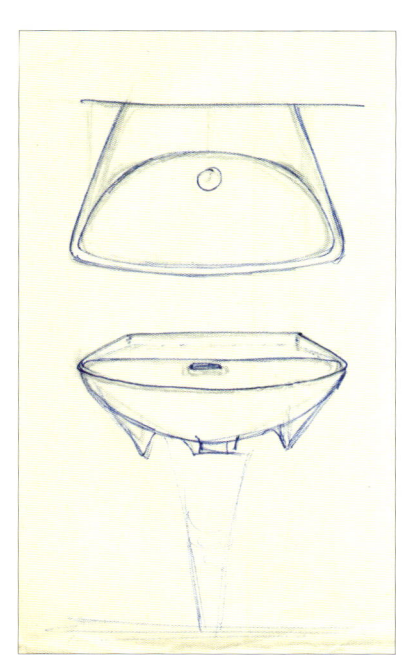

Oben:
Entwurfs-Skizze für einen Waschtisch, Fritz Lischka, 1960

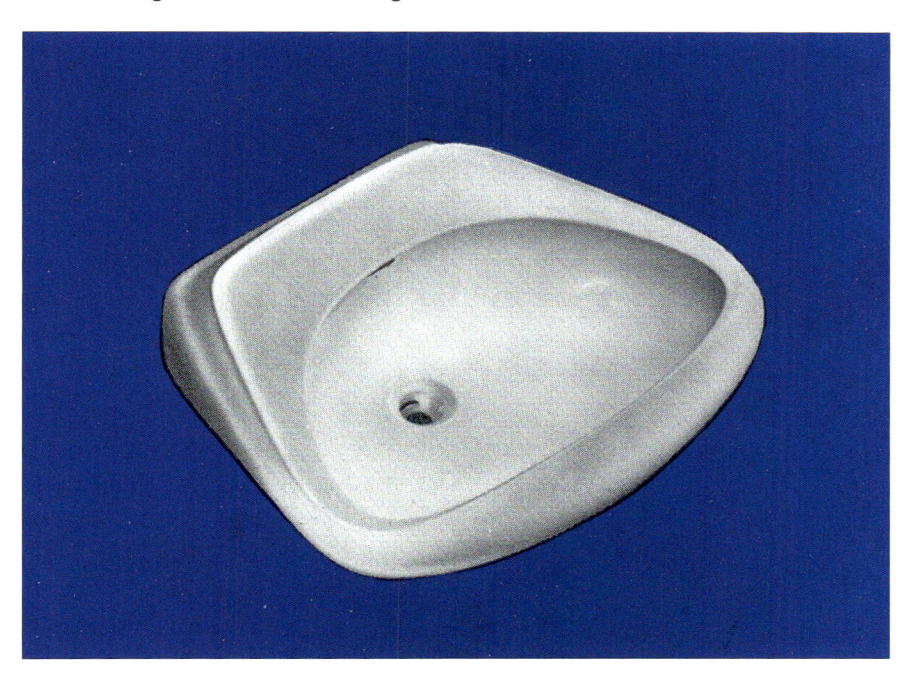

Links:
Waschtisch Ultra

Linke Seite:
Corinna Pult-Werbung, 1961

[1] Der Name „Österreichische Keramik AG" führte immer wieder zu Missverständnissen, da das Wort „Keramik" mit Kunstkeramik gleichgesetzt wurde, welche im Unternehmen nicht existierte. 1960 wurde der Firmenname in „ÖSPAG" – Österreichische Sanitär-, Keramik- und Porzellan- Industrie Aktiengesellschaft – umgewandelt.

Waschtisch Nr. 4560/I
Toiletteplatte Nr. 4755
Bidet Nr. 4782 (für Mehrlochbatterie)
oder Nr. 4782 E (für Einlochbatterie)

Pastellfarbiges Spezialsortiment
AUSTROVIT

Die neue farbige Ausführung mit weißem Innenteil ist zu kombinierter Verwendung mit weißer Emailware (z. B. Badewannen) und Badezimmermöbeln vorzüglich geeignet.

Bitte wenden!

ÖSPAG

Am 10. Mai 1961 verstarb völlig überraschend der Engelhofer Direktor Ing. Heinrich Kienberger im 52. Lebensjahr an den Folgen mehrerer Schlaganfälle. Trotz seiner menschlichen „Schwächen" sollte nicht vergessen werden, dass er sich große Verdienste bei dem Ausbau des Betriebes seit seinem Eintritt 1948 erwarb. Sein logischer Nachfolger hieß Fritz Lischka, der umgehend Wilhelmsburg verließ und nach Engelhof zurückkehrte, wo er am 18. Mai zum Betriebsleiter ernannt wurde. Als Werksassistent wurde ihm Josef Chroust zur Seite gestellt.

Im Wiener Zentralbüro wurde 1961 eine Abteilung geschaffen, deren Aufgabe darin bestand, sich alle öffentlichen Ausschreibungen mit Sanitärkeramikanteil zu verschaffen und daran teilzunehmen. Bis dahin kam es immer wieder vor, dass Ausschreibungen unbemerkt blieben, was zur Folge hatte, dass Sanitärerzeugnisse ausländischer Firmen Verwendung fanden. Das Büro war von Beginn an ein Erfolg.

Lagerungsmöglichkeit für Fertigware war in Engelhof nur bedingt vorhanden. Auf Lager zu arbeiten, um bei steigender Nachfrage lieferfähig zu bleiben, war nicht möglich. Um dies zu ändern, wurden Pläne für einen Hallenneubau geschmiedet. Da direkt an das Werk angrenzend keine

Oben:
Katalog, 1961
Der Katalog wurde bereits 1959 verwendet und bei der Einführung des neuen „Austro-Vit" Logos mit einem blauen Balken überklebt.

Mitte und linke Seite:
Werbung, 1961
Färbige Ausführung mit weißem Innenteil, nach einer Idee des Werksdirektors Fritz Lischka.
Mitte: Waschtisch „INN"
Linke Seite: Waschtisch „ULTRA"

Links:
Dia für Kinowerbung, 1961

ÖSPAG

Oben:
Qualitätsaufkleber auf Sanitärware:
Das Qualitäts-System bestand 1960 aus vier Klassifikationsstufen:
Handelsware – „H"-Ware = beste Qualität, blaues, dreieckiges Pickerl
Minderware – „B"-Ware, grünes, dreieckiges Pickerl
Ausschuß – „C"-Ware, gelbes, dreieckiges Pickerl
Bruch, 2 gekreuzte Ölkreidenstriche

Oben rechts:
Werk Engelhof bei Gmunden, 1961

Ausbaumöglichkeit bestand, erwarb man ein ca. 35.000 m² großes Grundstück jenseits des Gleiskörpers der am Werk vorbeiführenden Eisenbahnlinie Lambach-Gmunden.

1962

Das Ausbleiben von Bauaufträgen im strengen Winter 1961/62 ließ die Umsätze einbrechen, aber schon im Frühjahr musste wieder mit voller Kapazität produziert werden. Gleichzeitig gelang auch eine Zunahme der Sanitärexporte, was bei ohnehin vollen Auftragsbüchern zu immer längeren Lieferfristen führte. Um den Marktanteil am bevorzugten Inlandsmarkt zu halten, war stets zwischen Inlands- und Exportlieferungen abzuwägen. Der Exportanteil lag bei 10 Prozent und sollte, um

Mitte:
Katalog, Oktober 1962

Rechts:
Werbung, Waschtisch „Inn", einfärbig, Oktober 1962

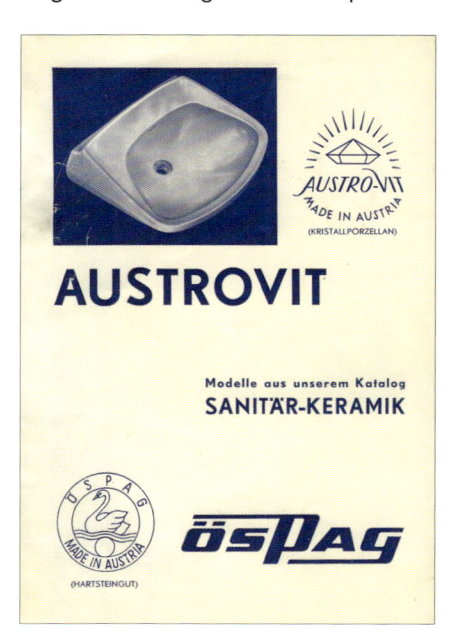

Rechte Seite:
Werbung Waschtisch „Kamp", einfärbig, Oktober 1962

Waschtisch ohne Rückwand „KAMP"

ein eleganter, überall verwendbarer Waschtisch. Mit einem durchschlagbaren Hahnloch in der Mitte. Für Befestigung mit Konsolen, Laschen oder Steinschrauben.

	farbig	weiß
Nr. 4603 o. S. (Größe 635 × 520 mm)	S 554.—	S 396.—
Nr. 4605 o. S. (Größe 560 × 460 mm)	S 462.—	S 330.—
Nr. 4755 Toiletteplatte, geeignet für alle Waschtische	S 171.—	S 122.—

Das gesamte AUSTROVIT-Sortiment ist in folgenden Farben, passend zu den farbigen Badewannen (Guß und Stahlblech), erhältlich:

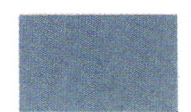

| Korallrosa | Blau | Weiß | Seegrün | Gelb |

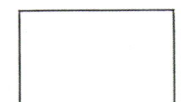

— 1 —

ÖSPAG

Waschtisch ohne Rückwand „ULTRA" (Patent ang.)
in moderner Ausführung. Mit durchgehendem Spritzrand, einem durchschlagbaren Hahnloch in der Mitte und durchschlagbaren seitlichen Löchern für Handtuchhalter. Für Befestigung mit Steinschrauben.

	farbig	weiß
Nr. 4560/I (Größe 650 x 505mm)	S 809.—	S 578.—
Nr. 4560/II (Größe 580 x 450mm)	S 693.—	S 495.—
Toiletteplatte, passend zu allen Waschtischen		
Nr. 4755 (635 mm lang)	S 171.—	S 122.—

Das gesamte AUSTROVIT-Sortiment ist in folgenden Farben, passend zu den farbigen Badewannen (Guß und Stahlblech), erhältlich:

Korallrosa — Blau — Weiß — Seegrün — Gelb

Oben:
Werbung Waschtisch „Ultra",
einfärbig, Oktober 1962

Mitte:
„Austro-Vit", Werbetasse mit
Untertasse, Form Josefine, 1961

unerwartete Inlands-Rezessionen abzufedern, verdoppelt werden.

In der Vorstandssitzung des Jahres 1962 beendete der Vorsitzende des Vorstands, Dr. Lester, seinen Bericht mit der Hervorhebung der Leistung zweier leitender Mitarbeiter. Einer der Genannten war der geschäftsführende Direktor der ÖSPAG, Alfons Stummer, der andere war Fritz Lischka: *„Als letzten der Chronologie, aber als ersten der Leistung nach, nenne ich Ihnen den Leiter unseres Gmundner Betriebes, Herrn Fritz Lischka, der, abgesehen von seiner perfekten Führung des Werkes Engelhof, den Hauptanteil an der Entwicklung unserer modernen und nunmehr international anerkannten Sanitärmodelle hat, und dem wir auch sehr viel auf dem Gebiet der künstlerischen Entwicklung unseres Geschirrprogrammes verdanken."*

1963

Am 27. Juni wurde der Betriebsleiter Fritz Lischka zum Werksdirektor von Engelhof ernannt.

1963 fand auch das weltweit erste „Sommer-Seminar für Keramik" im Werk Engelhof statt. Veranstalter war das „Josef-Hoffmann-Seminar" aus Wien unter der Leitung von Kurt Ohnsorg[1]. Ermöglicht wurde diese Veranstaltung von Fritz Lischka, Studienkollege und Freund von Kurt Ohnsorg, und Dr. Lester, der künstlerische Aktivitäten im Bereich Keramik stets unterstützte. Dr. Lesters einzige Auflage war die ungestörte Aufrechterhaltung der Produktion.

Den Teilnehmern wurden Räumlichkeiten zur Verfügung gestellt, in denen sie ihre Vorstellungen mit den Techniken eines Großbetriebes umsetzen konnten. Mit Rat und Tat standen Lischka und seine Mitarbeiter zur Verfügung und halfen dort wo Probleme auftauchten. Dem „Sommerseminar für Keramik 1963" folgten weitere in unregelmäßigen

---

[1] Kurt Ohnsorg wurde am 25. Dezember 1927 in Siegmundsherberg (Niederösterreich) geboren. Er studierte von 1946 – 1950 bei Robert Obsieger an der Akademie für angewandte Kunst in Wien (heute Universität für angewandte Kunst). 1955 Gründung einer eigenen Werkstätte in Wien, 1961 mit Alfred Seidl Gründung des „Josef-Hoffmann-Seminars für keramische Gestaltung", 1963 Gründung des nationalen und ab 1964 der internationalen Keramiksymposien in Gmunden. 1969 erhielt er eine Professur an der Linzer Kunstschule (ab 1973 Kunsthochschule, ab 1998 Universität für künstlerische und industrielle Gestaltung Linz) wo er bis zu seinem Tod in Gmunden, am 22. September 1970, unterrichtete.

Abständen stattfindende internationale Symposien im Werk Engelhof (s. S. 136).

1964

Bereits Dr. Lesters Vater, Richard Lichtenstern[1], war das Wohlergehen seiner Mitarbeiter ein stetes Anliegen. Sein Sohn Kurt, später Conrad, erbte diese „soziale Ader". So musste sich dieser bei Generalversammlungen wiederholt das hohe Lohnniveau vorhalten lassen. Dies deshalb, da seit 1959 zwar die Löhne gestiegen, die dafür erbrachten Leistungen im Verhältnis dazu aber gesunken waren. Dr. Lester im Bericht des Vorstandes 1962: *Ich selbst bin aus volkswirtschaftlichen und sozialen Gründen ein unbedingter Anhänger hoher Löhne. Ich weiß aber ebenso gut wie alle seriösen Wirtschaftswissenschafter und -leiter, dass eine Politik von Lohnerhöhungen ohne Produktionserhöhung in kurzer Zeit zum Bankrott führt.*

Oben:
Richard Lichtenstern, 1870 – 1937

Unten:
Töpferdenkmal in Wilhelmsburg, errichtet 1957 zu Ehren Richard Lichtensterns

Aber die Zeiten für die ÖSPAG waren ausgezeichnet, und Dr. Lesters soziales Handeln spiegelte sich in einer Vielzahl von Sozialleistungen wider. So gab es Waren- und Kohledeputate, Leistungsprämien, Genossenschaftswohnungen in Gmunden/Engelhof und Wilhelmsburg, Zuschüsse für Betriebsausflüge und Weihnachtsfeiern, Werkskantinen, Werksrenten, Familienbeihilfen, Ferienaktionen für Kinder und billige Grundstücke für Mitarbeiter und Standortgemeinden. 1964 wurde ein mit 250.000 Schilling[2] dotierter „Richard Lichtenstern-Jubiläumsunterstützungsfond" ins Leben gerufen, dessen Aufgabe es war, in Not geratene Mitarbeiter finanziell zu unterstützen.

1965

Anlässlich des Festaktes „170 Jahre Werk Wilhelmsburg" im Wiener Redoutensaal wurde der ÖSPAG vom Bundesministerium für Handel und Wiederaufbau die Erlaubnis zur Führung des Staatswappens erteilt.

---

[1] Richard Lichtenstern war Besitzer und Leiter des Wilhelmsburger Werkes von 1885 bis zu seinem Tod im Jahre 1937. Dann übernahm sein Sohn Dr. Conrad H. Lester (alias Kurt Lichtenstern) die Leitung des Werkes.
[2] 250.000 Schilling entsprechen im Jänner 2009 86.275 Euro

ÖSPAG

Oben:
Links Bürohaus 2 (ehemaliges „Stoschek-Haus") und rechts Bürohaus 1

Franz Stoschek – er verwaltete das Werk während und nach dem zweiten Weltkrieg – bewohnte ein direkt an das Werksgelände angrenzendes Haus. Nachdem Teile des dazu gehörenden Grundstücks bereits kurz nach 1945 an das Werk verkauft worden waren, erwarb man nun – die Eheleute Stoschek waren inzwischen verstorben – die übrige Liegenschaft.

Im Werk Engelhof wurden in den Jahren 1947 – 1965 immerhin Investitionen in der Höhe von 27 Millionen Schilling[1] getätigt, und nach dem 1955 erfolgten Abzug der sowjetischen Besatzungstruppen aus Niederösterreich wurde das Werk Wilhelmsburg mit einem Aufwand von 90 Millionen Schilling[2] modernisiert.

Nun war es an der Zeit, wieder an das Werk Engelhof zu denken. Es wurde der Beschluss gefasst, das bestehende Werk zu vergrößern – auf dem 1961 erworbenen Grundstück – und die Sanitärerzeugung zu modernisieren.

Oben:
Folder, 1965

Rechts:
Folder (Ausschnitt), Oktober 1965

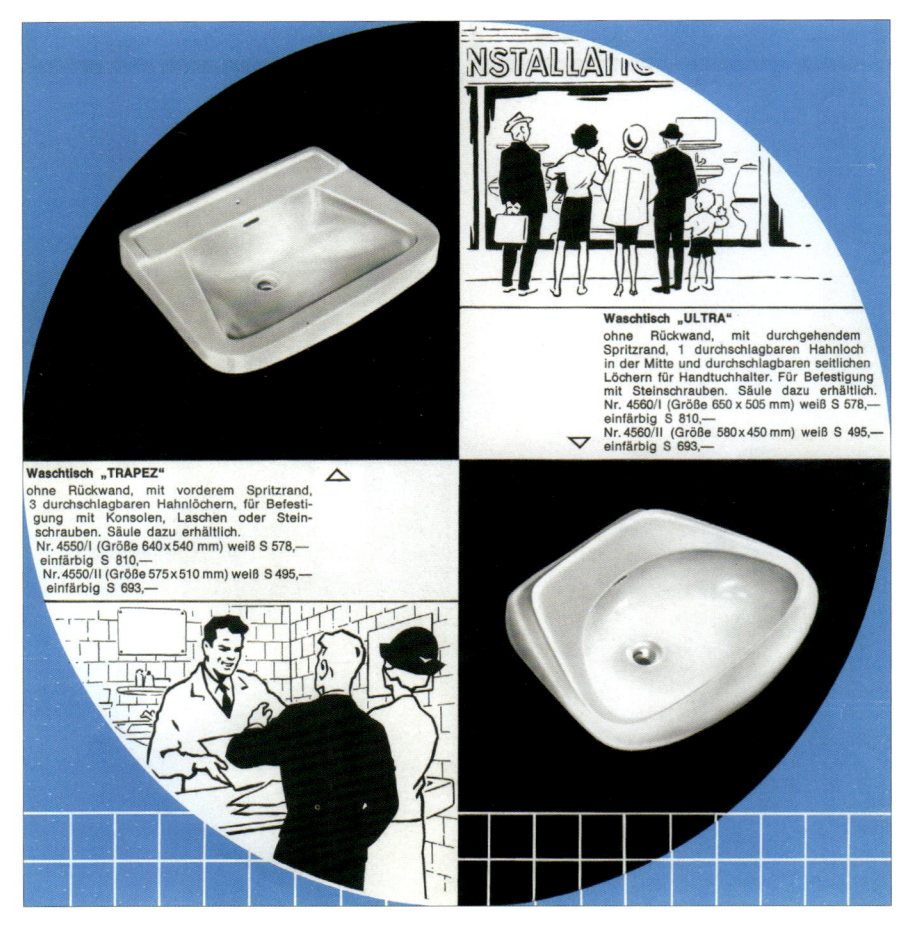

Rechte Seite:
Katalog, Jänner 1965

[1] 27 Millionen Schilling entsprechen im Jänner 2009 8.845.200 Euro.
[2] 90 Millionen Schilling entsprechen im Jänner 2009 29.484.000 Euro.

AUSTROVIT
SANITÄRPORZELLAN

AUSTRO-VIT
MADE IN AUSTRIA

öspag

ÖSPAG

1966

Lischkas Tatkraft war es zu verdanken, dass „seinem" Werk ab nun wieder erhöhte Aufmerksamkeit geschenkt wurde. Er war es, der den Vorstand überzeugen konnte, dass die mit teurer Elektroenergie betriebenen Tunnelöfen durch einen effizienteren, flüssiggasbefeuerten Schnellbrandofen ersetzt werden müssten. Dafür benötigte das Werk eine Flüssiggasanlage und für die dann größere Ofenkapazität ein größeres Rohstofflager.

Der Ausbau des Werkes begann im März 1966 mit der Errichtung der Flüssiggasanlage. Zeitgleich wurde Platz für den neuen Ofen geschaffen,

Rechts:
Flüssiggasanlage,
Vorder- und Rückseite, 1966

einem Plattendurchschubofen System „Trent", von der englischen Firma Jenkins/Retford. Im Juli begann die Aufstellung, und nach zeitgerechter Fertigstellung der Flüssiggasanlage, konnte der Schnellbrandofen am 21. Dezember 1966 in Betrieb genommen werden. Anfang Jänner 1967 kamen die ersten gebrannten Sanitärstücke aus dem Ofen.

Oben:
Einsetzen des letzten Keilsteines,
Werksdirektor Lischka,
5. Dezember 1966

Rechts:
Termingerecht wurde am 21. Dezember 1966 die erste Lunte gezündet. Brennmeister Schögl wird als erste „Ware" vom Werksdirektor eingeschoben.

Im Juli 1966 war auch Baubeginn für die am südlichen Ende des Werksgeländes, Richtung Bahnhof Engelhof, vorgesehene Rohstofflagererweiterung. Ein mechanisiertes Rohstoffentladesystem vervollständigte die Anfang 1967 in Betrieb genommene Anlage.

ÖSPAG

Links:
Vor dem Baubeginn der Rohstoffanlage mit noch intakter Bahnrampe, 31. März 1966

Mitte:
Rohstoffanlage vor der Fertigstellung, März 1967

Alle Arbeiten wurden von Werksdirektor Lischka, wie es seinem Wesen entsprach, sehr genau beaufsichtigt. Ein arbeitsintensives Jahr ging mit der erfolgreichen Beendigung der ersten Bauvorhaben zu Ende.

Oben:
Masseaufbereitung, 1966

Unten links:
Modellstube, 1966

Unten:
Gießerei, 1966

ÖSPAG

Rechts:
Labor mit Laborleiter Alfred Zinhobl und Assistentin, 1966

Unten:
Werksbesuch, ÖGB-Präsident Anton Benya (Mitte), rechts Werksdirektor Lischka

Unten:
Fehlerbesprechung in der Nähe des Schnellbrandofens (Trentofen) um 1967 Links Brennmeister Schögl, Werksdirektor Lischka, Betriebsingenieur Stadler und rechts Betriebsleiter Chroust

1967

Bereits 1966 wurde auf dem Grundstück jenseits der Bahn mit den Vorarbeiten für den Bau einer 2400 m² großen Halle samt großzügiger Freifläche für das Rangieren, Verladen und Abstellen von LKWs begonnen. Im März 1967 begannen die eigentlichen Arbeiten, und noch im selben Jahr konnten die neuen Abteilungen Sortiererei, Schleiferei und Fertigwarenlager ihrer Bestimmung übergeben werden. Als sicherer Verbindungsweg zwischen den alten und neuen Werksanlagen dient seit damals ein über den Gleisen der Bahnlinien Gmunden-Lambach und Gmunden-Vorchdorf errichteter wettergeschützter Übergang. Die Rohstofflagererweiterung ging in Betrieb, das Werkskanalnetz wurde an das neu errichtete städtische Kanalsystem angeschlossen, und nach der Inbetriebnahme des Trent-Ofens einer der beiden Schweizer Elektrotunnelöfen (Baujahr 1950) abgerissen. Ein Großteil der Investitionsvorhaben war umgesetzt.

Sollte die wirtschaftliche Situation am Sanitärmarkt weiterhin gut bleiben, so war daran gedacht, die Produktion Schritt für Schritt über die Bahngleise auf das neue Areal zu verlegen. Doch gegen Ende des Jahres musste die ÖSPAG erstmals seit vielen Jahren einen Umsatzrückgang hinnehmen. Um dem entgegenzusteuern, versuchte man, neue Märkte zu erschließen. Dies gelang zum Beispiel durch Exporte nach Persien (Iran).

ÖSPAG

Oben:
Baustellenbesprechung, 1967
v.l.n.r.: Josef Chroust, Fritz Lischka und Franz Stadler

Links oben:
Vorbereitung des Grundstückes, 1966

Links Mitte:
Stiegenhaus mit Verbindungsbrücke zum Altbau, der auch den Versorgungsstrang für Gas, Schlicker und Glasur beinhaltete, 1967

Unten links:
Hallenansicht um 1968

ÖSPAG

Oben:
Werbeleiter Erich Hohenberg im Werk Engelhof um 1967

Unten:
Werk Engelhof um 1968

1967 fand auch der Zusammenschluss der ÖSPAG mit der Schweizer „Keramik Holding AG Laufen" statt. Die 1966 begonnenen Gespräche wurden im zweiten Halbjahr 1967 mit einem Aktientausch zum Abschluss gebracht. Conrad H. Lester tauschte einen Teil seines ÖSPAG-Aktienpaketes gegen Aktien der Keramik Holding AG. Die Creditanstalt und das Bankhaus Arnold & Bleichroeder verkauften ihre Aktienanteile an die „Laufen AG". Die „Laufen AG" wurde damit zur Mehrheitseigentümerin mit einem Aktienanteil von zirka 80 Prozent. Die ÖSPAG war zu einem Unternehmen der „Laufen Holding AG" geworden.

Die Laufener Firmengruppe verfügte bereits über Unternehmen in der Schweiz, Deutschland, Spanien und Brasilien. Dr. Lester wollte mit diesem Schritt dem weltweit gesehen nur kleinen Unternehmen ÖSPAG in einem größer werdenden Wirtschaftsraum einen erfolgreichen Weiterbestand sichern. Der ÖSPAG blieb Dr. Lester als Vorsitzender des Aufsichtsrates und als Mitglied des Verwaltungsrates der „Keramik Holding AG Laufen" verbunden.

ÖSPAG

1968

Die Aufstellung eines baugleichen zweiten flüssiggasbefeuerten Schnellbrandofens (Trentofen) vom gleichen Hersteller bewirkte eine weitere Senkung der Energiekosten und ein erhöhtes Produktionsvolumen. Die beiden neuen Öfen ersetzten die in der Verwendung teureren Elektrotunnelöfen.

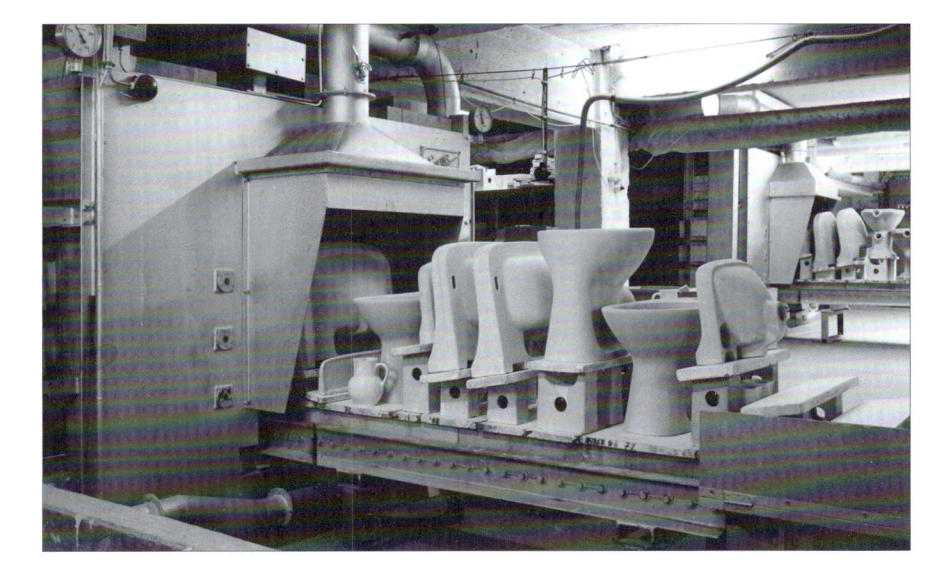

Oben:
Werksansicht von Westen,
September 1968

Links:
Schnellbrandofen II,
im Hintergrund Schnellbrandofen I,
Dezember 1968

Nach Ideen von Lischka und seinen Mitarbeitern wurden an den Öfen technische Änderungen vorgenommen und die Durchlaufzeiten optimiert. Das Ergebnis lag quantitativ und qualitativ über den Herstellerangaben. Ein Beispiel erfolgreicher Teamarbeit, von Lischka stets unterstützt. Er verstand es, seinen Mitarbeitern ein Zusammengehörigkeitsgefühl zu vermitteln. Dieses „Wir"-Gefühl bewirkte Erfolge und führte schließlich auch zu besseren Ergebnissen als Wilhelmsburg sie aufweisen konnte. Innerhalb der ÖSPAG zollte man dem Engelhofer Werksdirektor zunehmend Anerkennung und Respekt.

Unten:
Katalogseite, Jänner 1965

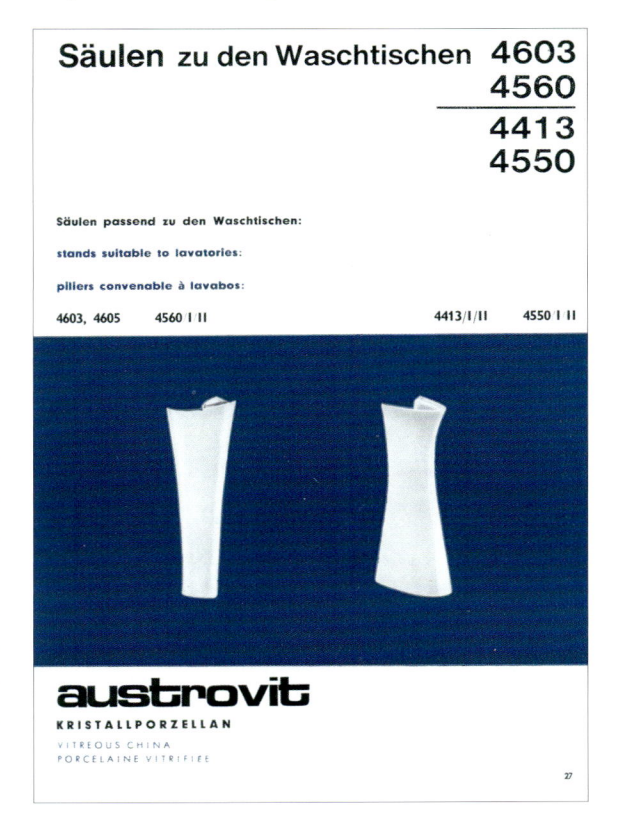

1968 begann man bei der ÖSPAG das Produktions-Sortiment aufzuteilen. Um Lieferschwierigkeiten durch Produktionsausfälle zu minimieren, wurde bislang in beiden Werken im Gleichklang produziert. Ab nun erzeugte Engelhof „Luxusartikel" und Wilhelmsburg das übrige Programm, auch „Standardmodelle" genannt. Diese Trennung basierte auf der wirtschaftlichen Notwendigkeit, Doppelgleisigkeiten zu vermeiden. Außerdem waren nur in Wilhelmsburg Flächen für den Ausbau der viel größeren Standardartikelproduktion vorhanden. Für Lischka und seine Mitarbeiter bedeutete diese Trennung aber eine Anerkennung ihrer Leistungen.

79

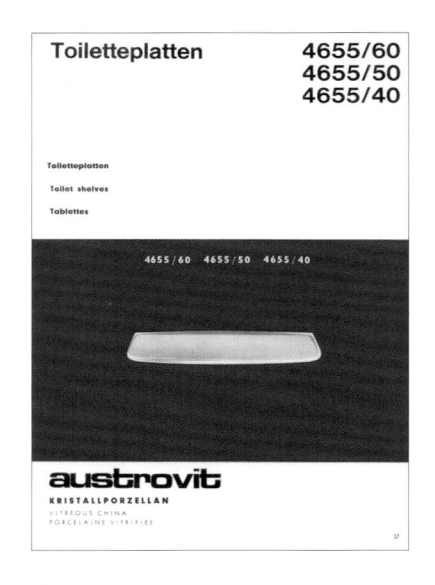

ÖSPAG

Oben:
Katalogseite, Jänner 1965

Neben Lischkas erfolgreichem Bemühen, die Produktionsmittel des Werkes auf aktuellen technischen Stand zu bringen, vergaß er auf seine Mitarbeiter nicht und ließ neue Garderoben und Duschräume errichten.

Modern ausgestattet, war die Produktion des Werkes im Vergleich zum Jahre 1958 um mehr als das Doppelte gewachsen, der Mitarbeiterstand aber nahezu gleich geblieben. Die gute Konjunkturlage, rege Bautätigkeit und eine Exportsteigerung von knapp 10 auf 20 Prozent, ließen die Umsätze wieder steigen. Hauptexportländer bei Sanitärporzellan waren BRD, DDR und Schweiz, während Sanitärsteingut in den Vorderen Orient und da hauptsächlich in den Iran geliefert wurde. Weitere Abnahmeländer waren USA, Australien, Belgien, Kanada, CSSR, Dänemark, England, Frankreich, Finnland, Griechenland, Holland, Island, Italien, Marokko, Neuseeland, Nicaragua, Norwegen, Peru, Philippinen, Polen, Portugal, Porto-Rico, Russland, Spanien, Sudan, Schweden, Schweiz und Venezuela

1969

Da in Wilhelmsburg die generelle Umstellung von Steingut- auf Porzellanerzeugung im Jahre 1962 abgeschlossen war, wurde daraufhin das in geringem Umfang weiter produzierte Steingutgeschirr im Werk Engelhof erzeugt, da hier noch Sanitärware in Steingutqualität hergestellt wurde. Gebrannt wurde das Geschirr auf den freien Stellflächen zwischen den Sanitärteilen. Bis Ende 1964 transportierte man das ein Mal gebrannte Geschirr von Engelhof nach Wilhelmsburg und bearbeitete es dort weiter. Entweder einfärbig engobiert[1] oder mit Schablonendekoren versehen, wurde es noch einmal gebrannt. Dieser große Aufwand schien gerechtfertigt, da noch viele Kunden – vor allem in der ländlichen Bevölkerung – dem „dicken" und kostengünstigeren Steingut den Vorzug gegenüber dem feinwandigen „Lilien-Porzellan" gaben. Werksdirektor Lischka machte den Transporten ein Ende, indem er ab 1965 auch Dekorierung und Zweitbrand übernahm. Einzig das bei Wilhelmsburger Steingut beliebte kräftige Kobaltblau musste einem Hellblau[2] weichen, da die Verwendung von Kobaltblau in der Weiß-Produktion aus gutem Grund gemieden wurde. Kleinstmengen von Kobaltblau konnten hunderte Liter Weißglasur verunreinigen, wobei die so genannten „Kobaltflecken" erst nach dem Ofenbrand sichtbar wurden. Ein

Oben:
Geschirr wurde auf den freien Stellflächen zwischen den Sanitärteilen gebrannt

Rechte Seite:
Krüge, gefertigt im Werk Engelhof um 1968

[1] Engobe = keramische Farbe
[2] Hellblau wurde bereits Ende der 1960er-Jahre in Wilhelmsburg zum Dekorieren verwendet

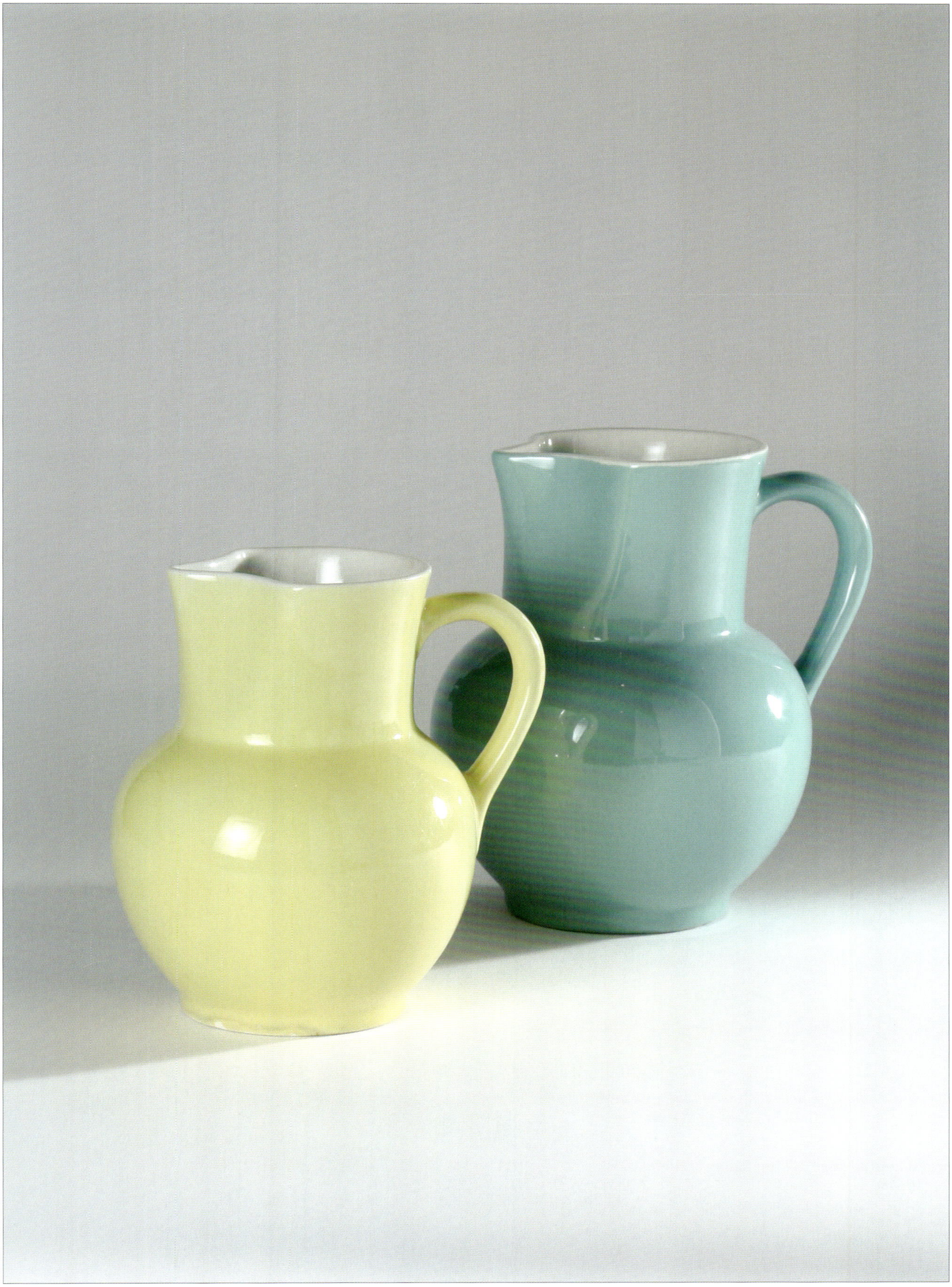

ÖSPAG

solcher Vorfall konnte zu großen finanziellen Schäden führen. Auf solch ein Risiko wollte man sich in Engelhof mit seiner überwiegend Weiß-Produktion nicht einlassen.

Erzeugt wurde Steingutgeschirr in Weiß, mit färbigen Engoben, mit Abziehbildern oder mit Schablonendekoren. 1969 wurde die in den letzten Jahren immer mehr reduzierte Steingutgeschirr- wie auch die Sanitärsteingut-Erzeugung in Engelhof eingestellt.

Oben:
Krug und Walzenschüssel,
gefertigt im Werk Engelhof um 1968

1970

Im 1965 gekauften „Stoschek-Haus" begann man einige Jahre später mit Umbauarbeiten. Nach und nach wurden die Räume fertiggestellt, und ab

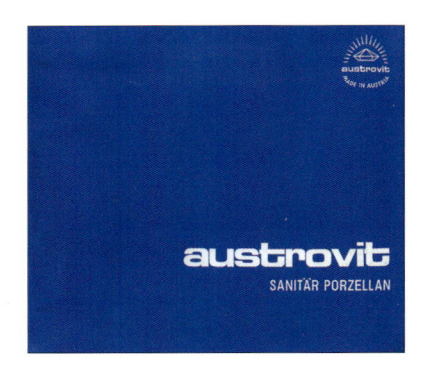

Oben:
Katalog, 1970

Rechts:
Moderne Lagertechnik bis in eine Höhe von sechs Meter

Unten:
Lagerhalle

ÖSPAG

1970 beherbergte das „Bürohaus II" die Direktion, das Sekretariat, ein Besprechungszimmer, einen Zeichenraum und ein Gästezimmer.

Modernen Lagertechniken entsprechend, wurde ein Schubmaststapler angeschafft. Mit diesem wurde das Stapeln von Fertigware bis in eine Höhe von sechs Meter möglich.

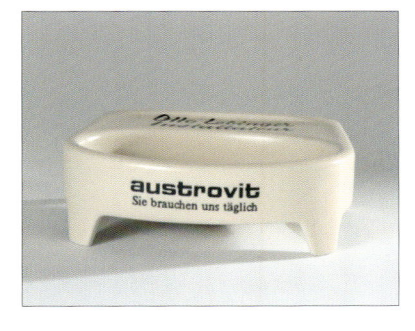

1971

Um gezielter auf die Marktverhältnisse reagieren zu können, wurde der bisher gemeinsame Vertrieb der Produktionssparten Sanitär und Geschirr getrennt. Wie die Verkaufserfolge der folgenden Jahre zeigten, eine richtige Entscheidung.

Eine technische Neuerung stellte ein aus französischer Produktion stammender Herdwagenofen dar, betriebsintern „Brobu-Ofen"[1] genannt. Mängel aufweisende Ware wurde an den schadhaften Stellen mit Masse und Glasur ausgebessert und im „Reparaturbrandofen" noch einmal „ins Feuer" geschickt. Zusätzlich konnten heikle Dekore, z.B. Golddekore für den arabischen Raum, hergestellt werden, da diese Ofentype mit verschiedensten Temperatur- und Zeitkurven „gefahren" werden konnte. Der Vorteil kontinuierlicher Beschickung fällt bei diesem Ofentyp allerdings weg. Der befüllte Ofenwagen wird in den Ofenraum gefahren, die Tore verschlossen und mit dem Brand begonnen. Nach dessen Ende samt Auskühlzeit wird der „Herdwagen" wieder ausgefahren und abgeräumt.

1972

Lischka stand Neuerungen stets aufgeschlossen gegenüber. Eine solche war das in der Metallindustrie bereits mit Erfolg eingesetzte elektrostatische Lackieren. Der Sprühnebel, hier war es keramische Glasur, wird elektrostatisch aufgeladen und auf das geerdete Objekt gesprüht. Das zu glasierende Stück zieht den Glasurnebel wie ein Magnet an. Lischkas Ergeiz lag nun darin, diese Methode für das Sanitärglasieren in Engelhof einzusetzen. Bereits 1968 stellte er in einer Vorstandssitzung die Möglichkeit einer solchen Anwendung in Aussicht. Doch dauerte es bis 1972, bis mit der deutschen Firma Ransburg, in Zusammenarbeit mit österreichischen Firmen, eine derartige

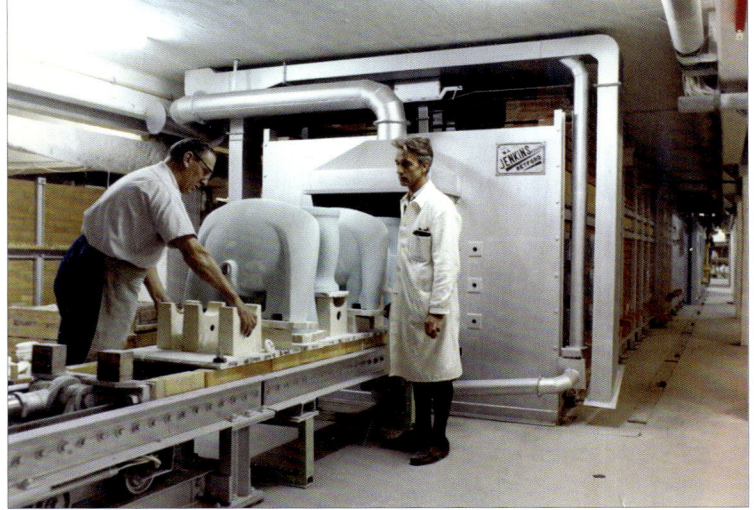

[1] Abkürzung des Ofenherstellers Brockmann/Bund

Oben:
Werbewaschbecken um 1970

Mitte:
Werbewaschbecken um 1971

Unten:
Schnellbrandofen:
Eingangsseite-Setzstrecke,
18. August 1972
rechts Brennmeister Schögl

ÖSPAG

Oben:
Schnellbrandofen:
Ausgangsseite-Ableerstrecke,
18. August 1972

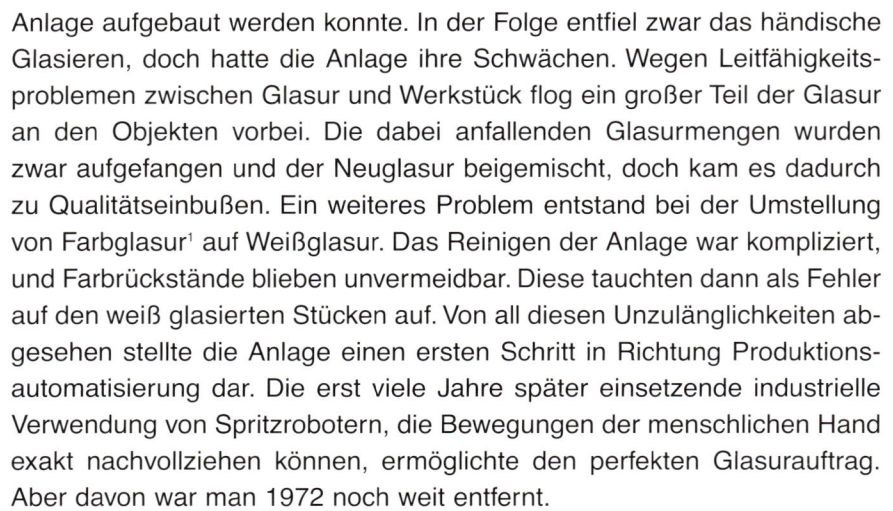

Anlage aufgebaut werden konnte. In der Folge entfiel zwar das händische Glasieren, doch hatte die Anlage ihre Schwächen. Wegen Leitfähigkeitsproblemen zwischen Glasur und Werkstück flog ein großer Teil der Glasur an den Objekten vorbei. Die dabei anfallenden Glasurmengen wurden zwar aufgefangen und der Neuglasur beigemischt, doch kam es dadurch zu Qualitätseinbußen. Ein weiteres Problem entstand bei der Umstellung von Farbglasur[1] auf Weißglasur. Das Reinigen der Anlage war kompliziert, und Farbrückstände blieben unvermeidbar. Diese tauchten dann als Fehler auf den weiß glasierten Stücken auf. Von all diesen Unzulänglichkeiten abgesehen stellte die Anlage einen ersten Schritt in Richtung Produktionsautomatisierung dar. Die erst viele Jahre später einsetzende industrielle Verwendung von Spritzrobotern, die Bewegungen der menschlichen Hand exakt nachvollziehen können, ermöglichte den perfekten Glasurauftrag. Aber davon war man 1972 noch weit entfernt.

1973

Die anhaltende Baukonjunktur führte zu Produktionszahlen, denen die Ofenkapazität nicht mehr entsprach. Unter diesen Voraussetzungen wurde ein Vergrößerungs- und Rationalisierungsprojekt erarbeitet und vom Konzern beschlossen. Nach der Fertigstellung wäre das Werk Engelhof zum größten mitteleuropäischen Sanitärwerk der „Laufen Holding AG" geworden. Ab Mitte 1975 sollte die Produktion verdoppelt und 1976 die Belegschaft von zirka 195 auf 400 aufgestockt werden. Doch das ambitionierte Bauvorhaben wurde durch die im Herbst 1973 ausbrechende „1. Erdölkrise" abrupt gebremst. Zuerst stagnierte die Inlandsnachfrage, und bald brachen die Exportumsätze ein.

1974

Der Wachstumsrückgang in der Wirtschaft war ausgeprägt. In Engelhof wurden noch nicht begonnene Investitionen zurückgestellt und bei den schon in Arbeit befindlichen Bauabschnitten das Bautempo verlangsamt. Von den ursprünglich geplanten Bauvorhaben wurde 1974 nur das Rohstofflager vergrößert und eine vollautomatische Masseaufbereitung fertig gestellt. Alles andere wurde in wesentlich geringerem Umfang neu geplant.

Oben:
Brand im Rohstofflager,
23. Oktober 1973

Trotz dieser Schwierigkeiten, oder gerade deshalb, sollte der Verkauf angekurbelt werden. In der Werbung 1974 werden die Vorzüge der „Austrovit"-

---

[1] 1972 betrug der Farbanteil an der Gesamtproduktion um die 50 Prozent

ÖSPAG

Erzeugnisse wie folgt angepriesen: *Überkommt im 1975 fertiggestellten Hilton-Wien das internationale Reisepublikum ein leises Rühren, oder drängt es 1976 im neu errichteten olympischen Dorf in Innsbruck die Skihelden nach schneller Erleichterung, lädt in jedem Fall Qualität von „Austrovit" ein*[1].

Von der Morgentoilette zum Olympiasieg? – Ob Franz Klammer seine berühmte Abfahrtshocke am Austrovit-Klosett geübt und Engelhof damit Anteil an seinem Sieg bei den Olympischen Spielen 1976 hatte, konnte nicht mehr mit Sicherheit festgestellt werden.

1975

Die Produktion wurde gedrosselt, und eine geänderte Sortimentstruktur mit höheren Qualitätsstandards sollten der Absatzflaute entgegenwirken. Für Engelhof wurde die Fertigstellung einer Lagerhalle mit 1170 m² und einer Produktionshalle samt Anbau mit 7680 m², aber ohne Fußböden und Einbauten, vereinbart. Der ehemalige technische Angestellte Ing. Herbert Meixner erinnert sich: *Als der Baustopp drohte, waren die Pfählungs- und Fundamentarbeiten für die Hallensäulen angelaufen. Da in der Nähe zur Eisenbahn gebaut wurde, waren im Zuge der Bauverhandlungen für diese Arbeiten (Gefahr von Bodenschwingungen und damit unerwünschte Bewegungen im Bahnkörper) streng geregelte Vereinbarungen mit den zuständigen Eisenbahngesellschaften (ÖBB, Stern&Hafferl) getroffen worden. Das war ein gutes Argument für Lischka, dass weitergebaut werden sollte, da eine Arbeitseinstellung und ein späterer Wiederbeginn eventuell neue Einreichungen, Behördenverhandlungen und Bescheide mit wieder großem Zeitaufwand zur Folge gehabt hätten. Weiters konnte er die Konzernleitung von den Vorteilen einer für das Werk zwar kalten aber doch geschlossenen Halle überzeugen. Er kam mit seinen Begründungen „durch".*

Die Bestandteile für einen 120 Meter langen Tunnelofen der deutschen Firma Heimsoth waren bereits vor Ort. Die Teile blieben verpackt in der Halle stehen. Sollte die Konjunktur wieder anspringen, könnten die Arbeiten rasch in Angriff genommen werden.

Bereits in Auftrag gegeben war eine halbautomatische Fertigungsanlage für Klosette, betriebsintern „Klosettgießband" genannt. Eine Eigenentwicklung der ÖSPAG, die ihren Ursprung Mitte der 1960er-Jahre in Wilhelmsburg hatte und zur dortigen Aufstellung eines Gießbandes führte. Die für Engelhof geplante Anlage war wesentlich größer. Mit der Bauverzögerung blieben die schon vorhandenen Anlagenteile in den Lagerhallen der mit dem

Oben:
Nach dem Ölpreis-Schock wurde im Jänner 1974 für kurze Zeit ein autofreier Tag pro Woche eingeführt. Wochentags-Aufkleber zeigten den „autofreien Tag" an.

Oben:
Dr. Lester, Absolvent der Keramik-Fachschule Bunzlau, lud zum Treffen der ehemaligen Klassenkameraden in das Werk Engelhof ein.

Mitte:
Werksdirektor Lischka erklärt anhand des Lageplanes das Werk, 1975

[1] Zeitschrift „Ecco" Nr. 12, 1974

ÖSPAG

Bau beauftragten Firma TGW in Wels liegen. 1978 gelang der Weiterverkauf an die damalige „Keramicke Zavody Teplice", Nordböhmen, wo ab 1979 der Aufbau unter Bauaufsicht der ÖSPAG begann.

Oben:
Katalog, 1975
Beworben wurden in dem Katalog Farben und Dekore, welche auf Wunsch auf jedem Sanitärartikel erhältlich waren.

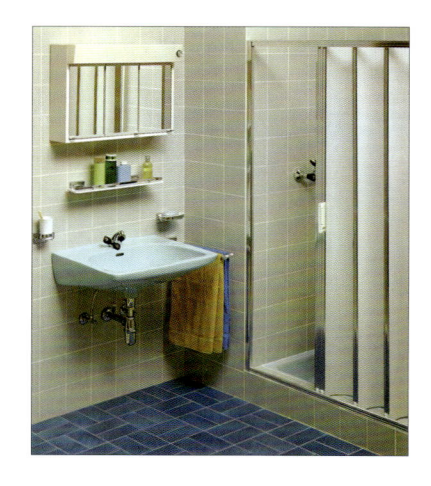

Oben:
Sanitärfarbe Azur, 1975

Oben rechts:
Sanitärfarbe Gelb, 1975

Rechts:
Sanitärdekor Carrara, 1975

Die ÖSPAG-Werbung änderte sich und passte sich den Markterfordernissen an. Der ÖSPAG-Werbeleiter von 1970 – 1999, Roland Kihs, erinnert sich: *Auf dem Sanitärsektor spielte die Konkurrenz vor allem aus Deutschland eine große Rolle. War in den 1960er-Jahren Sanitärware noch ein Versorgungsmarkt (Wiederaufbau), den „Austrovit" mit seinem*

ÖSPAG

unglaublich hohen Marktanteil praktisch vollständig beherrschte, begann sich der Markt zu wandeln. Unsere Marke war bekannt und hatte bei den Installateuren einen ausgezeichneten Ruf. Nun aber ging es um ganz andere Bedürfnisse. Wer sich ab den 1970er-Jahren eine neue Wohnung einrichtete, der wollte gestalten und sich nicht bloß mit dem Notwendigsten begnügen. Es ging nicht mehr um Waschbecken und Kloschalen, sondern um Badezimmerausstattungen in Farbe und Dekor. Wir sind auf diesen Zug aufgesprungen. Wir zählten nicht mehr in kleinen, dünnen Katalogen und Preislisten nur die einzelnen Stücke der Reihe nach auf. Ab jetzt standen Sets (Waschtisch mit Säule oder Siphonverkleidung, WC und Bidet) im Vordergrund, und wir präsentierten sie in prächtig fotografierten Badezimmerbroschüren, die zu Hunderttausenden in den Schauräumen des Landes verteilt wurden. Stückkataloge waren nur mehr für die Installateure bestimmt. Wir boten jetzt Gestaltungsideen an und nicht nur Produkte. Das ging so weit, dass die Werbeagentur Demner & Merlicek 1974 in doppelseitigen Anzeigen der Zeitschrift „Schöner Wohnen" überhaupt kein Produkt mehr zeigte, sondern nur ein Plumpsklo mit Herzerl mitten in der Landschaft. Davor eine 14-köpfige Familie. Der Text dazu: „Traurig aber wahr! Betrachten Sie das Foto. Es zeigt einen Zustand, mit dem sich immer noch zu viele Menschen in unserem Land abfinden müssen...." Abschließend: „AUSTROVIT – Sie

Unten:
Werbesujets der Werbeagentur Demner & Merlicek für die ÖSPAG, 1973

Unten:
Werbesujets der Werbeagentur Demner & Merlicek für die ÖSPAG, 1974

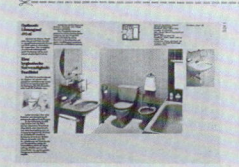

ÖSPAG

Unten:
Werbesujets der Werbeagentur Demner & Merlicek für die ÖSPAG, 1974

brauchen uns täglich". Dieses „Sie brauchen uns täglich" ist in der Branche schnell zu einem geflügelten Wort geworden. Ein anderes Demner & Merlicek – Sujet: Waschbecken mit Wasserkrug von anno dazumal und dem Text „Die Idee konnten wir nicht verbessern. Aber die Form. AUSTROVIT – Sie brauchen uns täglich." In einer ÖSPAG-Jubiläumsbroschüre aus dem Jahr 1995 charakterisiert ein Satz diese Werbung sehr genau: „Nach

Sieht aus wie 1874. Ist aber leider 1974.

Leider.
Leider gibt es viele, denen 100 Jahre Fortschritt noch immer keinen Fortschritt gebracht haben. Denn so einen Zustand braucht es heute nicht mehr zu geben.
Er besteht nach wie vor, weil viele Menschen nur unklare Vorstellungen davon haben, was Lebensqualität eigentlich ist. Nur das erklärt, warum Prestigedenken so manchen Bereich erfaßt, aber nicht den der Hygiene und Sauberkeit.
Wir leben in einer Zeit, in der alle – auch die Frauen – den wachsenden Ansprüchen des Alltags gerecht werden müssen. Ebenso wächst das Bedürfnis nach Ruhe und Erholung. Und damit die Forderung nach einem richtig ausgestatteten Badezimmer.
Wir glauben, daß sich z. B. darin Lebensqualität ausdrückt.
Wir. Austrovit. Österreichs größter Erzeuger von Sanitärporzellan.
Alles, was wir herstellen – vom Klosett bis zum Luxuswaschtisch – verbessert die Einrichtung der Sanitärräume und dient damit der Verbesserung der Lebensqualität.
Jetzt haben wir auch eine reich illustrierte Informationsbroschüre herausgebracht, um zu zeigen, wie man Bäder so einrichtet, daß sie zu einer Quelle täglicher Erfrischung werden. Sie finden vorbildliche Beispiele vom Badezimmer bis zum Wohnbad.
Fragen Sie uns um Rat. Bedienen Sie sich unserer Erfahrung. Schicken Sie uns den ausgefüllten Coupon.

austrovit
Sie brauchen uns täglich

Rechts:
Erstmals konnte im Katalog 1975 ein Badezimmer „selbst" geplant werden. Im Maßstab 1:20 konnten vorgestanzte Sanitärteile ausgelöst und auf einem Raster, auf dem der Grundriss des Badezimmers eingezeichnet wurde, aufgeklebt werden.

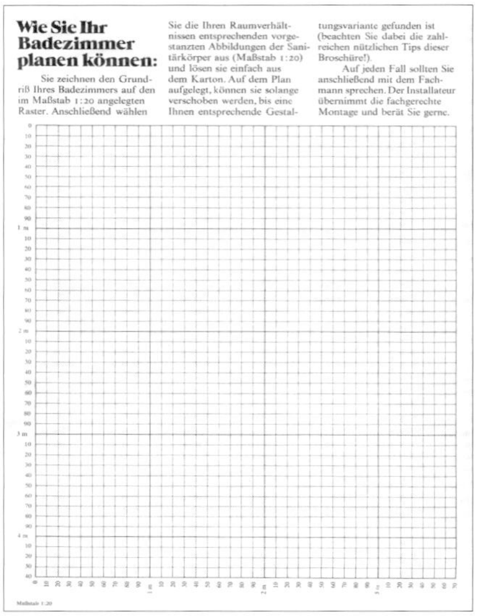

ÖSPAG

der Kampagne hatte Austrovit zwar noch immer den gleich hohen Marktanteil, aber von mehr als doppelt so vielen Bädern!"

1976 – 1978

1976 wurde Ernst Riedler als Nachfolger des in Pension gehenden Josef Chroust Betriebsleiter in Engelhof. Lischka kannte Riedler seit dessen Lehrzeit im Werk, und die beiden verstanden sich gut. Langfristig sollte Riedler zum Nachfolger des inzwischen 56jährigen Werksdirektors aufgebaut werden. Lischka begrüßte diese Entscheidung, doch solange er noch nicht in Pension war, ließ er keine Zweifel darüber aufkommen, wer Werksdirektor war.

*Unten:
Aufstellen der Rohstoffsilos, 1977*

Im selben Jahr gelang Lischka ein kluger Schachzug. Das „alte" Werk vermochte sich nur mehr in Richtung Bahnhof Engelhof auszuweiten. Lischkas bisherige Versuche, das Grundstück der ehemaligen Verladerampe der ÖBB zwischen Bahnhof und Werk von den Österreichischen Bundesbahnen zu pachten, verliefen ergebnislos. Die ÖBB wussten nicht, was mit dem unter Denkmalschutz stehenden Bahnhofsensemble[1] noch geschehen würde. Dennoch brachte er den zuständigen Hofrat der Bahn, Rotariermitglied wie Lischka, dazu, einen Pachtvertrag für 99 Jahre zu unterschreiben. Lischka, der wusste, wie unsicher der Vertrag war, ließ sofort die Verladerampe entfernen und mit Fundamentarbeiten beginnen. Noch im selben Jahr ging eine Rohstoffaufbereitungsanlage in Betrieb. Die „Baulücke" zwischen Bahnhof und Werk war geschlossen.

*Oben:
Links Bahnhof Engelhof, rechts daneben die Rohstoffaufbereitungsanlage (Abb. von 2008). Bereits 1958 begannen die ersten Verhandlungen um das Grundstück zwischen Bahnhof und Werk Engelhof mit den Österreichischen Bundesbahnen. Doch erst 1977 gelang es Fritz Lischka dieses für 99 Jahre zu pachten.*

1977, als sich die Auftragslage wieder besserte, wurde auch die Produktion wieder hochgefahren, lag aber immer noch um 15 Prozent unter jener von 1973. Die bessere Auftragslage bescherte Lischka die Fußböden in den neuen Hallen, die nun „besiedelt" werden konnten. Im Mai 1978 wurde der 1975 gelieferte Tunnelofen in Betrieb genommen. Damit einhergehend wurden die englischen Schnellbrandöfen (Trentöfen) aus den Jahren 1966 und 1968 stillgelegt. Der neue Tunnelofen wurde nach Fritz Lischka „Fritz" genannt.

*Unten:
Sanitärfarbe Azalee, 1975*

Nun reichte die Kapazität des Werkes Engelhof nicht nur für die Inlandsnachfrage, sondern bis zu 50 Prozent der Produktion konnten auch exportiert

---

[1] Der Bahnhof „Engelhof" ist der älteste noch in Betrieb befindliche Bahnhof Kontinentaleuropas (die Dienststelle ist aber nicht besetzt) und wurde 1834 als Bahnhof der Pferdeeisenbahn Gmunden-Linz-Budweis erbaut.

ÖSPAG

werden. Die Konjunktur lief wieder an, doch der Konzernbeschluss, Engelhof zum größten mitteleuropäischen Sanitärwerk der „Laufen Holding AG" auszubauen, fand nicht mehr statt.

Zusammenarbeit mit Prof. Gudrun Wittke-Baudisch

1978 kam es zur Zusammenarbeit mit der ehemaligen „Wiener Werkstätten"-Künstlerin Prof. Gudrun Wittke-Baudisch. Wittke-Baudisch hatte im Jahre 1937 in dem in der Nähe befindlichen Ort Hallstatt die „Hallstätter Keramik" gegründet. Lischka arbeitete gemeinsam mit der Künstlerin an der Entwicklung eines Sanitär-Dekors. Fertige WCs waren solange Versuchs- und Anschauungsobjekte für verschiedenste Dekorvarianten, bis ein mit breitem Pinsel wellig aufgebrachtes, kobaltblaues Dekor, sowohl den Ansprüchen der Künstlerin als auch Lischkas Erfahrung mit dem technisch Machbaren entsprach. Eine Mitarbeiterin malte das großflächige Dekor nach Anweisung von Wittke-Baudisch auf verschiedene Sanitärartikel.

Oben und rechts:
Sanitärdekor Baudisch, 1978

Unten:
Katalog, 1978

Das Dekor verkaufte sich sehr gut in den Nahen Osten. Allerdings bestanden die Exporteure auf strikte Einhaltung der meist sehr knapp bemessenen Lieferfristen. Das führte schließlich zu sehr vielen Störungen im Betriebsalltag. So sah man sich gezwungen, trotz guter Nachfrage, das Dekor um 1979/1980 wieder einzustellen. Der Abverkauf der Lagerbestände erfolgte über längere Zeit, und auf Kundenwunsch kam es in den Folgejahren immer wieder zu Einzelanfertigungen, da das „Baudisch-Dekor" bereits Kultstatus besaß.

ÖSPAG

In seinem Privathaus war Fritz Lischka auf „seine" von Wittke-Baudisch persönlich bemalte WC-Garnitur besonders stolz. Viele seiner Besucher mussten auf Grund seiner begeisternden Worte dann auch mehr oder weniger freiwillig seinem WC einen Besuch abstatten.

Oben:
Fritz Lischkas Sanitärset mit Wittke-Baudisch-Dekor

Oben:
Erstmals führt die ÖSPAG den Spannteppich im Badezimmer ein, 1978

Links oben:
Sanitärfarbe Kalaharigelb, 1978

Links:
Sanitärfarbe Azalee, 1978
Austrovit Bademöbelprogramm
„STANDARD-PROGRAMM"

ÖSPAG

Oben:
Werksdirektor Fritz Lischka,
25-jähriges Betriebsjubiläum, 1978

Rechts:
Werksansicht, 1979/80

Unten:
Werksdirektor Fritz Lischka inmitten seiner Sammelobjekte, 1988

Ende des Jahres 1978 erlitt Fritz Lischka einen Herzinfarkt. Nun bewährte sich die 1976 gefällte Entscheidung, Betriebsleiter Ernst Riedler als Nachfolger vorzusehen. Als Lischka nach Krankenhausaufenthalt und Rehabilitation etwa ein halbes Jahr später in das Werk zurückkehrte, hatte er sich verändert, aber auch der Führungsstil im Werk war ein anderer geworden. Lischka akzeptierte diese Veränderung und bereitete den Übergang der Verantwortung auf seinen Nachfolger vor.

In den letzten Jahren waren im Werk zirka 195 Personen beschäftigt. 1978 waren es 210 und bis Ende des Jahres wurde der Mitarbeiterstab auf 220 Personen aufgestockt, wobei einige neu Aufgenommene noch in Ausbildung waren. Diese Mitarbeiterzahl änderte sich bis 1996 nur minimal.

1979

Im Jahre 1966 begann Lischka alte Sanitärstücke zu sammeln. Sie wurden in einer Ofenhalle aufgestellt und konnten dort besichtigt werden. Mit der Zeit wurde die Sammlung umfangreicher und der Standort zunehmend unpassender. Lischka übersiedelte 1979 in einen unbenutzten Kellerbereich. Anfangs nur einen Raum beanspruchend, waren bald mehrere Räume und das ganze Stiegenhaus mit Sanitär-Objekten belegt. Seine Sammlung erhielt einen Namen: „Das kleine Sanitärmuseum"[1]. Um den Objekten eine würdigere Umgebung als ein Stiegenhaus angedeihen zu lassen, gab es Überlegungen, im angrenzenden Bahnhof Engelhof ein Museum einzurichten. Vorsorglich wurde das Gebäude angemietet.

[1] Mehr über „Das kleine Sanitärmuseum" und später in „Klo & So" umbenannte Museum finden Sie in meiner Publikation „Corinna – Design-Traum von Lilien-Porzellan".

ÖSPAG

Der Anteil an farbglasierter Ware wurde immer größer und die überwiegend für Weißglasuren verwendete elektrostatische Glasieranlage zunehmend unrentabel. Überdies stand die Verlegung der Glasiererei in die neue Produktionshalle bevor. Die Anlage wurde verschrottet, und bis auf weiteres wurde wieder händisch glasiert.

Um die Wende zum 20. Jahrhundert produzierte die Firma RDZ (Rudolf Dietmar Znaim) eine Sanitärserie mit Namen „Nautilus". Benannt nach dem U-Boot in Jules Vernes Roman „20.000 Meilen unter dem Meer". Auffallendes Gestaltungsmerkmal war der an der Stirnseite der WC-Muschel sichtbare Löwenkopf. Gegen Ende der 1970er-Jahre wurde diese Form von Fritz Lischka wieder „zum Leben erweckt". Neu modelliert, mit Wandbrunnen, Waschtisch und Bidet ergänzt, wurde die Serie unter dem Namen „Nautilus 2" ab 1979/80 in das „Laufen"-Verkaufsprogramm aufgenommen. Ursprünglich wollte man das feudal aussehende Set auch in den nahen Osten verkaufen. Doch die religiös begründete Ablehnung von Tierdarstellungen machte dies unmöglich. Dem Kompromiss, den Löwen ohne „Gesicht" darzustellen, stimmte Lischka nicht zu. Erfolgreich aber wurde die Serie auf dem europäischen und dem amerikanischen

Oben:
Werksdirektor Fritz Lischka beim Modellieren von Nautilus 2

Oben und links:
Teile des Produktionsprogrammes von Nautilus 2, 1983
Erhältlich in Indisch-Elfenbein, Pink und Blue.

ÖSPAG

Markt verkauft. Um „Nautilus 2" den Vorschriften und Normen verschiedener Abnehmerländer anzupassen, mussten immer wieder Änderungen vorgenommen werden.

Der ÖSPAG brachte das Jahr 1979 einen erfreulichen Aufschwung. Die Sanitärumsätze stiegen sowohl im Inland als auch im Ausland. Das hochwertigere Engelhofer Sortiment erzielte dabei bessere Erlöse als das Standardprogramm der Wilhelmsburger. Diesem setzte die immer stärker werdende Konkurrenz aus dem Ausland zu.

Oben:
Katalog, 1979

Mitte rechts:
Sanitärfarbe Sorrentoblau 025, 1979

Rechts:
Sanitärfarbe Carneol 024, 1979

Oben:
Dekor Linea Bahamabeige 618, 1979

Rechts:
Sanitärfarbe Balibraun 023, 1979

ÖSPAG

1980

Als Folge der 1. Erdölkrise 1973/74 sowie neuerlicher Energiepreissteigerungen[1], investierte man vermehrt in Energiesparprojekte. Die heißen Abgase des Tunnelofens „Fritz" leitete man über einen Wärmetauscher und das daraus gewonnene Heißwasser in das Zentralheizungssystem des Werkes.

1981

Zwei neue Glasurtrommeln reduzierten die Vermahlzeit und damit den Energieverbrauch um etwa 25 Prozent. Weitere geplante Energieeinsparungsmaßnahmen wurden wegen nachlassender Verkaufszahlen zurückgestellt. Nur Fertigstellungen und unbedingt Notwendiges wurde genehmigt. So stellte man die bereits begonnenen Arbeiten für die Übersiedlung

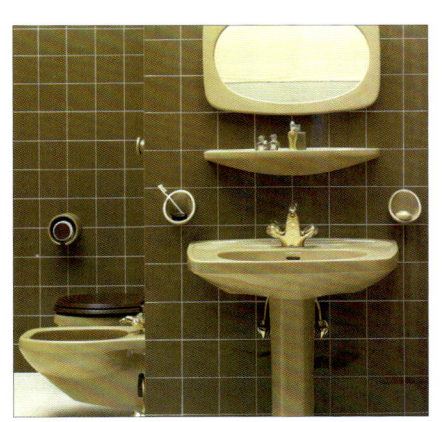

Oben:
Katalog, Dezember 1980

Links:
Nach einem Beinbruch wird Direktor Lischka der Gips im Werk „verbessert"

Unten:
Sanitärfarbe Oasis 026, 1980
Der Porzellanrahmen für den Badezimmerspiegel war ab 1980 im Programm erhältlich

Unten links:
Sanitärfarbe Rustikalbraun 700, 1980

Links mitte:
Sanitärfarbe Camel 030, 1980

[1] Im Laufe des Jahres 1979 erhöhte die OPEC wiederholt die Erdölpreise, und im Iran brachten die Wirren der islamischen Revolution den Erdölexport zum Erliegen.

ÖSPAG

des Personalbüros samt Telefonvermittlung in das Bürohaus II, und die Verlegung des Versandbüros (Expedit) vom Erdgeschoß in den 1. Stock des Bürohauses I fertig. In vielen Abteilungen des Werkes wurden Bildschirmterminals mit konstanter Anbindung an den IBM-Zentralrechner in Wien installiert. Der sichtbare Beginn des Computerzeitalters bei der ÖSPAG.

1982 – 1983

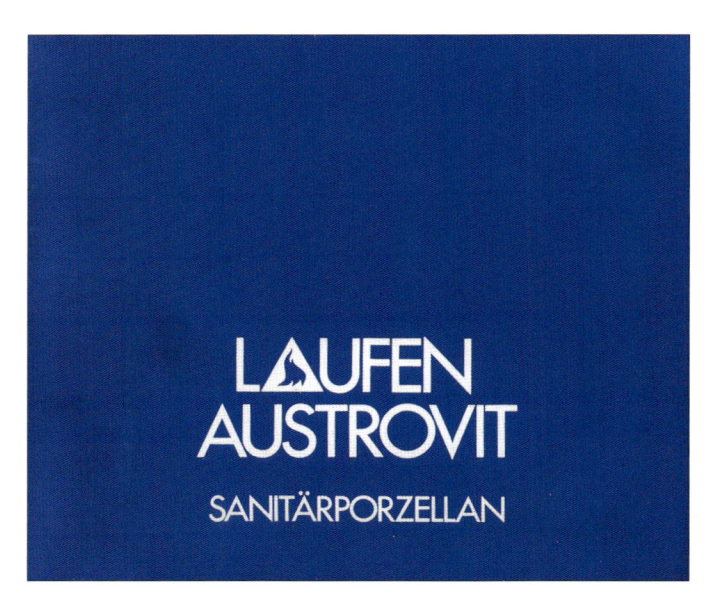

Nach einjähriger Erprobung wurde 1982 die erste Batteriegussanlage für Klosette in den Vollbetrieb übernommen. Eine Universalschleifmaschine zum Planschleifen der Montage- und Stellflächen von Sanitärobjekten wurde angeschafft und ab August 1982 ein Glasierroboter in Betrieb genommen.

Glasierroboter kennen keine Arbeitsunterbrechungen. Ein Roboterarm glasiert jedes Stück in exakt der gleichen Zeit und Glasierfehler kommen – gleichbleibende Glasurqualität vorausgesetzt – kaum vor. Doch bald stellte sich heraus, dass die Robotermechanik nicht in der Lage war, die elektronische Programmvorgabe exakt umzusetzen. Das Gerät wurde an das Lieferwerk zurückgegeben. Erst ab 1984 erfüllten Roboter eines anderen Herstellers die in sie gesetzten Erwartungen.

Der Schnellbrandofen (Trentofen) aus dem Jahre 1966 wurde abgerissen und an seiner Stelle ein Formenlager errichtet.

Der gesamte Betrieb wurde mit einer Brandmeldeanlage ausgestattet.

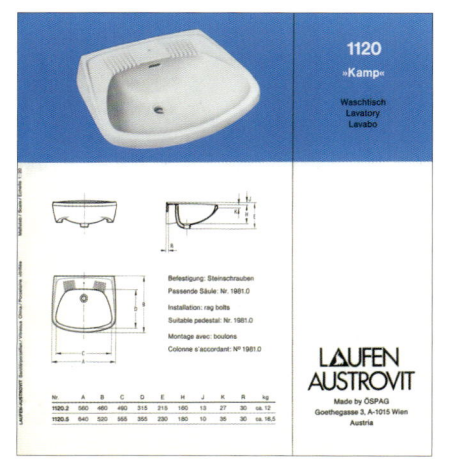

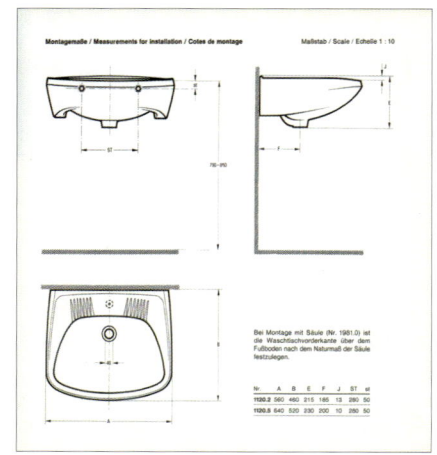

Oben:
Katalog, 1982

Rechts:
Katalogblatt, Vorder- und Rückseite,
Mai 1983

Rechte Seite:
Klo-Ordnung, 1981

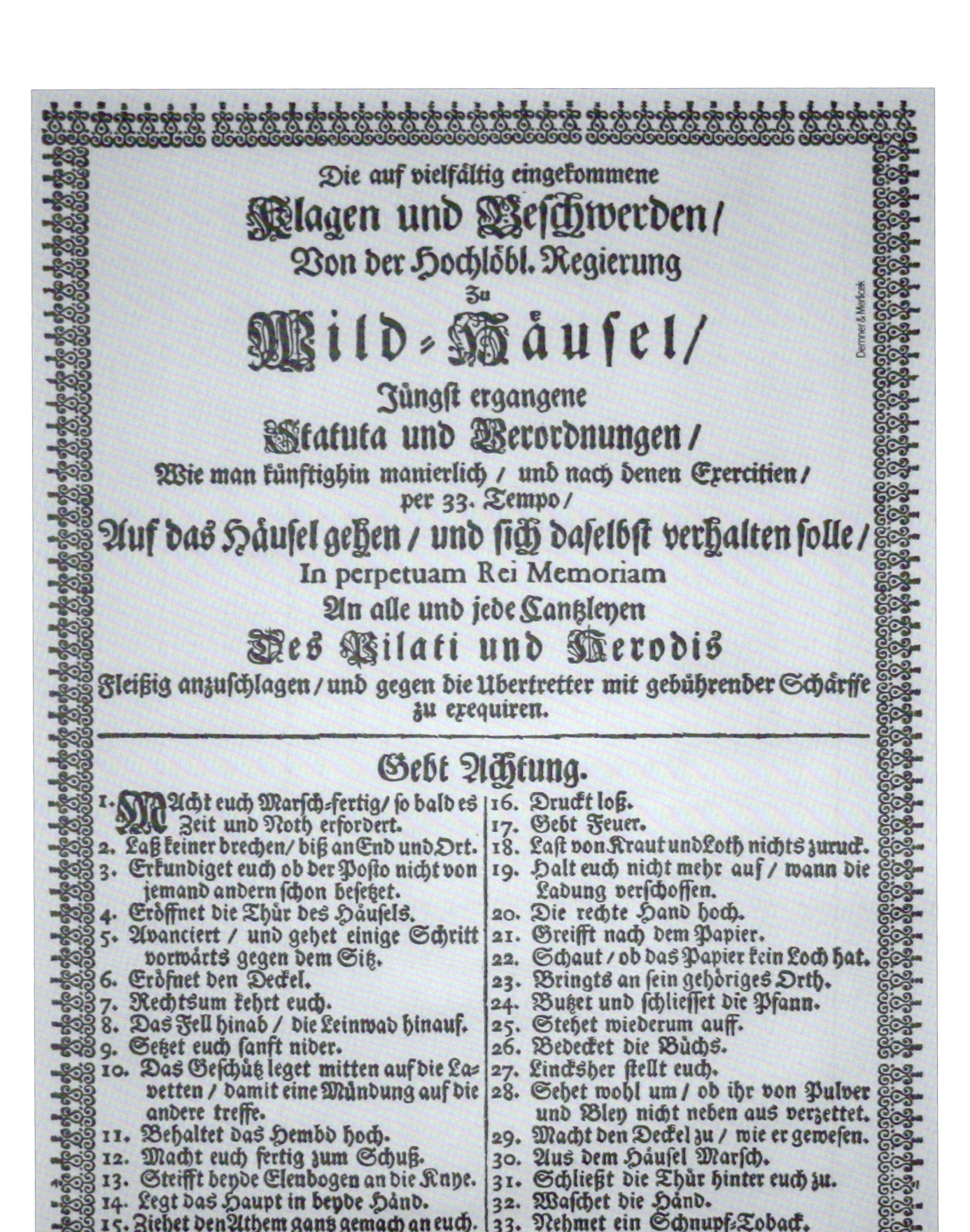

Die auf vielfältig eingekommene
Klagen und Beschwerden/
Von der Hochlöbl. Regierung
zu
Wild-Häusel/
Jüngst ergangene
Statuta und Verordnungen/
Wie man künftighin manierlich / und nach denen Exercitien/
per 33. Tempo/
Auf das Häusel gehen / und sich daselbst verhalten solle/
In perpetuam Rei Memoriam
An alle und jede Cantzleyen
Des Pilati und Herodis
Fleißig anzuschlagen / und gegen die Ubertretter mit gebührender Schärffe zu exequiren.

Gebt Achtung.

1. Macht euch Marsch-fertig/ so bald es Zeit und Noth erfordert.
2. Laß keiner brechen/ biß an End und Ort.
3. Erkundiget euch ob der Posto nicht von jemand andern schon besetzet.
4. Eröffnet die Thür des Häusels.
5. Avanciert / und gehet einige Schritt vorwärts gegen dem Sitz.
6. Eröfnet den Deckel.
7. Rechtsum kehrt euch.
8. Das Fell hinab / die Leinwad hinauf.
9. Setzet euch sanft nider.
10. Das Geschütz leget mitten auf die Lavetten/ damit eine Mündung auf die andere treffe.
11. Behaltet das Hembd hoch.
12. Macht euch fertig zum Schuß.
13. Steifft beyde Elenbogen an die Knye.
14. Legt das Haupt in beyde Händ.
15. Ziehet den Athem gantz gemach an euch.
16. Druckt loß.
17. Gebt Feuer.
18. Laßt von Kraut und Loth nichts zuruck.
19. Halt euch nicht mehr auf / wann die Ladung verschossen.
20. Die rechte Hand hoch.
21. Greifft nach dem Papier.
22. Schaut / ob das Papier kein Loch hat.
23. Bringts an sein gehöriges Orth.
24. Butzet und schliesset die Pfann.
25. Stehet wiederum auff.
26. Bedecket die Büchs.
27. Lincksher stellt euch.
28. Sehet wohl um / ob ihr von Pulver und Bley nicht neben aus verzettet.
29. Macht den Deckel zu / wie er gewesen.
30. Aus dem Häusel Marsch.
31. Schließt die Thür hinter euch zu.
32. Waschet die Händ.
33. Nehmet ein Schnupf-Toback.

ÖSPAG

Feinfeuerton

1982 erfährt Werksdirektor Lischka von großen Problemen bei der Feinfeuerton-Herstellung im Konzern der Laufen AG. Feinfeuerton wird für voluminöse, komplizierte und passgenaue Waschtische verwendet. Bei vielen der mit bis zu 180 cm Länge hergestellten Feinfeuerton-Waschtischen traten sofort oder oft noch nach Jahren Haarrisse auf. Ein hoher Ausschussanteil samt unkalkulierbaren Folgekosten durch die Erbringung von Garantieleistungen, machten aus der an sich gewinnbringenden eine verlustreiche Sparte. Trotz größter Anstrengungen gelang es nicht, die Ursache der Fehlerquelle zu beseitigen. Lischka erkannte die Möglichkeit eines „zweiten Standbeines" für das Werk Engelhof. Er erhielt vom Schweizer Management die Erlaubnis, in Engelhof eine Feinfeuerton-Erzeugung einzurichten. Seine Mitarbeiter waren von der sich bietenden Gelegenheit einer langjährigen Standortsicherung schnell überzeugt. Auch die gerade im Sinken begriffene Nachfrage auf dem heimischen Sanitärmarkt unterstützte Lischkas Argumente.

Oben:
Wiener Zentrale um 1982

Oben:
Feinfeuerton Auflege-Waschtisch „TALUX", Sanitärfarbe Caramel, 1985
Feinfeuerton besteht aus keramischen Materialien mit Schamottezusätzen

Rechts Mitte:
Feinfeuerton Auflege-Waschtisch „LAVANT", Sanitärfarbe Bermudablau, 1987

Rechts:
Feinfeuerton Auflege-Doppelwaschtisch „LISSA DUE", Sanitärfarbe Bambus, 1985

Innerhalb eines Jahres wurden alle Probleme gelöst. Mit berechtigtem Stolz konnten „die Engelhofer" behaupten, Waschtische aus Feinfeuerton in bester Qualität erzeugen zu können. Schon im November 1983 musste die Anfang des Jahres begonnene Feinfeuerton-Produktion erweitert werden.

ÖSPAG

Noch bevor der ganz große Erfolg von Feinfeuertonware „Made in Engelhof" absehbar war, ging Fritz Lischka im Mai 1983 in Pension. Lischkas Einsatz, seine Begeisterungsfähigkeit, sein Führungsstil, sein Gespür für Neuerungen und natürlich seine Designentwürfe drückten dem Werk Engelhof „seinen Stempel" auf. Er erweckte das Werk aus einer Art „Dornröschenschlaf", führte es zu selbstsicherem Auftreten und machte es zu einem der modernsten Sanitärbetriebe Europas.

Die „Hofübergabe" war vorbereitet, und der bisherige Betriebsleiter Ernst Riedler wurde Werksdirektor. Lischka, der das Werk seit 1963 geleitet hatte, stand dem Betrieb bis Ende 1999 als Konsulent zur Verfügung.

Betriebsleiter nach Ernst Riedler wurde Dipl. Ing. Paul C. Lester. Als Sohn von Aufsichtsratspräsident Dr. Conrad Lester war ihm das Werk bereits vertraut.

Oben:
Werksdirektor Ernst Riedler (*1938)
Foto zum 25-jährigen Dienstjubiläum,
1978

Links:
Der pensionierte Werksdirektor
Fritz Lischka mit seiner Frau Maxi
bei einer „Werkskontrolle".
V.l.n.r.: Betriebsleiter Dipl. Ing. Paul
C. Lester, Werksdirektor Ernst Riedler
und Betriebsingenieur Franz Kowatsch

1984 – 1985

1984, Anschaffung zweier Glasierkarussells und eines nun problemlos funktionierenden Glasierroboters.

Oben:
Katalog, 1983

Unten links:
Glasierkarussell

Unten rechts:
Glasierroboter

ÖSPAG

Dank der gewinnbringenden Feinfeuerton-Erzeugung konnte 1985 vermehrt investiert werden. So wurde eine Batteriegussanlage für Klosette mit Spülkasten in Betrieb genommen und ein Hochregallager errichtet. Die

Oben:
Dekor Robin Royal, Set Corona, 1985

Rechts:
Batteriegussanlage für Klosette mit Spülkasten, 1985

steigende Feinfeuerton-Produktion machte den Ausbau der Masseaufbereitungsanlage erforderlich. Ein zusätzlicher Massequirl wurde angeschafft, die Schlickerversorgung teilweise erneuert, das Mahlergebnis von Glasurtrommeln technisch verbessert und ein sieben Meter langer Ofen für Reparaturware aufgestellt. Optisch wirksam wurden die Fabriksfassaden in der Werkseinfahrt und die beiden Bürohäuser mit neuen Anstrichen versehen.

Oben:
Reparaturofen, Außenansicht, 1985

Rechts:
Reparaturofen, Innenansicht, 1985

Sanitärdesign

Bis in die 1980er-Jahre wurden für die Gestaltung neuer Formen ÖSPAG-Mitarbeiter der eigenen Modellstuben herangezogen. Zum Beispiel Fritz Lischka und Ernst Riedler in Engelhof und Peter Würinger im Werk Wilhelmsburg. Fritz Lischka erzählte mir im Jahre 2003 mit listigem Lächeln, wie er vor vielen Jahren eines seiner Waschbecken der Geschäftsleitung präsentierte: *Ich legte das fertige Waschbecken auf den Tisch und sagte zu den anwesenden Herren: Sehen Sie sich dieses moderne Design an, mit so etwas hätten auch wir Erfolg. Die Herren gaben mir nach kurzer Betrachtung Recht und fragten nach dem Erzeuger. Ich sagte nur: Drehen Sie das Stück um und lesen sie die Marke! Natürlich sahen die Herren dort zu ihrer Verwunderung die eigene Marke. Daraufhin konnte das neue Design ohne langwierige Beratungen innerhalb der Geschäftsleitung für die Produktion vorbereitet werden.*

*Unten:
Briefpapier, 1985*

Ab Mitte der 80er-Jahre begann man externe Designer für die Gestaltung von Sanitärserien zu verpflichten. So kreierte Helmut Telefont 1985 die genau dem Zeitgeschmack entsprechende Studio Linie „Vienna". Ein Verkaufsschlager von Anfang an. „Vienna" erhielt vom österreichischen Institut für Formgebung eine Auszeichnung und wird noch heute (2009) als Badezimmer-Klassiker im Programm geführt. Als Sanitärdesigner folgten Telefont Werner Schlopp, Simon Desanta und Phoenix-Design, um nur einige zu nennen.

1986

Trotz Dollarschwäche kamen 1985/86 erstmals größere Sanitärlieferungen in die Vereinigten Staaten zustande. Vorher waren die importhemmenden Hürden der staatlichen Zulassungsbehörde mühsam aber erfolgreich gemeistert worden. Dabei erstaunte die Tatsache, dass in den USA pro WC-Spülung bis zu 25 Liter Wasser verbraucht wurden,

*Oben:
Studio Line Set Vienna, Design Helmut Telefont, 1985 (Abb. Katalog 1991)*

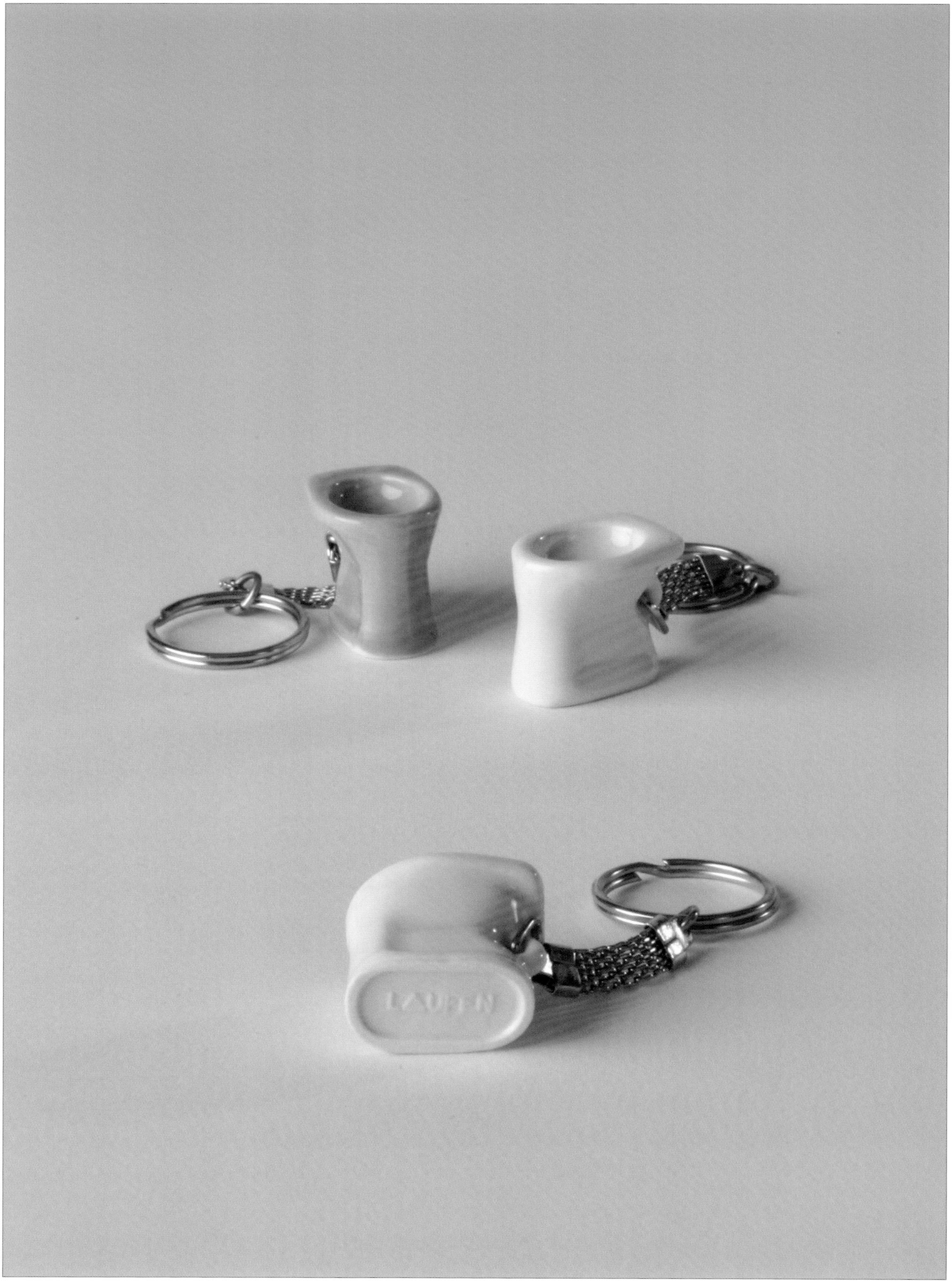

ÖSPAG

während man in Europa bereits bei 6-Liter-Spülmenge angekommen war. Neue WC´s mussten aber auch in den Vereinigten Staaten schon mit weniger Wasser auskommen.

1986 wurden 2 weitere Glasierroboter aufgestellt. Demontiert wurden der Schnellbrandofen (Trentofen) II, 1968 errichtet und 1978 stillgelegt, sowie der 1971 in Betrieb genommene „Brobu"-Herdwagenofen.

Oben:
Export-Katalog in Englisch und Französisch, 1986

Links:
Sanitärdekor Royal, 1986

Unten:
Katalog, 1987

1987

Umsatzzuwächse in der ÖSPAG wurden vorwiegend mit den qualitativ hochwertigen Produkten aus Engelhof erzielt, und Lischkas Vorahnung einer Sicherheit und Gewinn bringenden Produktionssparte erfüllte sich.

Linke Seite:
Klosett-Schlüsselanhänger, erzeugt von 1980 bis Mitte der 1990er Jahre

ÖSPAG

Die Feinfeuertonproduktion war zum Aushängeschild Engelhofs geworden.

Die erwirtschafteten Gewinne weckten das Interesse des „großen Bruders" Wilhelmsburg. Es gab einige Anläufe, auch dort mit der Feinfeuerton-Erzeugung zu beginnen. Doch über Versuchsreihen kam man nicht hinaus. Dazu ein ehemaliger Engelhofer Mitarbeiter: *Sie waren nicht so schlau wie wir. Sie haben die genaue Funktionsweise der Rezeptur nicht durchschaut und deshalb keine guten Ergebnisse erzielt.*

Hinhaltende Informationsbereitschaft aus Engelhof, fehlendes Umsetzungspotential und hohe Investitionskosten in Wilhelmsburg im Falle einer Feinfeuerton-Produktion, waren Gründe für den Misserfolg. Für die Engelhofer Mitarbeiter stand das Wohlergehen des eigenen Werkes im Vordergrund.

Im Bereich Fertiglager wurde ein Versandbüro errichtet. Die Umweltgesetzgebung machte eine Mülltrennung erforderlich. Für den betrieblichen Abfall inklusive der keramischen Abfälle wurde ein Abfallmanagementsystem installiert.

Oben:
Kuvert, Werk Engelhof, 1987

Mitte:
Sanitärserie „CAPELLA",
Sanitärfarbe „Caramel", 1987

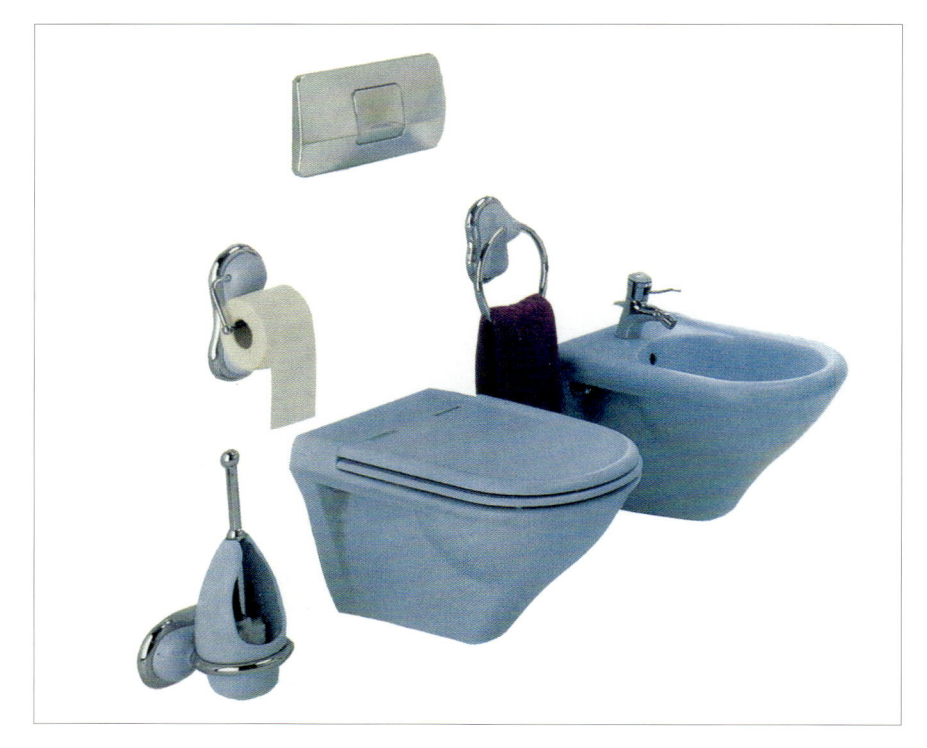

Rechts:
Sanitärserie „VIENNA" (Wand-WC und Wandbidet) Sanitärfarbe Crocus, 1987

ÖSPAG

1988

Ende Mai 1988 legte Dr. Conrad Lester im Alter von 81 Jahren sein Mandat als Vorsitzender des Aufsichtsrates zurück. Dr. Lester war seit dem Tod seines Vaters im Jahre 1937, mit Ausnahme der Jahre 1938 – 1947, in verschiedener Weise für das Werk verantwortlich. Nach dem zweiten Weltkrieg und der darauf folgenden Besatzungszeit führte er die ÖSPAG, damals noch „Österreichische Keramik AG", mit ihren Werken Engelhof, Wilhelmsburg und der Wiener Zentrale, aus den Nachkriegswirren zur wirtschaftlichen Blüte der 1950er- und 1960er-Jahre. Nach dem 1967 erfolgten Zusammenschluss mit der „Laufen Holding AG" wechselte Dr. Lester vom Vorstandsvorsitzenden zum Aufsichtsratsvorsitzenden. Zum Dank für seine Verdienste wurde Dr. Lester zum Ehrenvorsitzenden des Aufsichtsrates auf Lebenszeit ernannt.

Ein 1850 m² großes Hochregallager für die Aufnahme von 40.000 Sanitärstücken wurde in Betrieb genommen, und die Sanitärgießerei erhielt neue Schlickerringleitungen aus rostfreiem Stahl.

1989 – 1994

Die Feinfeuerton-Produktion wurde komplettiert durch die Übernahme der Duschtassenfertigung vom Schweizer Werk Laufen.

Oben:
Dr. Conrad Lester, 1978

Links:
Hochregal-Lager im Aufbau, 1988

Unten links:
Regalbediengerät, 1988

Unten:
Katalog, 1988

ÖSPAG

Kooperation mit dem „Porsche Design-Studio"

1987 begann die Zusammenarbeit mit dem „Porsche Design-Studio" in Zell am See. Gemeinsam entwickelte man das 1989 auf den Markt gekommene Sanitär-, Möbel- und Zubehörprogramm „DESIGN". Den Mitarbeitern

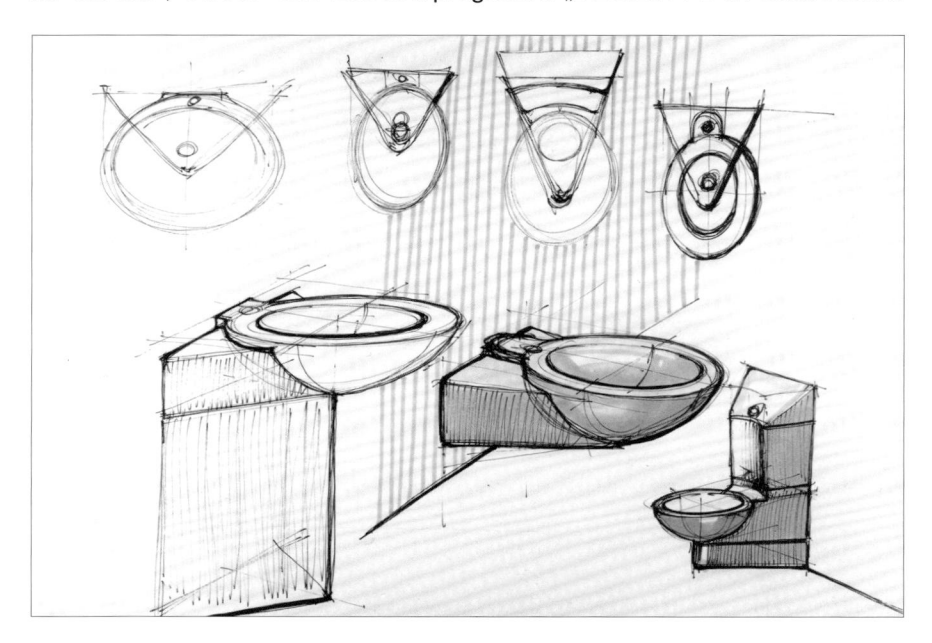

Rechts:
Entwurfskizzen für
„Design" by F. A. Porsche um 1987

Unten:
Studio Line
„Design" by F. A. Porsche um 1989

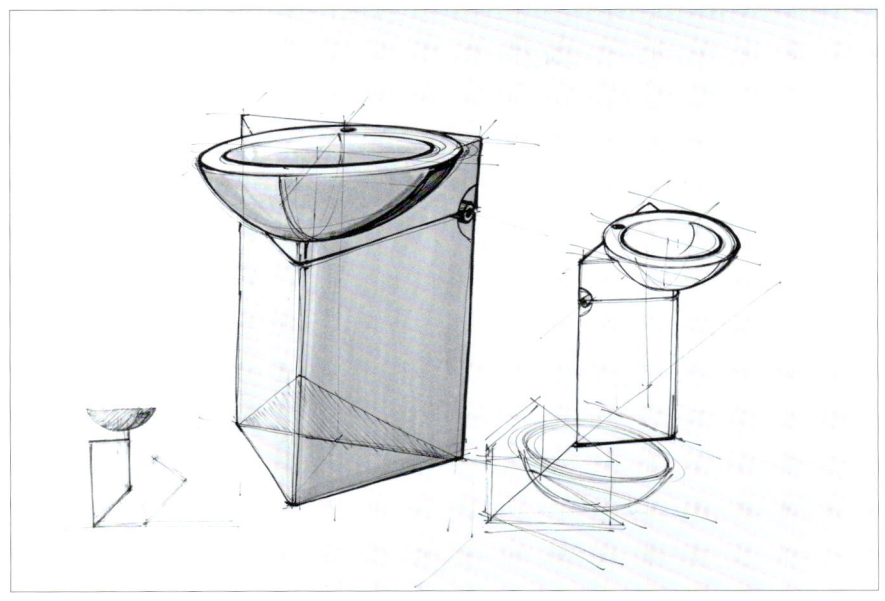

ÖSPAG

*Links oben:
Entwurfskizzen für
„Design" by F. A. Porsche um 1987*

*Oben, Mitte und unten:
Studio Line
„Design" by F. A. Porsche um 1989*

des „Porsche Design-Studios" fehlte es an Erfahrung im Umgang mit dem Werkstoff Keramik. Deshalb dauerte es ungewöhnlich lange, bis die Form Produktionsreife erlangte. Aber dann erfüllten die fertigen Produkte alle Vorgaben einer Gesamtlösung aus einer Hand.

In der Presse-Information des „Porsche Design-Studios" wurde das Ergebnis beschrieben: *Das System versucht eine echte formale Integration zwischen den Produktbereichen Keramikelemente, Möbel und Zubehör zu schaffen und dadurch zu einer Gesamtlösung im Bad zu kommen.*

ÖSPAG

- Hauptziel ist eine individuell strukturierte Badgestaltung anstelle einer weiteren „Einbauküche".
- Die Dreiecks-Grundfläche der Möbel erlaubt den Einbau selbst in kleinen Badezimmern, da die Türen der Schränke beim Öffnen den freien Raum an der Seite nützen, ohne die Tiefe des Raumes zu beanspruchen.

Erzeugt wurde „Design" im Werk Engelhof. Bereits im Vorstellungsjahr erhielt das Badezimmerprogramm eine Auszeichnung vom Bundesministerium für wirtschaftliche Angelegenheiten. „Design" mit dem Zusatz „Design by F. A. Porsche" sollte im hochpreisigen Marktsegment Fuß fassen. Die Verkaufszahlen blieben unter den Erwartungen, aber der Name „Porsche" war ein guter Werbeträger.

Oben:
Studio Line
„Design" by F. A. Porsche, 1989

Mitte:
Sanitärserie „MOBELLO", 1989

Rechts Mitte, rechts und unten:
Inbetriebnahme der Batteriegussanlage „Gustavsberg" mit Einweihungsfeier, 1989

ÖSPAG

1992 wurde der Verkauf von „Nautilus 2" eingeleitet. Man rechtfertige diesen Schritt damit, dass ein Konzern, der sich über die moderne „Porsche Design"-Linie identifiziere, nicht gleichzeitig das altertümliche „Nautilus 2" im Angebot führen solle. In der Folge wurden alle Modelle, Einrichtungen und der ganze Lagerbestand an eine Firma in England verkauft.

Die ÖSPAG tendierte immer mehr zum Komplettanbieter für den Badezimmer-Bereich. Unterbaumöbel, passend zu bestimmten Waschtischen, waren seit Anfang der 1970er-Jahre im Programm, und erste zugekaufte Bademöbelserien wurden seit Mitte der 1970er-Jahre angeboten.

Möbelproduktion:
Links, 1989
Mitte, 1993
Unten, 1989

Ergänzt von Fliesen aus den Werken der Laufen AG. Ab 1992 wurden zugekaufte Möbel im Ort Oberburgau am Mondsee unter der Leitung der ÖSPAG ergänzt und zusammengebaut. Aus Kostengründen verlegte man die Produktion 1994 in das tschechische Svitavy. Doch fehlendes Fachwissen um die Tücken des Möbelbaus bei Badezimmerbedingungen, aber auch Fertigungsungenauigkeiten führten zu zahlreichen Beanstandungen. Diese versuchte man möglichst beim Kunden zu beseitigen. Aber Schäden wie verzogene Türen ließen sich vor Ort nicht beheben. Manchen Schwierigkeiten begegnete man, indem man Holz durch Porzellan ersetzte.

ÖSPAG

Oben:
Werk Engelhof, 1990

Mitte:
Wiener Ausstellungsraum um 1990

Mitte rechts:
Sanitärserie „PRIMAVERA", 1992

Rechts:
Sanitärserie „VIP", 1993

Mit der computergestützten CAD-Planungsabteilung wurde 1994 der langwierige Entwicklungsprozess wesentlich rationalisiert. Der ehemalige technische Angestellte Ing. Herbert Meixner erinnert sich: *Anfang der 90er-*

ÖSPAG

Links oben:
Katalog, Oktober 1994

Rechts oben:
Sanitärserie „SWING" um 1994

Unten:
Virtuelle Bilder von CAD-Daten

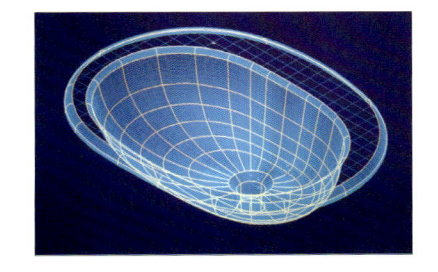

Jahre des 20. Jahrhunderts war die Computertechnik sowohl von der Leistung als auch vom Preis her in der Lage, EDV-Programme für Zeichnungs- und Konstruktions-Aufgaben für mittelständische Unternehmen anzubieten. Wichtig dabei war die Möglichkeit der Darstellung der 3. Dimension, also der dreidimensionalen Abbildung inklusive Bearbeitung. Fachleute sagen dazu „3D-CAD" (3D-Computer Aided Design = dreidimensionales computergestütztes Entwerfen).

Bei einer Messe in Wien sammelte ich erste Eindrücke und Unterlagen. Zur raschen Demonstration der Fähigkeiten der angebotenen Systeme waren Rotationsmodelle beliebt. Auf dem Bildschirm entstand zuerst ein Drahtmodell, dann ein Oberflächenmodell und damit auch ein Volumenmodell. Es war von allen Seiten zu begutachten und konnte bearbeitet werden. Nahe liegender Gedanke: Diese Konstruktionsmethode könnte für die Modellentwicklung in Wilhelmsburg im Bereich Geschirr von Vorteil sein.

Die Unterlagen, darunter Prospekte des CAD-Programms „Euklid", übergab ich dem Leiter der Geschirr-Modellstube. Einige Wochen später erfuhr ich, dass die Modellstube Geschirr diese Entwicklung nicht weiter verfolgen werde. Die Unterlagen habe man an die Sanitär-Modellstuben Engelhof und Wilhelmsburg weitergeleitet. In der Folge hörte ich von Kontakten mit dem Anbieter von „Euklid", von Demonstrationen der Leistungsfähigkeit und schließlich von der Eignung dieses Programms für die Konstruktion von Sanitärobjekten.

Unten:
Briefkopf um 1994

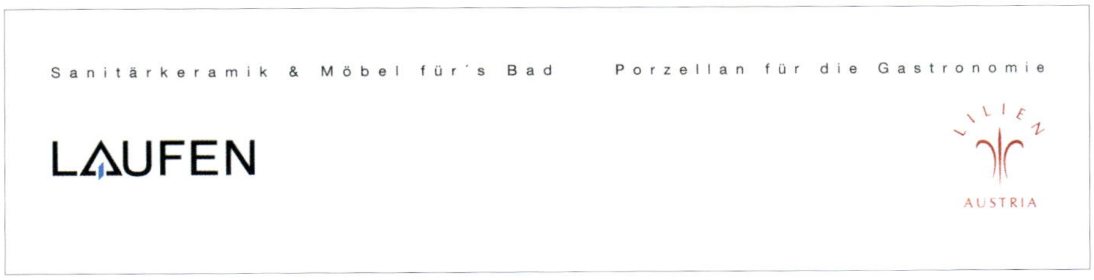

ÖSPAG

Oben:
Schlüsselanhänger um 1994

Die Verantwortlichen im Sanitärbereich erkannten das Zukunftspotential, welches in dieser Anwendung steckte. 1994 begannen im Werk Engelhof die Mitarbeiter der CAD-Abteilung mit ihrer Arbeit.

1995

Das „Porsche Design-Studio" entwickelte ein weiteres Sanitär- und Badezimmermöbel-Programm mit Namen „LAVOASE". Dazu aus der Presse-Information: *Während die Keramik eine gewisse Identität mit der „Design Linie" von 1989 kennzeichnet, haben die Möbel ein zeitgemäßes „konkaves" Design mit dem spezifischen attraktiven Materialmix von Holz, Metall und Glas. Der Schrankkorpus ist aus Holz mit Türen aus Aluminium oder umgekehrt. Die satinierten Glastüren des Spiegelschrankes über dem Waschbecken dienen gleichzeitig als Streuscheiben für integrierte Lampen.*

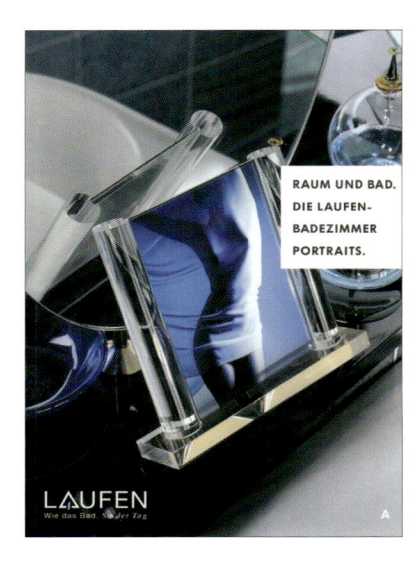

Oben:
Katalog, 1995

Rechts:
Badezimmermöbelprogramm „Lavoase"
by F. A. Porsche, 1995

ÖSPAG

Auch diese Serie erfüllte die in sie gesetzten Hoffnungen nicht. Aber über die Werbung und den Namen „Design by F. A. Porsche" verkauften sich andere ÖSPAG-Sanitärerzeugnisse bestens.

Trotz der preiswerteren Produktionsmöglichkeiten in Svitavy blieb die Möbelproduktion mängelbehaftet, was zur Stilllegung des Betriebes führte. Daraufhin wagte ein dortiger Mitarbeiter, Stenek Blazek, den Schritt in die Selbstständigkeit und übernahm die Möbelherstellung. Das Vorhaben funktionierte und noch heute (2009) bezieht die nunmehrige „Laufen AG" ihre Badezimmer-Möbel von dort.

Oben:
Gießanlage „EWT SHANKS II", 1995

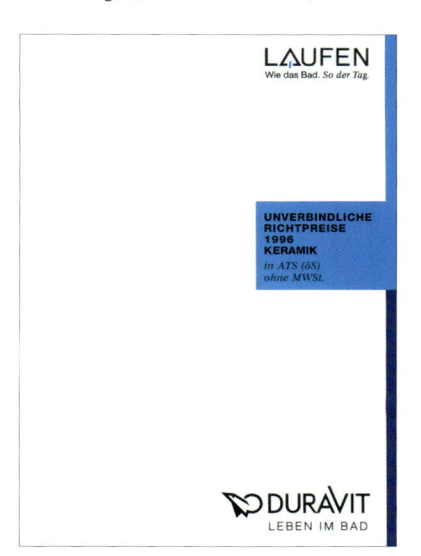

1996 – Engelhof soll geschlossen werden

Am 10. Jänner 1996 starb Univ. Prof. Dr. Conrad Henry Lester nach einem langen erfüllten Arbeitsleben im Alter von 89 Jahren. Für viele Mitarbeiter war er der Garant für die Aufrechterhaltung des Gefüges innerhalb der ÖSPAG. Doch zu diesem Zeitpunkt lagen die Pläne für tief greifende Strukturänderungen schon in der Schweiz am Tisch. Seit geraumer Zeit gab es mahnende Worte der Besitzer, dass, sollten die Ergebnisse der ÖSPAG nicht besser werden, „Maßnahmen" gesetzt werden müssten. 1995 kam es zum wiederholten Male zu Bilanzverlusten – nur das Werk Engelhof bilanzierte positiv. Unmittelbar nach Jahresbeginn 1996 wurden erste Schritte gesetzt. Im Februar wurde der Vorstand auf zwei Mitglieder, Ingo Schmidt und Dkfm. Hannes Taferner, reduziert. Die bisherigen vier Vorstandsmitglieder schieden mit Jahresende 1996 im „gegenseitigen Einvernehmen" aus. Ingo Schmid hatte nur einen Auftrag: Werke zu schließen! Dies war ihm bereits in Deutschland und der Schweiz gelungen. Dementsprechend sah auch das Sanierungs-Konzept für die ÖSPAG aus. Am 19. März vorgestellt, beinhaltete es die Schließung der Wiener Zentrale einschließlich des Beratungszentrums, die Reduktion der in Wilhelmsburg beheimateten „Lilien-Porzellan"-Geschirrproduktion und die Schließung des Werkes Engelhof. Die für den Betrieb notwendigen Büros der Zentrale Wien waren bis Ende des Jahres nach Wilhelmsburg zu verlegen. Die technische Produktentwicklung sollte von Engelhof nach Laufen (Schweiz) verlagert und die Österreichische Sanitärproduktions-Kapazität auf das Werk Wilhelmsburg konzentriert werden. Alle diese Maßnahmen sollten bis Ende 1997 umgesetzt sein. Die geplante Schließung ihres Werkes wollte die Engelhofer Belegschaft nicht so einfach hinnehmen. Die Mitarbeiter wussten um die Bedeutung Engelhofs innerhalb der ÖSPAG. Mit durchwegs positiven Bilanzen im Hintergrund war man selbstbewusst genug, dem Schließungsplan entgegenzutreten. Bereits einen Tag nach Bekanntgabe des Sanierungs-Konzeptes richteten sie

Oben:
Katalog mit Duravit, 1996
1994 ging die ÖSPAG mit dem deutschen Sanitärerzeuger „Duravit" eine bis 2007 dauernde Verkaufskooperation ein.

Grobe Managementfehler lösten Desaster für ÖSPAG-Werk aus

Oben:
Salzkammergut Zeitung, 21. März 1996

113

ÖSPAG

ein Telefax mit der zentralen Frage nach dem „WARUM" an den Verwaltungsrat der „Laufen Holding AG": *...Jahrelanger intensiver Einsatz, Mühe und Plage, die zur Lösung von großen Problemen, sei es im Aufbau von Neuentwicklungen, im Bereich von Rationalisierungen, von Erhöhungen des Qualitätsniveaus und nicht zuletzt Erhöhung der Produktivität, geführt hat, soll heute für NULL und NICHTIG sein? Gerade wir in Gmunden waren es, die nicht dafür gesorgt haben, dass die ÖSPAG so tief in die ROTEN ZAHLEN gesunken ist. Und heute werden wir – so hat es den Anschein – zur Verantwortung gezogen....*

Die letzten Optimisten, die an eine Schließung nicht glauben wollten, wurden aus ihren Träumen gerissen, als eines Morgens Lastkraftwagen vorfuhren und Arbeiter mit der Demontage der Siebanlagen beginnen sollten. Die Engelhofer wussten, dass diese Anlageteile für den Weiterbestand lebensnotwendig waren. Geschickt gelang es ihnen, die Ausführung der Arbeiten zu verhindern. Unverrichteter Dinge verließen LKW und Arbeiter das Werk und es konnte weiter produziert werden. Solange das Werk nicht stillstand, blieb die Hoffnung bestehen.

Oben:
Katalog, Sanitärserie „RADIAL", 1996

In jenen Tagen war nicht nur die Zukunft des Werkes ungewiss. Auch für das „Kleine Sanitär-Museum" stellte sich diese Frage. Eine Schließung des Werkes hätte auch das Ende des derzeitigen Standortes des Museums bedeutet. Auch der Bahnhof Engelhof als geplante Museums-Herberge wäre ohne Werk nicht realisierbar gewesen. Mit Vertretern der Stadtgemeinde Gmunden wurde ein offenes Gespräch geführt. Von dort kam der Vorschlag, die Sammlung in das Gmundner „Pepöckhaus" zu verlegen. Lischka stand diesem Angebot anfangs reserviert gegenüber, doch schlussendlich waren alle Beteiligten mit dieser Lösung einverstanden.

Wilhelmsburg hatte die Pläne für eine eigene Feinfeuerton-Produktion noch nicht aufgegeben. Allerdings blieben die angestellten Versuche

Oben:
Sanitärserie „RADIAL", 1996

weiterhin erfolglos. Jetzt holte man die fertige Masse aus Engelhof und verarbeitete sie in Wilhelmsburg. Damit funktionierte die Produktion, aber es wusste niemand so richtig warum. Von den Engelhofer Mitarbeitern war keine Hilfe zu erwarten, die hatten genug mit der Rettung ihres Werkes zu tun.

Feinfeuerton-Erzeugnisse werden auf das Vorhandensein von Haarrissen geprüft. Das dafür geeignete Gerät nennt man Autoklav[1], und es stand in Engelhof. Bei einem Druck von 6 Bar wird das Stück langsam erhitzt. Die dabei auftretenden Spannungsunterschiede zwischen Glasur und Feinfeuerton sind wesentlich größer als bei normalen Umgebungsbedingungen und lassen vorhandene Haarrisse sofort sichtbar werden.

Ein damals zur Prüfung von Wilhelmsburg nach Engelhof gebrachter Waschtisch wurde besonders behandelt. Ein Mitarbeiter erinnert sich: *Wir haben einen Waschtisch geprüft, und er war gut. Aber ich weiß auch, wie ich ihn schlecht mache. Durch die Drohung das Werk zuzusperren riskierten wir etwas – nicht böswillig, aber wir wollten unser Werk retten – und erhöhten den Druck im Autoklav auf das Maximum. Danach war das Objekt auffällig haarrissig. Wir haben das Stück mit einer Kontrastfarbe dunkel eingefärbt, damit die Haarrisse noch besser erkennbar waren. Als die zuständigen Herren aus Wilhelmsburg samt einem damaligen Vorstandsmitglied in Engelhof zusammentrafen und den haarrissigen Waschtisch begutachteten, meinten sie: „Wir müssen umdenken, das können wir nicht verantworten". Aus der Ferne haben wir das Gespräch mit Freude wahrgenommen. Wir hatten damit zwar nicht das Werk gerettet, aber wertvolle Zeit gewonnen.*

Oben:
Katalog, 1996

Linke Abbildungen:
Cleanet – das Dusch-WC,
Werbetext aus dem Katalog 1996:
Aus medizinischer Sicht wollten wir statt Toilettenpapier Wasser benutzen. Denn nur Wasser reinigt wirklich sanft, schonend und gründlich. Daher hat LAUFEN das Dusch-WC CLEANET entwickelt, das so sensibel mit Ihrem Körper umgeht wie Sie selbst.

Unten:
Sanitärserie „VIP", 1996

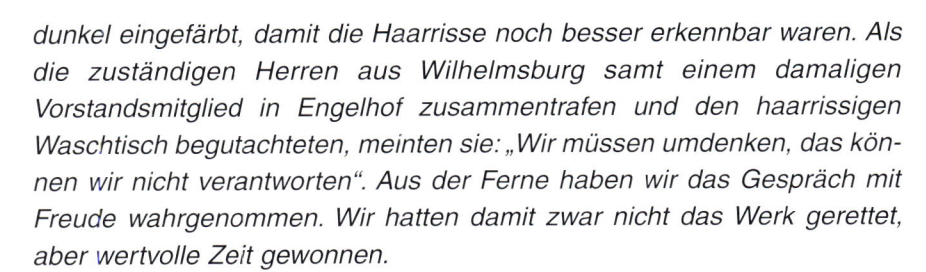

[1] Überdimensionaler „Kochtopf" in dem ein Waschbecken oder eine Klosett Platz findet.

ÖSPAG

Oben:
Sanitärserie „VIENNA", 1996

Haarrissbildung bei Feinfeuerton ist gefürchtet und war mit ein Grund, dass die Erzeugung im Jahre 1983 aus der Schweiz nach Engelhof verlegt wurde. Haarrisse stellen, auch wenn sie erst nach Jahren sichtbar werden, einen Reklamationsgrund dar und bergen somit ein schwer kalkulierbares finanzielles Risiko. Außerdem führen solche Mängel zu einer nicht so schnell wieder gut zu machenden Rufschädigung der Marke.

Inzwischen gab Vorstandsmitglied Ingo Schmid vor versammelter Engelhofer Belegschaft die Schließung des Werkes bekannt. Allerdings merkte er an, dass es noch Gespräche über eine Änderung dieser Entscheidung geben würde. Auf Grund einer am 1. April 1996 herausgegebenen Presseaussendung titelten die „Salzburger Nachrichten": „200 Arbeitsplätze in Gmunden bedroht".

Nun war wirklich Feuer am Dach, und einige engagierte Mitarbeiter erarbeiteten innerhalb kürzester Zeit ein Konzept zur Rettung des Werkes. Es lag auf der Hand, dass nur das Produkt „Feinfeuerton" eine Überlebenschance darstellte.

Das sich „PRO Feinfeuerton-Produktion Gmunden" nennende Team legte der Konzernleitung einen Entwurf für die wirtschaftliche Aufrechterhaltung der Produktion in Engelhof vor. Anschaulich wurden darin auch die Risiken und drohenden Verluste im Falle einer Betriebsunterbrechung dargestellt. Die Initiative brachte den erhofften Erfolg, denn bereits am 4. April erhielt Ernst Riedler, inzwischen Produktionsdirektor von Engelhof und Wilhelmsburg, ein Telefax aus Laufen zum Thema „Feinfeuerton-Produktion in Engelhof". Darin gab der Vorstand bekannt, dass die Feinfeuerton-Produktion in Engelhof bis auf weiteres aufrecht erhalten bleiben solle. Voraussetzung dafür waren Effizienz- und Produktionssteigerungen.

Rechts:
Die Wiener Zentrale und die Schauräume wurden Ende 1996 aufgelöst.

Der Zusammenhalt der Mitarbeiter und der Glaube an die Zukunft des Werkes, sowie die Sorge des Managements vor Qualitätseinbußen im Feinfeuertonsegment zeigten Wirkung. Die Gefahr einer Werksschließung war vorerst vom Tisch. Zwar mussten noch 1996 viele Mitarbeiter gekün-

ÖSPAG

digt werden, doch schlussendlich wurde das Werk am Leben erhalten und Feinfeuerton wird noch heute (2009) höchst erfolgreich in Engelhof – und nicht in Wilhelmsburg – produziert.

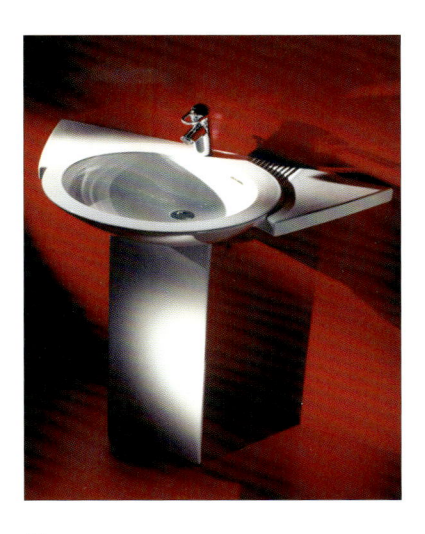

1997

Angestrengt wurde in Engelhof daran gearbeitet, die Vorgaben der „Laufen Holding AG" zu erfüllen. Die Belegschaft war nach wie vor verunsichert, da sie die Schließung der Wiener Zentrale samt Beratungszentrum und die Verlegung der Wilhelmsburger Geschirr-Produktion in das tschechische Werk Dvory der „Laufen Holding AG" miterleben musste. Die Bedenken der Mitarbeiter fasste der damalige Engelhofer Betriebsrat Peter Dorn in einem Gespräch mit dem damaligen Vorstandsmitglied Dkfm. Taferner zusammen. Daraufhin informierte dieser den Betriebsrat in einem Brief vom 1. Juli 1997 über die Situation Engelhofs aus der Sicht des Vorstands: *Es ist unsere Strategie, im Werk Gmunden mittel- bis langfristig Ware zu erzeugen, die besonderes technisches Können erfordert. Aus derzeitiger Sicht wollen wir die Produktion von Feinfeuertonware weiter ausbauen. Sollten sich Pläne über die Verwendung neuer Materialien für unsere Produktion erhärten, so ist Gmunden auch für diese Produktionsarten erster Kandidat. Daraus ergibt sich, dass wir langfristig mit dem Produktionsstandort Gmunden innerhalb des Laufen-Konzerns rechnen.*

Oben:
Der neue „Set Design" Waschtisch by F. A. Porsche, 1996

Langsam kamen das Werk und seine Mitarbeiter wieder zur Ruhe.

1997 wurden die österreichischen Standorte der „Laufen AG", Gmunden/Engelhof und Wilhelmsburg, nach der internationalen Umweltmanagementnorm ISO 14001 zertifiziert. Diese weltweit anerkannte Norm hält bestimmte Anforderungen an ein Umweltmanagementsystem fest. Sämtliche Produktionsvorgänge entsprachen nun auch den Richtlinien der Umweltbetriebsprüfung der EMAS (Eco-Management and Audit Scheme). Bereits 1994 war das Werk Engelhof nach dem Qualitätsmanagementsystem ÖNORMEN ISO 9001 zertifiziert worden. Ein Jahr später folgte das Werk Wilhelmsburg.

Oben:
Sanitärserie „Design" by F. A. Porsche, 1997

ÖSPAG

1998

Nachdem die Gefahr der Werksschließung vorüber war, übersiedelte „Das Kleine Sanitär-Museum" in das „Pepöckhaus" der Stadtgemeinde Gmunden. Die Sammlung erhielt einen neuen Namen und hieß fortan „Klo & So"-Museum für historische Sanitärobjekte. Kustos Lischka zeigte sich hochzufrieden. Der nun nicht mehr als Museumsstandort benötigte Bahnhof Engelhof wurde an die Bundesbahndirektion Linz zurückgegeben.

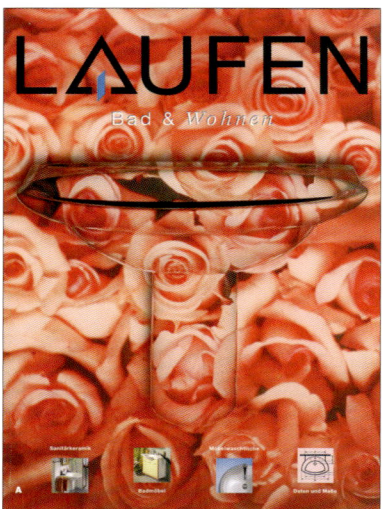

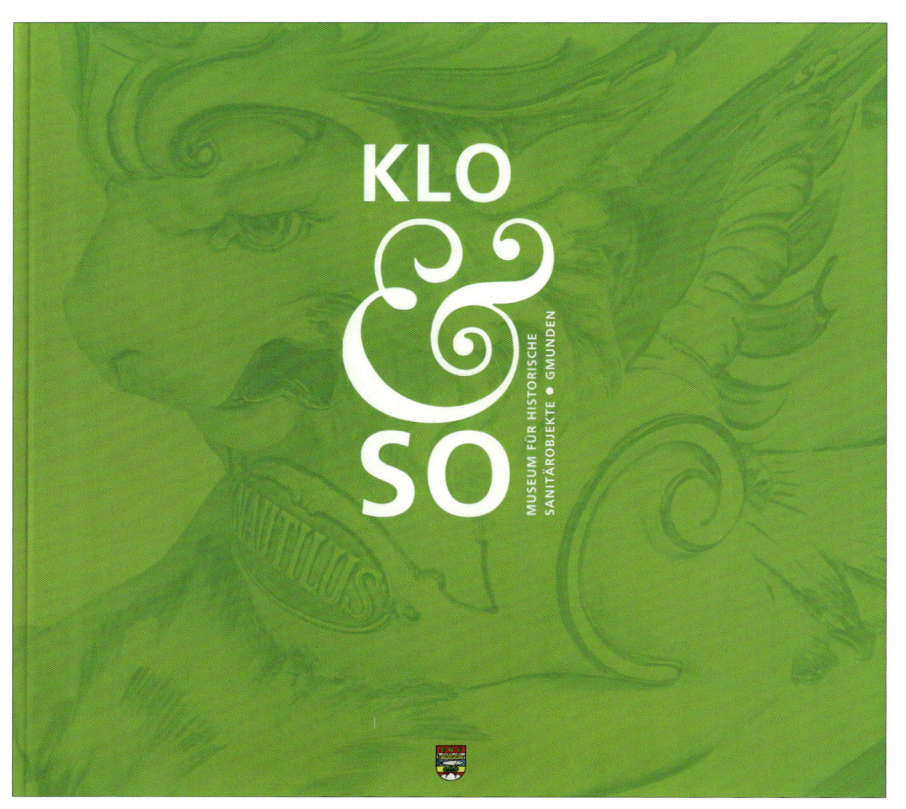

1999

Im August übernahm für viele überraschend, die Firma ROCA/Barcelona (Compania Roca Radiadores S.A.) die Aktienmehrheit der „Keramik Holding AG Laufen". Doch war dies das Ergebnis bereits seit längerer Zeit im Hintergrund stattgefundener Verhandlungen. War von der Belegschaft die Schließungsdrohung noch nicht vollständig bewältigt, so gab es nun einen neuen Eigentümer von dem keiner wusste, was dieser nun mit Engelhof vor hatte. Die anfänglichen Bedenken wichen als erkannt wurde, dass mit ROCA Ruhe und Kontinuität einkehrte.

Engelhof war nun ein Werk der ÖSPAG und diese wiederum eine Tochter der

Oben:
Bademöbelprogramm „FIORA", 1998

Mitte:
Katalog, 1998

Rechts:
Broschüre „Klo & So"-Museum für historische Sanitärobjekte, Gmunden, 1999

Rechts:
Logo „ROCA"
(Compania Roca Radiadores S.A.)

ÖSPAG

„Keramik Holding AG Laufen", die nun ROCA angehörte. Durch den Zusammenschluss von ROCA und Laufen entstand der weltweit zweitgrößte Hersteller von Sanitärkeramik. Mit Werken in 16 Ländern verfügte die neue Gruppe über ein breites und konkurrenzfähiges Angebot an Sanitärprodukten und Fliesen.

Ende des Jahres ging der Produktionsdirektor von Engelhof und Wilhelmsburg, Ernst Riedler, in Pension. Er blieb dem Werk als Konsulent bis heute (2009) erhalten. Sein Nachfolger ab 1. Juni 1999 wurde Heinz Frech.

Oben:
Links, Heinz Frech, war ab 1. Juni 1999 Produktionsmanager der Werke Engelhof und Wilhelmsburg. Rechts, Alfred Held, ab 2006 Betriebsleiter von Engelhof.
Frech begann als Lehrling im Werk Wilhelmsburg und erklomm die firmeninterne Karriereleiter. Er leitete das weltweit größte Laufen-Werk in Brasilien, wechselte danach in die Schweizer Konzernzentrale und war zuletzt als technischer Direktor in Portugal tätig.

Mitte:
Abschiedsrede von Produktionsdirektor Ernst Riedler, 1999

Links:
Aufbau im Werk Engelhof, 1999

119

Laufen Austria AG

2000 – 2001

Eine interessante Entwicklung für die Pflege von Sanitärapparaten stellte die Oberflächenvergütung „WonderGliss" dar. An Porzellanoberflächen bleiben Schmutz, Kalk und Wasser kaum mehr haften, verbleibende Rückstände können mit einem Tuch entfernt werden, und der Reinigungsmittelbedarf wird reduziert (s. S. 132).

2002 – 2003

Bereits seit Anfang der 1980er-Jahre wurden externe Designer mit der Gestaltung von Badezimmerobjekten betraut. Mit Beginn des neuen Jahrtausends begann man diese Vorgangsweise umfassender und intensiver anzuwenden. Im Katalog 2003 – „Design zum Wohlfühlen" – wird die Richtung weg vom Badezimmer hin zu „Baderäumen" sichtbar.

In den folgenden Jahren erweiterte man die Angebotspalette von Designer-Komplettprogrammen, und das Unternehmen bietet seither Sanitärapparate, Möbel und Zubehör in mehreren Designlinien für großzügig dimensionierte „Wohlfühlräume" an.

Im Februar 2003 wurde der seit 1960 bestehende Firmenname „ÖSPAG" (Österreichische Sanitär-, Keramik- und Porzellan-Industrie Aktiengesellschaft) in „Laufen Austria AG" umbenannt.

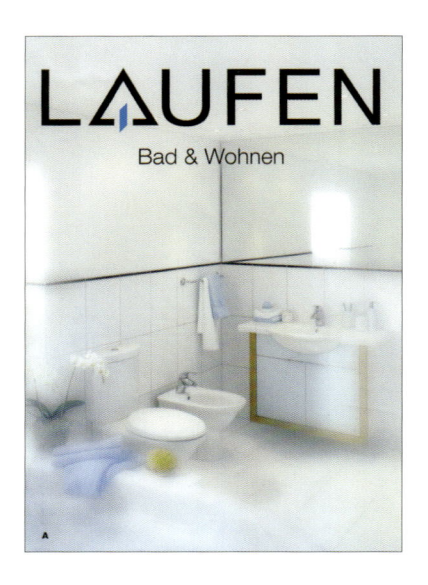

Oben:
Katalog, 2000

Unten:
Besuch der „Eigentümerfamilie Roca" in Engelhof, Mai 2002. Mit auf dem Foto ehemalige und leitende Mitarbeiter, sowie links im Bild Managing Director Manuel Hererra

2004 – 2005

Im Dezember 2004 starb der ehemalige Werksdirektor Fritz Lischka im Alter von 84 Jahren. Von 1953 – 1983 im Werk Engelhof tätig, konnte er bei seinem Pensionsantritt „sein Werk" wirtschaftlich gefestigt und bestens für die kommenden Zeiten gerüstet an seinen Nachfolger Ernst Riedler übergeben.

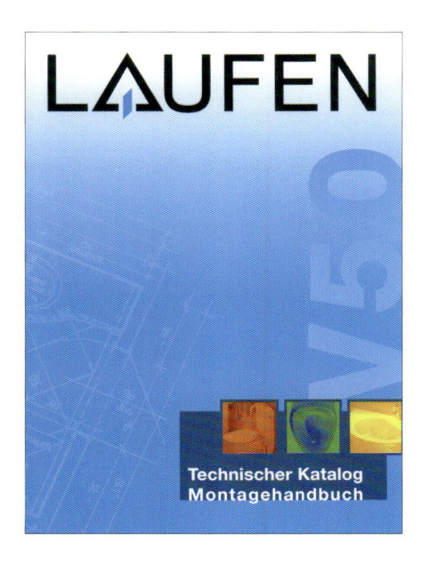

Oben:
Technischer Katalog, 2004

Links:
80. Geburtstag von Fritz Lischka, rechts Heinz Frech, Produktions-Manager der ÖSPAG, 2000

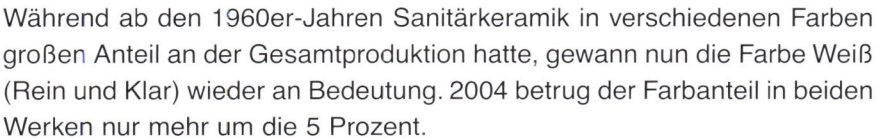

Während ab den 1960er-Jahren Sanitärkeramik in verschiedenen Farben großen Anteil an der Gesamtproduktion hatte, gewann nun die Farbe Weiß (Rein und Klar) wieder an Bedeutung. 2004 betrug der Farbanteil in beiden Werken nur mehr um die 5 Prozent.

Für besonders stark beanspruchte Sanitärporzellanoberflächen kam 2005 das ebenfalls Schmutz, Wasser und Kalk abweisende „LCC" (Laufen Clean Coat)-Verfahren auf den Markt. Die Bestandteile dieser Oberflächenveredelung werden der Glasur beigemengt und mit dieser gebrannt, wodurch auch bei stärkster Beanspruchung der Einsatz aggressiver Reinigungsmittel dauerhaft vermieden werden kann.

Unten:
Sanitärserie „PALOMBA COLLECTION", 2006/07

Im Jahr 2005 verkaufte die Familie Lester ihre Aktienanteile an „ROCA". Nach dem im Jahre 1883 erfolgten Erwerb der Steingutfabrik in Wilhelmsburg durch die Familie Lichtenstern (später Lester) ging deren Zeit als Eigentümer und in späterer Folge als Mitbesitzer nach 122 Jahren zu Ende.

2006

Ende des Jahres ging Produktions-Manager Heinz Frech, als Nachfolger von Ernst Riedler seit Juni 1999 in Engelhof und

Laufen Austria AG

Wilhelmsburg tätig, in Pension. Sein Aufgabengebiet wurde dem aus Engelhof stammenden Ing. Alfred Mittermair übertragen.

Ing. Alfred Mittermair war Lehrling im Werk Engelhof, als ihm mit Firmenunterstützung der Schulbesuch am TGM (Technologisches Gewerbemuseum) in Wien, einer Höheren Technischen Bundeslehranstalt, ermöglicht wurde. Nach seinem Schulabschluss war er Betriebsassistent und ab 1. Jänner 1997 Betriebsleiter[1] von Engelhof. Nun wurde er zum Manufacturing-Manager (Produktionsleiter) der Werke Engelhof und Wilhelmsburg ernannt.

Die Betriebsleitung des Werkes Engelhof übernahm Adolf Held.

2007 – 2009

Durch Firmenzukäufe wurde die „Roca-Gruppe" 2007 zum weltweit größten Anbieter von Sanitärprodukten. Engelhof produziert in diesem Verbund jährlich etwa 150.000 Stück hochwertige Luxus-Sanitärkeramik und zählt mit zu den wichtigsten Industriebetrieben im Bezirk Gmunden. Über 90 Prozent der Produktion gehen in den Export.

Oben:
Manufacturing-Manager
Ing. Alfred Mittermair

2010 feiert das Werk Engelhof sein 85-jähriges Bestehen. In dieser Zeit hat sich die Bedeutung des Wortes „Sanitärkultur" enorm gewandelt. Waren früher Sanitäreinrichtungen nur in den Wohnungen der wohlhabenderen Gesellschaftsschichten vorhanden, verfügt heute beinahe jeder Haushalt über Badezimmer und WC. Wobei das Badezimmer heute nicht mehr nur der Körperreinigung dient, sondern zunehmend als Ort der Ruhe und der Entspannung angesehen wird.

Bereits in den 1970er-Jahren stellte ein ÖSPAG-Werbespruch treffend fest: „Die Idee konnten wir nicht verbessern. Aber die Form." Somit werden auch künftige Erzeugnisse des Werkes Engelhof das Sanitärdesign bestimmend prägen und neu definieren.

Oben:
Sanitärserie „LIVING STYLE",
2007/08

Rechte Seite:
Sanitärserie „IL BAGNO ALESSI One",
2007/08

[1] Diese Position war seit 1994 unbesetzt geblieben, nachdem der langjährige Betriebsleiter Dipl.-Ing. Paul C. Lester in jenem Jahr zum „Chef der Entwicklung und Designmanagement für Europa" ernannt wurde.

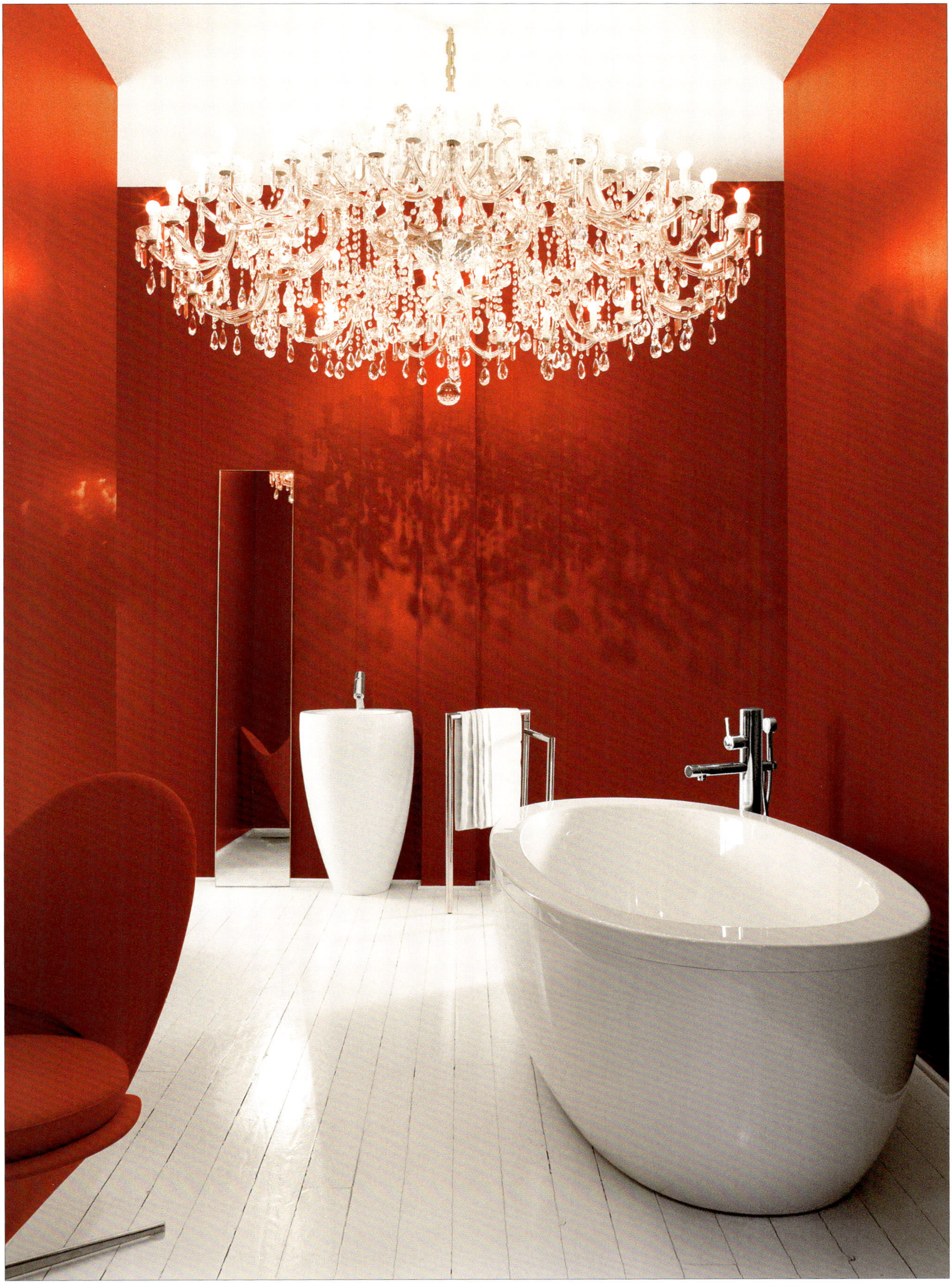

Anhang I

Sanitärmarken

Sanitärmarken Werk Engelhof

Seit Jahrhunderten sind Herkunftszeichen oder Marken wichtig für die Identifikation, Wiedererkennung und Werbewirkung von Unternehmen und deren Erzeugnissen. So wird auch die „Steingut-Industrie AG Gmunden/Engelhof" eine solche Marke als Waren-Kennzeichnung besessen und verwendet haben. Ob, und wenn ja wie, die ersten dort entstandenen Sanitärteile gemarkt worden sind, ist nicht überliefert. Ebenfalls im Unklaren blieb, ob das dort anfangs auch erzeugte Gebrauchsgeschirr gemarkt wurde. Von keiner der beiden Produktionssparten ist ein erhalten gebliebenes Objekt bekannt. Es ist aber wahrscheinlich, dass die erste registrierte Marke der „Steingut-Industrie AG Gmunden/Engelhof" aus dem Jahre 1931 schon früher, ohne gesetzlich geschützt gewesen zu sein, verwendet wurde. Markenschutz war in den 20er-Jahren des vorigen Jahrhunderts für im Aufbau begriffene Fabriken nicht so wichtig und zudem mit Kosten verbunden.

Oben:
Steingutmarke der „Steingut-Industrie AG Gmunden/Engelhof"

Eintrag im Linzer Markenregister, 7. 12. 1931

Die Art der Aufbringung der Marke änderte sich im Laufe der Zeit. Wurde zu Beginn gepresst oder gestempelt – manchmal auch beides zusammen – so wird die Marke heute aufgeklebt und als Dekorbild mitgebrannt. Allen Methoden gleich ist, dass nach dem Glasieren und Brennen die Marken sicher angebracht sind. Waren die Marken früher eher versteckt platziert, so wird heute eine werbewirksam sichtbare Stelle bevorzugt.

Bei einem Markenwechsel wurde die neue Marke im Allgemeinen nicht abrupt eingeführt, sondern die vorhandenen Stempel bis zu deren Unbrauchbarkeit durch Abnützung weiter verwendet und die noch existierenden Aufkleber aufgebraucht. Somit tauchten neue Markenbilder im Sanitäreinzelhandel erst nach und nach auf.

Sanitärmarken für Steingut

1931 – 1939
Am 7. Dezember 1931 wurde im Linzer Markenregister die Marke der „Steingut-Industrie AG Gmunden-Engelhof" genehmigt. Die Waren der AG wurden dabei als „Spülwaren aus Hartsteingut" bezeichnet. Gemarkt wurden sie mit einer vereinfachten Ausführung der geschützten Marke.

1939 – 1945
Die Vereinigung der „Steingut-Industrie AG Gmunden/Engelhof" mit der „Wilhelmsburger Steingutfabrik" und die Änderung des Firmennamen in „Ostmark-Keramik Aktiengesellschaft" wurden am 5. Mai 1939 beschlossen. Der Name „Steingut-Industrie AG Gmunden/Engelhof" gelöscht. Die

Sanitärmarken

neue Marke war eine Abwandlung der bestehenden Wilhelmsburger Sanitärmarke. Statt „Wilhelmsburg" und „Made in Austria" stand nun im Ring um den Schwan „Ostmark-Keramik" und darunter Engelhof oder Wilhelmsburg.

1945 – 1960
Am 30. November 1945 wurde die „Ostmark-Keramik AG" vom „Staatsamt für Industrie, Gewerbe, Handel und Verkehr" angewiesen, den Firmenlaut in „Österreichische Keramik Aktiengesellschaft" zu ändern. Die Marke enthielt den neuen Firmenlaut mit dem Zusatz „Made in Austria". Die Unterscheidung der Werke Engelhof und Wilhelmsburg war im Kreis unter dem Schwan ersichtlich. E für Engelhof und W für Wilhelmsburg.

1960 – 1969
Der Name „Österreichische Keramik AG" führte immer wieder zu Missverständnissen, da das Wort „Keramik" mit nicht existierender Kunstkeramik gleichgesetzt wurde. Außerdem arbeiteten beide Werke bereits überwiegend mit Porzellanmasse. Gegen Ende des Jahres 1960 wurde der Firmenname in „ÖSPAG" – Österreichische Sanitär-, Keramik- und Porzellan- Industrie Aktiengesellschaft" geändert. Das E für Engelhof und W für Wilhelmsburg im Kreis unter dem Schwan wurde als Unterscheidungsmerkmal der Produkte beibehalten. Die Marke wurde für Sanitärsteingut bis zur Einstellung der Steingutproduktion 1969 in Engelhof verwendet.

Die bis 1969 in Engelhof aus Steingut produzierten Haushaltswaren wurden ab dann aus Porzellan erzeugt. Da die alte Steingutmarke (1945 – 1960) nicht mehr passend erschien, wurden die Porzellan-Erzeugnisse mit der ehemaligen neutralen „Sanitär-Steingutmarke" (1960 – 1969) versehen.

Sanitärmarken für Porzellan

1956 – 1960
Die beginnende Umstellung der Produktion auf Porzellan spiegelte sich in der neuen Marke wieder. Der für die Porzellanprodukte gewählte Name „Austrovit" ergab sich aus der Bezeichnung von Weichporzellan, welches im Englischen „Vitreous china" genannt wird. Die Endsilbe „-vit" von „Austrovit" deutet auf die Verarbeitung von Weichporzellan

Unten:
Porzellan-Sanitärmarke mit Zusatz „Hartsteingut", verwendet in der Werbung

Oben:
Das ÖSPAG-Logo wurde ab 1960 in der Werbung verwendet

Sanitärmarken

hin und „Austro-" auf Austria-Österreich. „Austrovit" = Österreichisches Porzellan. Die Marke lehnte sich an die bestehende Wilhelmsburger Geschirrmarke an. Wilhelmsburg wurde durch Austrovit und der Schwan durch ein Edelweiß ersetzt. Mit dem Namen Edelweiß wählte man ein Wortspiel, welches auf die Qualität der neuen Porzellan-Produkte hinweisen sollte: „Edel" und „weiß"

1960 – 1961
Ende des Jahres 1960 lief die Porzellan-Erzeugung für Sanitärwaren auch in Wilhelmsburg an. Die Engelhofer Marke erhielt beidseitig einen Kreis, in dem sich die Produkte der jeweiligen Werke mit E für Engelhof und W für Wilhelmsburg unterschieden.

1961 – 1969
Anfang des Jahres 1961 wurde die Marke modifiziert. Nun stand der Kristall mit der Werbeaussage „Kristallporzellan" im Vordergrund und der Name „Austrovit" wurde geteilt, um das „Austro" für „Austria" noch mehr hervorzuheben. An der Marke gab es kein Unterscheidungsmerkmal, aus welchem der beiden Werke ein Objekt kam. Das E für Engelhof und das W für Wilhelmsburg wurde den Objekten nach der Entnahme aus der Gipsform mit einem eigenen Stempel eingedrückt.

Die Verwendung des Wortes „Kristallporzellan" führte zu einem Rechtsstreit der verloren ging. „Kristallporzellan" war bereits in Deutschland registriert.

Unten:
Porzellan-Sanitärmarke mit Zusatz „Kristallporzellan", verwendet in der Werbung

Ab 1965 wurde in der Werbung der neue Schriftzug „austrovit" verwendet. Der damaligen Mode entsprechend „klein" geschrieben.

Oben:
Das Logo wurde ab 1965 in der Werbung verwendet

1969 – 1971
Anlässlich einer Überarbeitung der „Lilien-Porzellan"-Geschirrmarke Ende 1969 wurde auch die Sanitärmarke überarbeitet und mit dem seit 1965 in der Werbung verwendeten „austrovit" Schriftzug verjüngt. Auch der Schriftzug „Made in Austria" wurde leicht überarbeitet. Mitte des Jahres 1971 wurde die Marke eingestellt.

1970 – 1974
Ab November 1970 wurde als Marke nur der Schriftzug „austrovit" verwendet. Dem Verzicht auf

Sanitärmarken

den Zusatz „Made in Austria" war ein langer Kampf der Marketingabteilung mit den älteren Herren im Vorstand vorangegangen. Diese waren der Meinung, dass ein solcher Verzicht einem Verlust an Österreich-Bezug gleich käme. Letztendlich überzeugte das Werbeargument, dass ein kurzer einprägsamer Name besser vermarktbar wäre.

Im Zeitraum 1970 – 1974 gab es als Sanitärkatalog einen Ringordner (s. S. 82) der immer wieder mit neuen Blättern ergänzt wurde. Um „alte" Waren, die mit der alten Marke (1969 – 1971) gemarkt war, leichter abverkaufen zu können, wurden in diesem Katalog beide Marken geführt.

Vereinzelt wurde die Marke in der Werbung bis Anfang 1977 verwendet.

In der Werbung wurde auch das geänderte „Laufen Holding AG"-Logo – zu diesem Konzern gehörte die ÖSPAG seit 1967 – verwendet. Unterhalb des Laufen-Logos, einer Flamme im Dreieck, stand der jeweilige Konzern- oder Produktname.

Oben:
Das Logo wurde ab 1967 in der Werbung verwendet

1974 – 1979
Dem Schriftzug „austrovit" wurde das Logo der „Laufen Holding AG" beigefügt. Es war dies der vorsichtige Beginn, die Verbindung zum Laufen-Konzern auch in der Marke sichtbar werden zu lassen.

Schon seit 1972 drängte die Marketingabteilung auf eine Vereinheitlichung der Marken sowohl in der Werbung als auch auf den Objekten innerhalb der „Laufen Holding AG". Die Österreichischen (austrovit), Schweizer (Laufen), Französischen (Pillivuyt) und Deutschen (Sintherit) Waren wurden gemeinsam angeboten. Österreichische Kunden kauften aber vor allem vertraute und die den heimischen Normen entsprechenden ÖSPAG-Produkte, wodurch es immer wieder zu konzerninternen Ärgernissen kam. Man suchte nach einer einheitlichen Markenlösung für alle im Konzern befindlichen Sanitär-Erzeuger.

1979 – 1980
Es kam zu einer einheitlichen Markenlösung für alle im Konzern befindlichen Sanitär-Erzeuger. Innerhalb der ÖSPAG war der zeitliche Ablauf der Markenumstellung von Bedeutung. Händler und Kunden wollte man nicht überfallsartig mit dem neuen Markennamen konfrontieren. Die Marke „austrovit" sollte langfristig durch „LAUFEN" ersetzt werden. Ende 1979 erschien als erste Variante in Großbuchstaben und in einer Zeile „AUSTROVIT" mit dem gleichwertigen Zusatz „LAUFEN".

KERAMIK HOLDING AG LAUFEN

AKTIEN-ZIEGELEI ALLSCHWIL · INCEPA BRASILIEN · AG FÜR
KERAMISCHE INDUSTRIE LAUFEN · KAMIN-WERK ALLSCHWIL
KERA-WERKE AG LAUFENBURG · OESPAG WIEN · SANGRA SA
BARCELONA · TONWARENFABRIK LAUFEN AG · TONWERKE
KANDERN GMBH

Sanitärmarken

1980 – 1981
Ab Mitte 1980 stellte man „AUSTROVIT" über „LAUFEN" und ersetzte das „A" in „LAUFEN" durch das dreieckige „Laufen-Flammenlogo".

1981 – 1986
Ende 1981 wurde getauscht und nun stand „LAUFEN" in der oberen Zeile. Diese Marke wurde mehrere Jahre verwendet, zum letzten Mal wird sie im Katalog 1986 abgebildet.

1986 – 1993
Nach übereinstimmender Auskunft der Händler stellte die Markenumstellung kein Problem mehr dar. Die Kunden begannen „Laufen" als österreichische Marke anzusehen. Somit konnte die endgültige Umstellung von „AUSTROVIT" auf „LAUFEN" abgeschlossen werden, und im August 1986 zierte das neue Logo erstmals eine Broschüre.

Das „neue" Logo fand allerdings in der Schweiz bereits seit Mitte der 1970er-Jahre mit Ausnahme einer kurzen Unterbrechung Verwendung.

1993 – 1999
Das Flammendreieck in der „Laufen"-Marke, nun auf einen schrägen Strich reduziert, wurde zum gemeinsamen Erkennungszeichen der internationalen „Keramik LAUFEN AG"-Gruppe.

1999 – 2009
Der dynamischeren Erscheinung wegen wird die „LAUFEN"-Marke seit 1. Dezember 1999 auf Sanitärobjekten gut sichtbar in abgerundeter Schrift aufgebracht. Für Marketingzwecke bleibt das 1993 eingeführte Logo wie bisher in Verwendung.

Oben:
Porzellan-Sanitärmarke mit Zusatz „bathrooms", ab Anfang der 1990er-Jahre

Linke Seite:
Werbung 1972,
Keramik Holding AG Laufen

Produktionsablauf

Produktionsablauf
am Beispiel des Waschtisches „Living City"

Rohstoffe und Massen: Sanitärobjekte bestehen hauptsächlich aus Materialien wie Ton, Kaolin, Quarz, Feldspat und Farbkörper, den Grundbestandteilen keramischer Massen und Glasuren. Entsprechend den angestrebten Eigenschaften werden diese Rohstoffe unter Zugabe von Wasser zu Gießmasse (Schlicker) oder Glasuren verarbeitet.

Formgebung: Mit den Konturen des gewünschten Sanitärstückes geformte Hohlräume in Gipsformen werden mit Schlicker befüllt. Der Gips entzieht der keramischen Masse Wasser, an der Gipswand beginnt die „Scherbenbildung". Nach einiger Zeit wird der Restschlicker entleert, es werden die Gipsteile getrennt und die noch feuchten Sanitärapparate entnommen. Waschtische wie der „Living City" entstehen auf modernen „Batteriegießanlagen" mit einer Vielzahl von in einem Paket angeordneten Formen. Die Formen können gemeinsam ein- und ausgegossen werden, eine Reihe von Arbeiten werden automatisch erledigt und mechanische Hilfsmittel erleichtern die Objektentnahme.

Trocknung: Anwendung findet eine der schonendsten Trocknungsmöglichkeiten für Sanitärkeramik. Den Stücken wird Zeit gelassen, ihre überschüssige Feuchtigkeit bei leicht erhöhter Raumtemperatur an die Umgebungsluft abgeben zu können.

Glasieren: Das herkömmlich händische Glasieren mit der Spritzpistole wird vielfach von elektronisch gesteuerten Glasierrobotern übernommen. Dem Menschen erspart diese Automatisierung den Aufenthalt im ungesunden „Glasurnebel". Kleinserien, übergroße Stücke, Muster- und Sonderanfertigungen werden weiterhin mit der Hand glasiert.

Dekor: Auf die rohe Glasur bekommt jedes Objekt ein „Laufen"-Logo aufgeklebt. Weitere Objekte werden zusätzlich mit Katalog- oder Kundendekoren versehen.

Brand: Eine Brenntemperatur von 1230 Grad Celsius lässt Glasur und Dekoration dauerhaft und abriebfest miteinander verschmelzen.

Oberflächenvergütungen:
„WonderGliss" Eine Oberflächenbeschichtung mit kalk-, wasser- und schmutzabweisenden Eigenschaften. Die selbsthärtende „WonderGliss"-Beschichtung wird auf bereits gebrannte Stücke aufgebracht.

„LCC" (LaufenCleanCoat) Wie bei „WonderGliss" wird eine Beschichtung auf schon fertige Sanitärstücke aufgetragen. Im Anschluss daran kommen die Stücke aber nochmals in einen Ofen mit über 1200 Grad Celsius

Mitte:
Logo „Wonder Gliss"

Unten:
Logo „LCC"

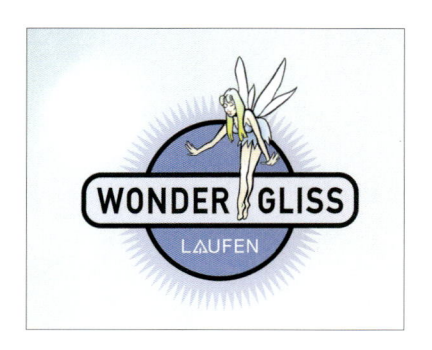

Produktionsablauf

Brenntemperatur. Durch das Verschmelzen von Glasur und Beschichtung entsteht eine qualitativ noch hochwertigere Oberfläche.

Sortieren: Jedes Stück wird qualitätsgeprüft, und nur fehlerlose Apparate werden zur Endbearbeitung zugelassen.

Endprüfung: Funktion, Montageflächen und Dichtheit. Kleine Nacharbeiten.

Verpackung: Einzelverpackung und Lagererfassung.

Lager/Expedit: Fertigwarenlagerverwaltung und Versandabteilung bilden die Nahtstelle zwischen Produktion und Spediteuren, Großabnehmern, Detailhändlern und Endkunden.

Oben:
Waschtisch „LIVING CITY",
Dekor „Libellen orange"

Links:
Waschtisch „LIVING CITY",
Dekor „Magnolie schwarz"

Anhang II

Sommerseminare für Keramik

Sommerseminare für Keramik

Werk Engelhof bei Gmunden

Das erstmals im Jahre 1963 stattgefundene „Sommerseminar für Keramik" kam auf Grund von Bemühungen des „Josef Hoffmann-Seminares für keramische Gestaltung" in Wien zustande. Das „Josef Hoffmann-Seminar" wurde am 16. November 1961 von den akademischen Keramikern Alfred Seidl[1] und Kurt Ohnsorg gegründet. Kurt Ohnsorg, einer der führenden Vertreter der österreichischen und europäischen Keramik, gab bei der Gründung des „Josef Hoffmann-Seminares" folgende Erklärung ab: *Wer sich der Mühe der Beherrschung der Materie nicht unterzieht, bei dem kann sowohl Persönlichkeit als auch Künstlerschaft als fragwürdig gelten. Diese Verantwortlichkeit hat uns zur Idee des Hoffmann-Seminars geführt.*

Mit Alfred Seidl und ausgesuchten Schülern ging Ohnsorg in seiner eigenen Werkstätte und als Konsulent im Werk Wilhelmsburg der ÖSPAG an die Arbeit. Erstmals gezeigt wurden seine Arbeiten von April bis Mai 1962 im Österreichischen Museum für angewandte Kunst[2] unter dem Titel „Keramische Unikate und Strukturen".

Nach kleineren Ausstellungen und der Beteiligung an der internationalen Keramikausstellung in Prag 1962 vertraten Ohnsorg und weitere Künstler wie Günter Praschak[3] und Walter Eckert[4] das „Josef Hoffmann-Seminar" bei der im Mai 1963 erfolgten Eröffnung des „Austrian Institut" in New York. Im selben Jahr begann Ohnsorg mit der Planung für die Abhaltung eines Keramischen Symposions in Österreich.

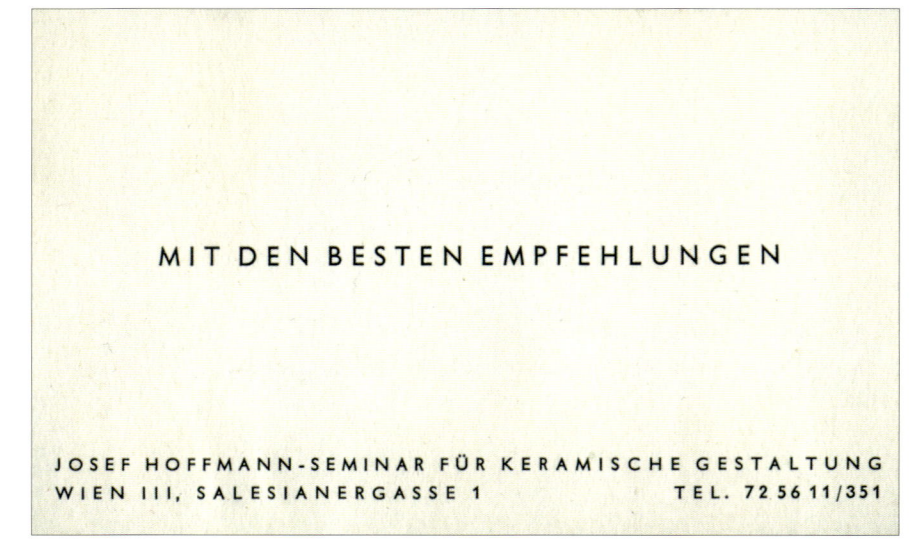

MIT DEN BESTEN EMPFEHLUNGEN

JOSEF HOFFMANN-SEMINAR FÜR KERAMISCHE GESTALTUNG
WIEN III, SALESIANERGASSE 1   TEL. 72 56 11/351

Oben:
Prof. Alfred Seidl (1919 – 2007)

Mitte:
Prof. Kurt Ohnsorg (1927 – 1970)

Rechts:
Visitenkarte „Josef Hoffmann-Seminar für keramische Gestaltung"

Rechte Seite:
Günter Praschak, Relief, ausgestellt in New York, 1963

[1] 1969 wurde Alfred Seidl der Professorentitel verliehen
[2] heute „Universität für angewandte Kunst"
[3] Günter Praschak (1949-) – Professor an der „Hochschule für künstlerische und industrielle Gestaltung" Linz (heute Universität) und Oberösterreichischer Kulturpreisträger
[4] Walter Eckert (1913 – 2001) – Präsident der Wiener Sezession, Rektor der „Akademie der bildenden Künste" Wien und Niederösterreichischer Kulturpreisträger

137

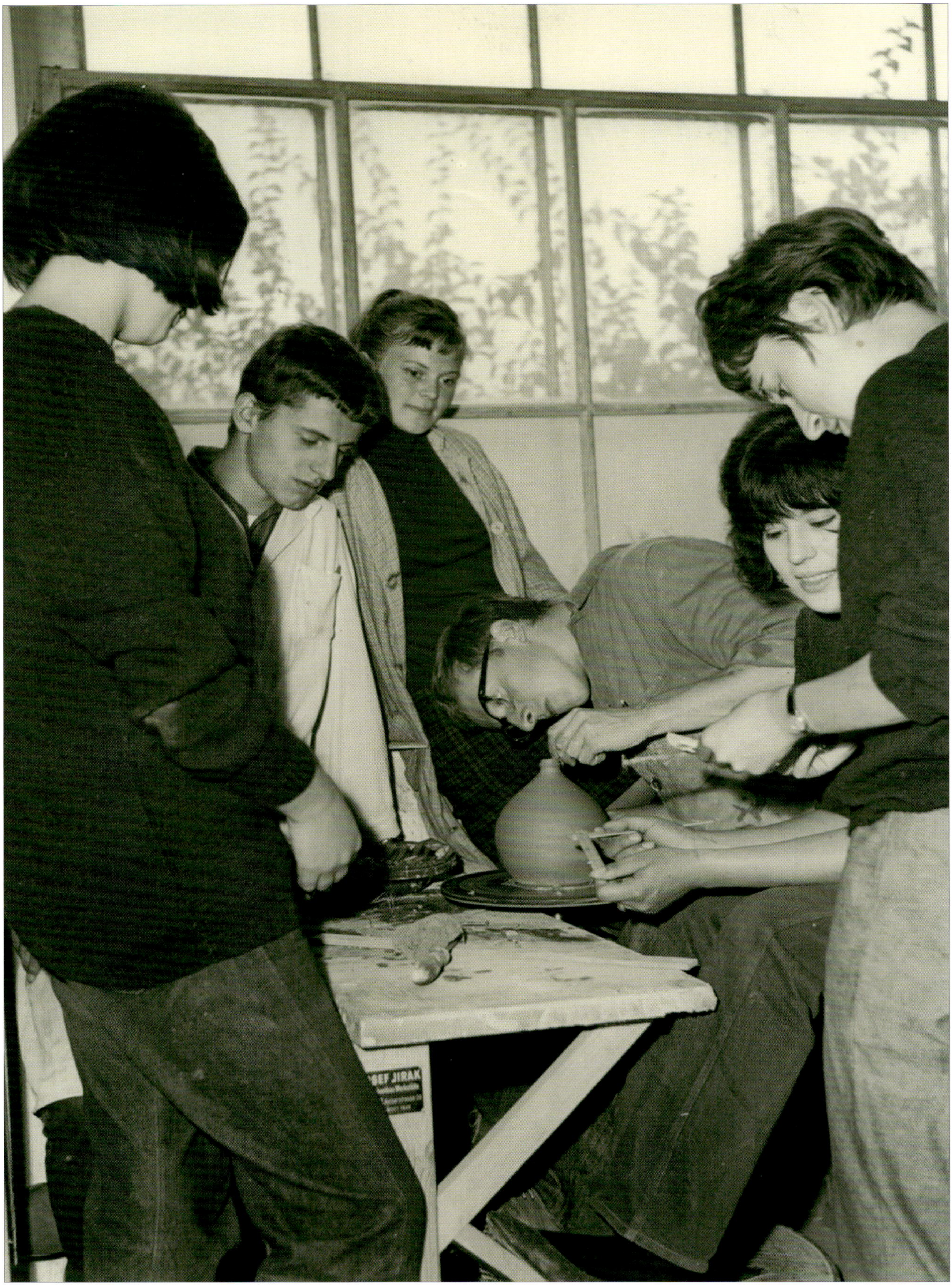
JIRAK

Sommerseminare für Keramik

Gmundner Sommerseminar für Keramik 1963

1963 fand sowohl im Werk Engelhof als auch in der Keramikwerkstätte und im Atelier der Privatvilla von Franz Schleiss das erste „Sommerseminar für Keramik" in Österreich statt. Die Initiative ging vom „Josef-Hoffmann-Seminar" aus und fand unter der Leitung von Kurt Ohnsorg statt. Ohnsorg übernahm dabei eine Idee des Bildhauers Karl Prantl[1], der schon mehrere Symposien für Bildhauer im Steinbruch Sankt Margarethen/Burgenland veranstaltet hatte.

Im Engelhofer Werk wurde die Durchführung der Veranstaltung von Werksdirektor Fritz Lischka, Studienkollege und Freund von Kurt Ohnsorg, und Firmenchef Dr. Lester, der die Förderung bildender Künstler stets wohlwollend unterstützte, ermöglicht.

Für die Teilnehmer war es eine rare und kostengünstige Gelegenheit, die Umsetzung künstlerischer Ideen mit den Fertigungstechniken eines Industriebetriebes in Einklang zu bringen. Den ausschließlich österreichischen Künstlern, sowie Schülern der Keramikschule Stoob[2] und der Linzer Kunstschule[3], wurden Räumlichkeiten zur Verfügung gestellt. Der Ton stammte aus Oberösterreich, und die Glasuren stellten beide Betriebe zur Verfügung. Gebrannt wurden die Exponate sowohl in Engelhof als auch in der Keramikwerkstätte Schleiss.

Zwar war Ohnsorg von den Ergebnissen nicht überzeugt, doch sammelte er wichtige Erkenntnisse, die er in die folgenden Engelhofer Symposien einfließen ließ. Vor allem aber hatte er erkannt, dass, um die künstlerische Qualität entscheidend verbessern zu können, auch ausländische Künstler eingeladen werden mussten. Die Veranstaltung würde dadurch im In- und Ausland auch auf größeres Interesse stoßen.

Künstlerische Verantwortung und Leitung: Kurt Ohnsorg (Österreich)
Teilnehmer: Kurt Ohnsorg, Günther Praschak, Ernst Riedler, Alfred Zinhobl und Schüler der Keramikschule Stoob und der Linzer Kunstschule (alle Österreich).

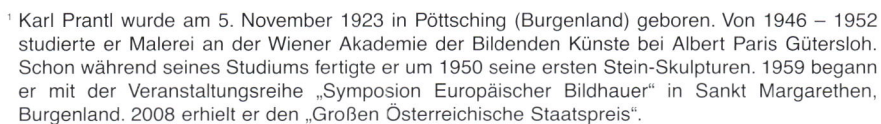

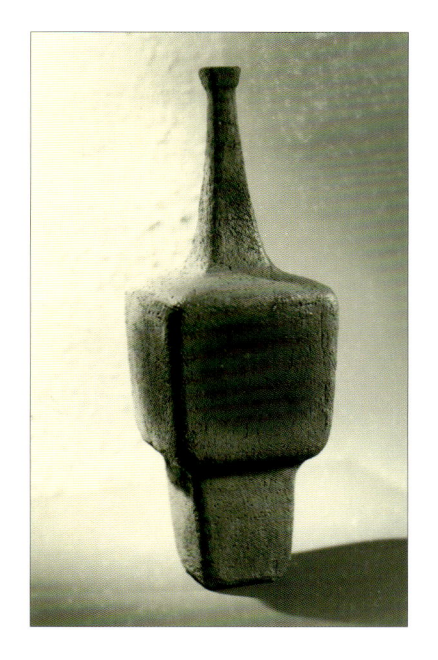

Oben:
Objekt, Günter Praschak

Linke Seite:
Teilnehmer der Keramikschule Stoob und der Linzer Kunstschule

Unten links und rechts:
Objekt, Waltraud Thalhammer, auf der Rückseite bestätigt von Kurt Ohnsorg

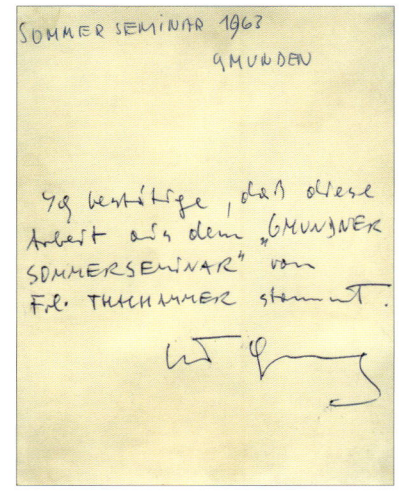

Nächste Doppelseite:
Objekte, Günter Praschak und Bestätigung seiner Teilnahme am Gmundner Sommerseminar für Keramik 1963
Unterschriften: Franz Schleiß und Kurt Ohnsorg

---
[1] Karl Prantl wurde am 5. November 1923 in Pöttsching (Burgenland) geboren. Von 1946 – 1952 studierte er Malerei an der Wiener Akademie der Bildenden Künste bei Albert Paris Gütersloh. Schon während seines Studiums fertigte er um 1950 seine ersten Stein-Skulpturen. 1959 begann er mit der Veranstaltungsreihe „Symposion Europäischer Bildhauer" in Sankt Margarethen, Burgenland. 2008 erhielt er den „Großen Österreichische Staatspreis".
[2] Landesfachschule für Keramik und Ofenbau Stoob, Burgenland
[3] 1973 wurde aus der „Kunstschule der Stadt Linz" eine Hochschule und im Jahr 2000 eine Universität: „Universität für künstlerische und industrielle Gestaltung Linz"

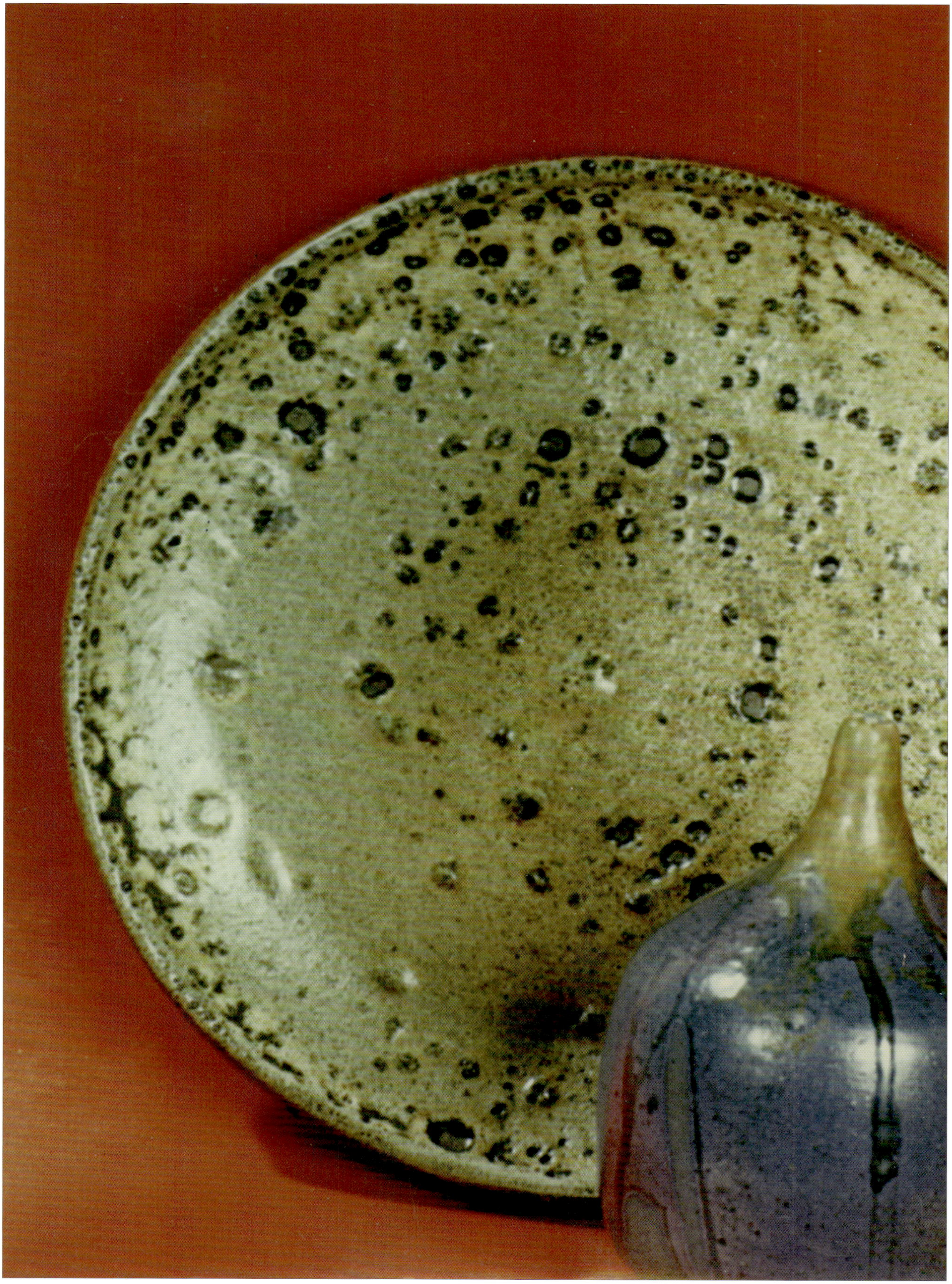

GMUNDNER SOMMERSEMINAR FÜR KERAMIK 1963

Wir bestätigen

Herrn Günter P r a s c h a k

die Teilnahme am Ersten Gmundner Sommerseminar und sprechen unsere Anerkennung für die eifrige Mitarbeit aus.

Für den Veranstalter:　　　　　　Für die Seminarleitung:

Gmunden, September 1963

Sommerseminare für Keramik

Internationales Sommerseminar für Keramik 1964

Ohnsorgs Bestrebungen, der Bedeutung der Seminarveranstaltung mehr Aufmerksamkeit zu verschaffen, führten zum ersten „Internationalen Sommerseminar für Keramik". Veranstaltungsorte waren Ohnsorgs Privatatelier und das Werk Engelhof. In Engelhof wich die kritische Einstellung der Firmenmitarbeiter den aus 6 Ländern stammenden Künstlern gegenüber ziemlich rasch und machte einer zunehmenden Unterstützung Platz. Dazu der Seminarleiter Kurt Ohnsorg: *Ein schönes Erlebnis war für uns die Wandlung in der Stellungnahme der Belegschaft des Werkes. Die natürliche anfängliche Skepsis unserer Tätigkeit gegenüber, verwandelte sich in eine echte Hilfsbereitschaft und Achtung voreinander. So halfen uns alle weit über ihre eigentliche Pflicht hinaus, und zwar völlig unaufdringlich und geräuschlos. Man hatte den Eindruck, dass das Gelingen des Seminars als Anliegen des Betriebes betrachtet wurde, so dass die letztlichen Ergebnisse eigentlich nicht alleine unser Werk darstellten*[1]. Nach erfolgreich beendeter Arbeit wurden die Seminarobjekte in Ohnsorgs Garten in Gmunden ausgestellt. Den Seminarabschluss bildete eine Vernissage mit Medienvertretern und honorigen Gästen, allen voran der Landeshauptmann von Oberösterreich.

Künstlerische Verantwortung und Leitung: Kurt Ohnsorg (Österreich)
Teilnehmer: Ilona Benkö (Ungarn), Hans Lifka (Schweiz), Edith Mkasza (Österreich), Barbara Nägerl (Österreich), Kurt Ohnsorg (Österreich), E. u. E. Prantner (Österreich), Uta Prantl-Peyrer (Österreich), Sami Rafi (Ägypten), Dorothea Saipt (Österreich), Ursula Schröcksnadel (Österreich), Zbynek Sekal (Tschechoslowakei), Vera Szekely (Frankreich), Ulrike Vukovich (Österreich)

[1] Folder „Internationales Sommerseminar für Keramik", 1964

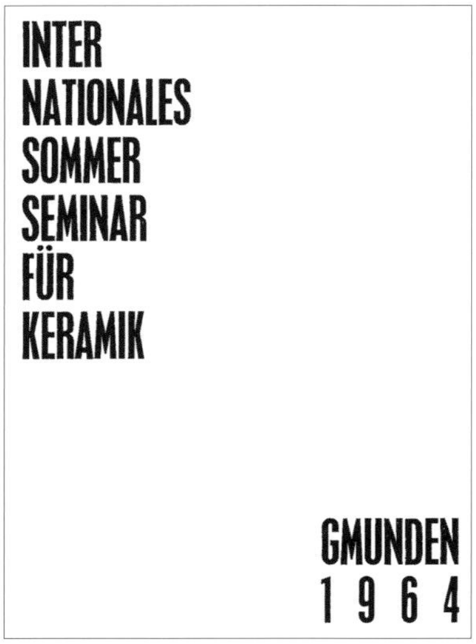

Oben:
Broschüre über das Symposion 1964

Rechts:
Ausstellung in Kurt Ohnsorgs Garten

Mitte:
Objekt, Uta Prantl-Peyrer (Österreich)

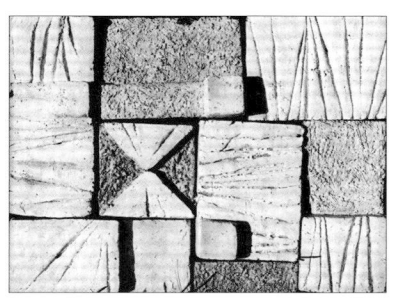

Oben:
Objekt, Sami Rafi (Ägypten)

Rechte Seite:
Objekt, E. u. E. Prantner (Österreich)

143

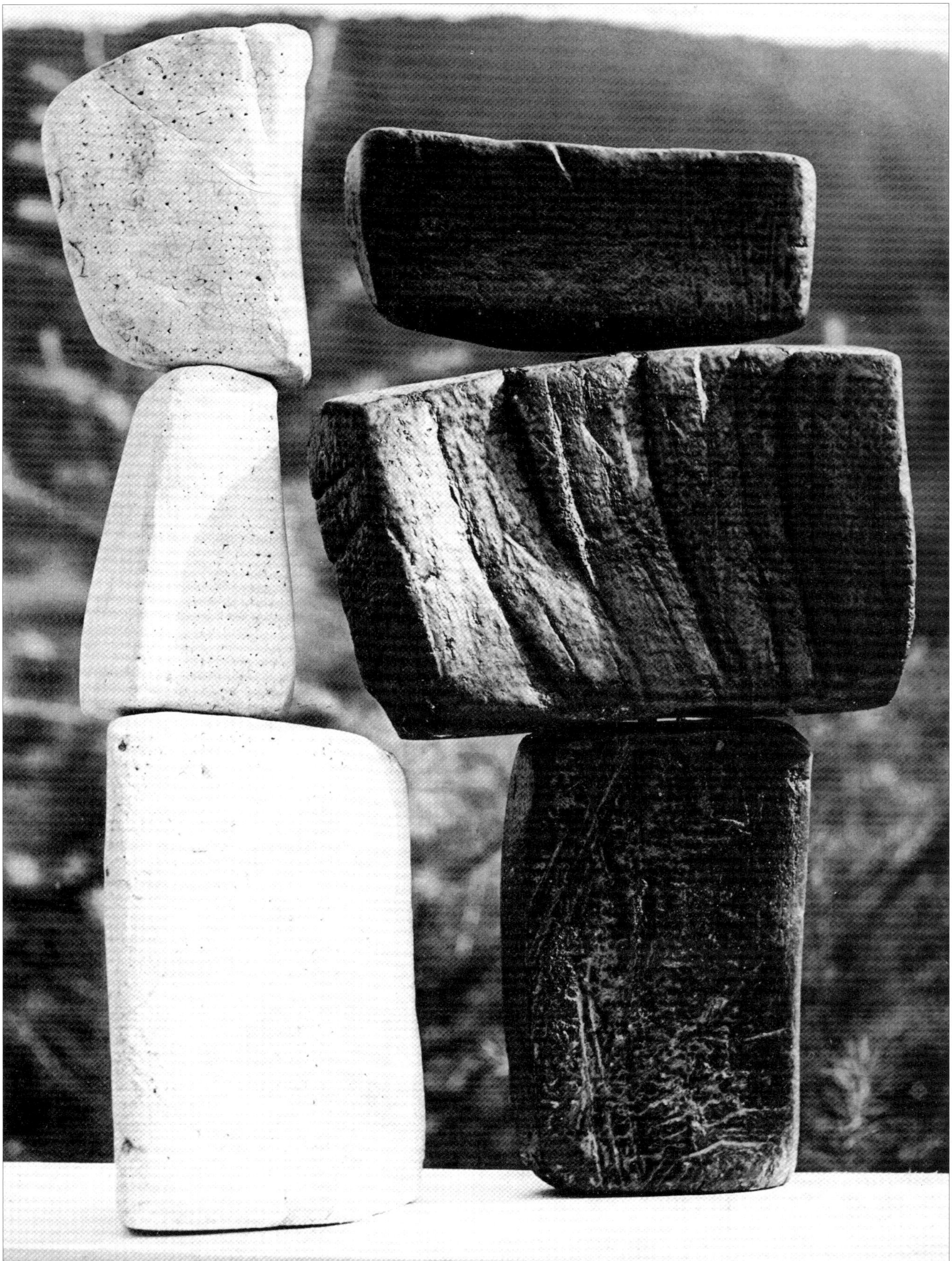

Sommerseminare für Keramik

Internationales Sommerseminar für Keramik 1965

Von Mitte Juni bis Ende August 1965 wurde im Werk Engelhof und im Atelier Kurt Ohnsorgs das zweite „Internationale Sommerseminar für Keramik" abgehalten. Diesmal waren Künstler aus 11 Ländern bei gemeinsamer Arbeit vereint. Da sie sich im Werk frei bewegen durften, kam es durch unbedachte Handlungen immer wieder zu Störungen im Produktionsablauf. Diesen wurden aber weder von den Mitarbeitern noch von Werksdirektor Lischka besondere Bedeutung zugemessen. So notierte man von Symposionsteilnehmern verursachte Schäden an Sanitärstücken unter Transport- oder Lagerschäden.

Die fertigen Arbeiten wurden unter großem öffentlichen Interesse wiederum in Ohnsorgs Garten ausgestellt und darüber hinaus von Oktober bis November im Österreichhaus des „Internationalen Künstlerclubs" in Wien.

Künstlerische Verantwortung und Leitung: Kurt Ohnsorg (Österreich)
Teilnehmer: Genia Berger (Israel), Heinz Frech (Österreich), Brian Glover (England), Gerda Lepschi (Österreich), Hans Lifka (Schweiz), Maya Lightbody (Canada), Barbara Nägerl (Österreich), Karel Nepras (Tschechoslowakei), Kurt Ohnsorg (Österreich), Joszef Peri (Ungarn), Anneliese Reischke-Jahn (Deutschland), Ernst Riedler (Österreich), Zbynek Sekal (Tschechoslowakei), Lynn Settje (USA), Anna M. Smith (USA), Vera Szekely (Frankreich), Lubor Tehnik (Tschechoslowakei), Olgierd Truszynski (Polen), Angela Varga (Österreich), Alfred Zinhobl (Österreich)

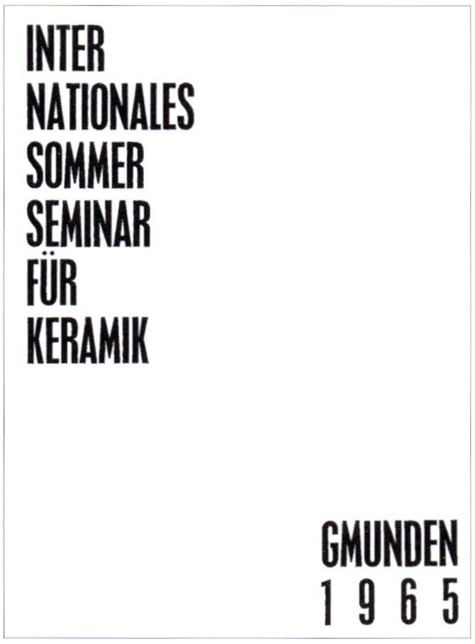

Oben:
Broschüre über das Symposion 1965

Mitte:
Objekt, Lynn Settje (USA)

Links:
Objekt, Ernst Riedler (Österreich)

Linke Seite:
Vera Szekely (Frankreich)

145

Sommerseminare für Keramik

Internationales Sommerseminar für Keramik 1966

Diesmal trafen Keramiker aus sieben Ländern zum Erfahrungsaustausch zusammen. Obwohl, wie in allen Veranstaltungsjahren, die Finanzierung auf wackeligen Beinen stand, hatte das Symposion dank Ohnsorgs unermüdlichem Einsatz inzwischen mediale Bedeutung erlangt und war anerkannt. Die Veranstaltung stand unter dem Ehrenschutz des Landeshauptmannes Dr. Heinrich Gleißner und erhielt Unterstützungen vom Bundesministerium für Unterricht, vom Bundesministerium für Handel und Wiederaufbau, der Oberösterreichischen Landesregierung, der Stadt Gmunden, aber vor allem von der ÖSPAG, vertreten durch deren Generaldirektor Dr. Lester.

In diesem Jahr kam es erstmals zu unliebsamen Vorkommnissen, von denen schließlich auch Dr. Lester erfuhr. Dieser war an sich ein gutmütiger Mensch, doch kam er auch schnell in Rage. Somit war es mit seiner Gutmütigkeit vorbei, als ihm berichtet wurde, dass Symposienteilnehmer im „Namen der Kunst" mit einem Luftdruckgewehr Löcher in rohe, noch nicht gebrannte Klosette schossen, und er von einem weiteren Teilnehmer hörte, der auf ein Klosett „j'aime leur toilette" – „ich liebe ihre Toilette", schrieb.

Dr. Lester war der Meinung, dass Künstler zwar frei im Werk arbeiten, aber ihre Kunstwerke ohne die Verwendung von Produktionsware schaffen sollten. Bei einer Aussprache mit den Künstlern kam es zum Eklat, als einer der Seminarteilnehmer Dr. Lester fehlendes Kunstverständnis vorwarf. Den Rausschmiss dieses Teilnehmers konnte Ohnsorg zwar verhindern, aber ab diesem Zeitpunkt stand Dr. Lester nicht mehr mit voller Überzeugung hinter den Symposien. Auch im Werk begann die Stimmung zu Ungunsten der Künstler umzuschlagen. Zu sehr hatten die Vorfälle auch die Mitarbeiter verstimmt.

Ungeachtet dieser Ereignisse wurden der Öffentlichkeit die fertigen Exponate wieder in Ohnsorgs Garten präsentiert.

Künstlerische Verantwortung und Leitung: Kurt Ohnsorg (Österreich) **Teilnehmer:** Charles K. Baxter (USA), Maud Friedland (Israel), Marian Haissmann-Magelund (Dänemark), Gernot Mühlbacher (Österreich), Barbara Niemann (Österreich), Kurt Ohnsorg (Österreich), Anton Raidel (Österreich), Ernst Riedler (Österreich), Klaus Schultze (Deutschland), Waclaw Serak (Tschechoslowakei), Robert Stultiens (Holland), Alfred Zinhobl (Österreich)

Oben:
Broschüre über das Symposion 1966

Unten:
Objekt, Charles K. Baxter (USA)

Rechte Seite:
Objekt, Kurt Ohnsorg (Österreich)

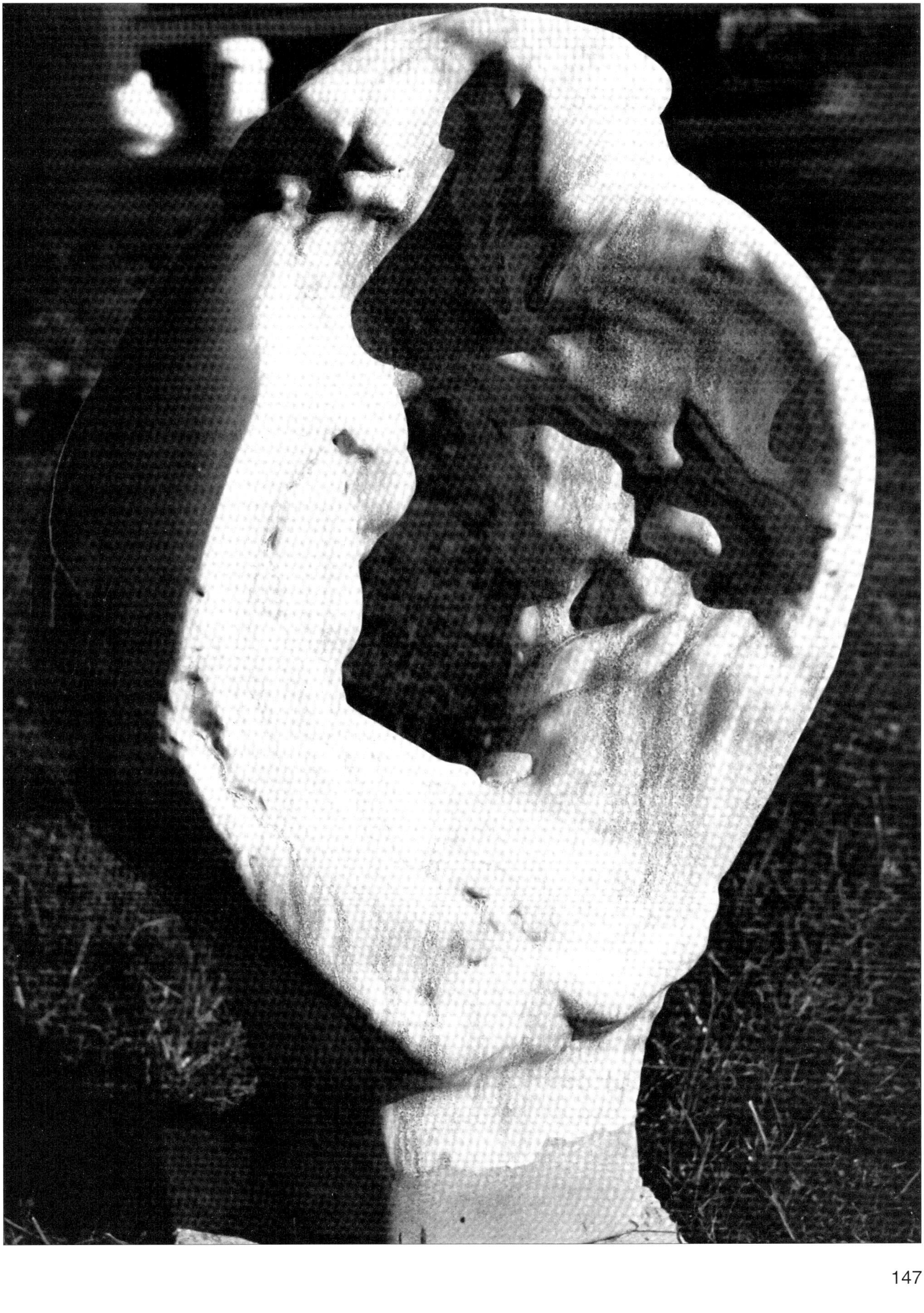

148

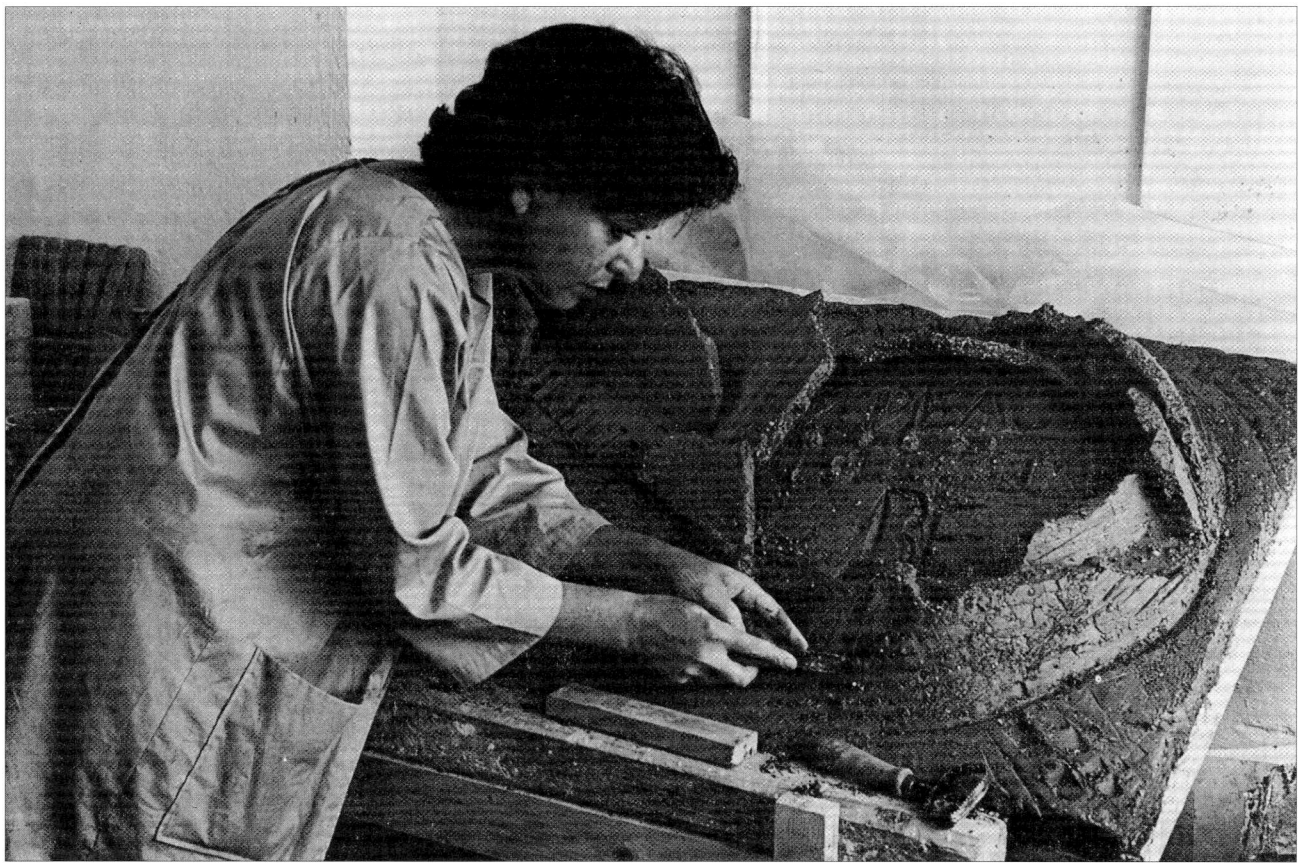

Internationales Sommerseminar für Keramik 1967

Trotz der Vorkommnisse im Jahre 1966 wurde Engelhof wieder zum Treffpunkt von Künstlern aus diesmal 14 Ländern. Offiziell war dies das fünfte „Internationale Sommerseminar für Keramik", was aber nicht stimmte, da erst ein Jahr zuvor das „dritte Internationale Symposion" stattgefunden hatte. Die Ursache für die immer wieder auftauchende Frage nach dem tatsächlichen Beginn der Veranstaltungsreihe war, dass ab 1967 auch das 1963 stattgefundene „Symposium für Keramische Gestaltung" mitgezählt wurde, obwohl daran nur nationale Künstler teilgenommen hatten.

Nach mehrwöchiger Arbeit konnten die Ergebnisse der Teilnehmer im Gmundner „Kammerhof" besichtigt werden. Besonders hatte es der Presse ein Teilnehmer aus Ghana angetan. Zum damaligen Zeitpunkt war ein Afrikaner noch etwas Besonderes in Österreich, und zur Freude der Journalisten erschien er zur Ausstellungseröffnung in seiner Landestracht.

Oben:
Broschüre über das Symposion 1967

Künstlerische Verantwortung und Leitung: Kurt Ohnsorg (Österreich)
Teilnehmer: James Kwame Amoah (Ghana), Perla de Bardin (Argentinien), Leif Helge Enger (Norwegen), Siegfried Enk (Österreich), Helen Goldberg (USA), Hubert Griemert (Deutschland), Bernhard Griessl (Österreich), Hans Haumer (Österreich), Manfred Kohl (Österreich), Rufin Kominek (Polen), Justine Liebmann (Österreich), Hans Lifka (Schweiz), Anders Liljefors (Schweden), Juray Marth (Tschechoslowakei), Patriciou Matteescu (Rumänien), Jean Mayer (Israel), Gdula Ogen (Israel), Kurt Ohnsorg (Österreich), Ernst Riedler (Österreich), Imre Schraml (Ungarn), Gerda u. Kurt Spurey (Österreich), Maria Voyazoglou (Griechenland), Alfred Zinhobl (Österreich)

Mitte links:
Ausstellung im Kammerhof, Gmunden

Mitte rechts:
Objekt Patriciou Matteescu (Rumänien)

Linke Seite oben:
Objekte, Gerda und Kurt Spurey (Österreich)

Linke Seite unten:
Objekt, Helen Goldberg (USA)

Sommerseminare für Keramik

Internationales Sommerseminar für Keramik 1969

6. INTERNATIONALES KERAMIKSYMPOSIUM GMUNDEN 1969

Sonderdruck · kunst+handwerk · 10/69

Oben:
Broschüre über das Symposion 1969

1968 gab es kein Symposion. Somit war das „Internationale Keramiksymposium" mit Teilnehmern aus 11 Nationen im Jahre 1969 das nun sechste dieser Reihe. Zum ersten Mal wurden beide Werke der ÖSPAG, Engelhof und Wilhelmsburg, in das Symposiongeschehen eingebunden. Inzwischen war Professor Kurt Ohnsorg[1] nicht nur als Künstler, sondern auch als Experte für die Abhaltung von Keramiksymposien bekannt geworden. So war er nicht nur Initiator von Symposien in Bechyne (CSSR) 1966, 1967 und 1968, für deren Durchführung er den bekannten tschechischen Keramiker Lubor Tehnik gewinnen konnte, sondern er war auch für Symposien in Israel 1967, in Polen 1968 und in Siklor (Ungarn) 1969 tätig[2]. Für die Jahre 1970 und 1971 zeigten mehrere Länder, darunter Indien und Japan, Interesse an Keramiksymposien unter der Leitung Ohnsorgs. Angeregt durch diese Entwicklung gründete Ohnsorg am Schluss des Symposions 1969 den „Verband Internationaler Keramiksymposien".

Im Werk Engelhof kam es zu zwei Zwischenfällen, die zum vorläufigen Ende der Symposien führen sollten. Bei einem Vorfall konnte noch ein größeres Unglück mit hohen finanziellen Verlusten verhindert werden. Eine Teilnehmerin glasierte ein noch nicht trockenes Objekt und stellte es auf einen Tunnelofenwagen, um es brennen zu lassen. Gerade noch konnte der Betriebsassistent Josef Chroust das Objekt entfernen. Innerhalb des Ofens wäre es wegen des zu hohen Feuchtigkeitsgehalts ziemlich sicher in viele Einzelteile zerplatzt. Das hätte zur Abschaltung des Ofens bis hin zu Tage dauerndem Stillstand führen können.

Der zweite Vorfall verlief weniger glimpflich. Ein Teilnehmer entnahm einem großen Vorratsbehälter einen Becher Glasur. Leider enthielt der Becher noch Reste der Farbe Kobaltblau. Kobaltblau hat die unangenehme Eigenschaft, in nur geringen Mengen hunderte Liter keramische Glasur verunreinigen zu können. Bemerkt wurde das Malheur erst, als die ersten Sanitärstücke mit blauen Flecken aus dem Tunnelofen kamen. Der Ofen musste abgeschaltet und ausgeräumt werden. Die bereits glasierten, aber noch ungebrannten Stücke wurden vernichtet, die kontaminierte Werksglasur entsorgt, und alle mit der verunreinigten Glasur in

Oben:
Prof. Kurt Ohnsorg (Österreich) und Lubor Tehnik (CSSR)

[1] Kurt Ohnsorg wurde 1968 für seine Verdienste der Titel „Professor" verliehen
[2] Beitrag „kunst+handwerk" 10/69

Sommerseminare für Keramik

Berührung gekommenen Teile wie Behälter, Rohrleitungen und Spritzpistolen mussten gereinigt werden. Allein der angerichtete Schaden bei der Glasur betrug 40.000 Schilling[1]. Die Gesamtschadenssumme konnte nicht „weggewischt" werden, und der Vorfall kam der Konzernspitze zu Ohren. Dr. Lester versuchte zwar über den Schaden hinwegzusehen, aber für die neuen Eigentümer der ÖSPAG, die Laufen AG, waren die Symposien ohnehin nur ein Kosten verursachender Störfaktor. Hier bot sich die Gelegenheit, sie abzuschaffen. Auch der Werksdirektor Fritz Lischka vermochte nichts dagegen zu unternehmen. Somit blieb die 1969er-Veranstaltung die vorläufig letzte ihrer Art.

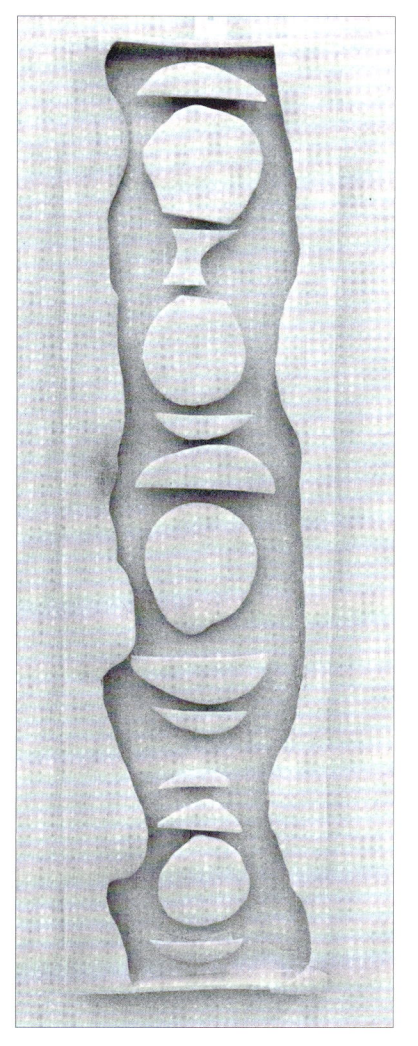

Oben:
Objekt, Lubor Tehnik (CSSR)

Links:
Objekt, Peter Weiss (Österreich)

Künstlerische Verantwortung und Leitung: Kurt Ohnsorg (Österreich)
Teilnehmer: Olugboyega Henry Abiola (Nigeria), Josef Blumenthal (Israel), Tony Franks (England), Yoko Gunji (Japan), David Hamilton (England), Marit Lindberg (Schweden), Janos Majoros (Ungarn), Kurt Ohnsorg (Österreich), Filiz Osgüven (Türkei), Primula Pandit (Indien), Gerda u. Kurt Spurey (Österreich), Aisaku Suzuki (Japan), Lubor Tehnik (Tschechoslowakei), Annerie Teuling (Holland), Peter Weiss (Österreich)

[1] 40.000 Schilling entsprechen im Jänner 2009 11.676 Euro.

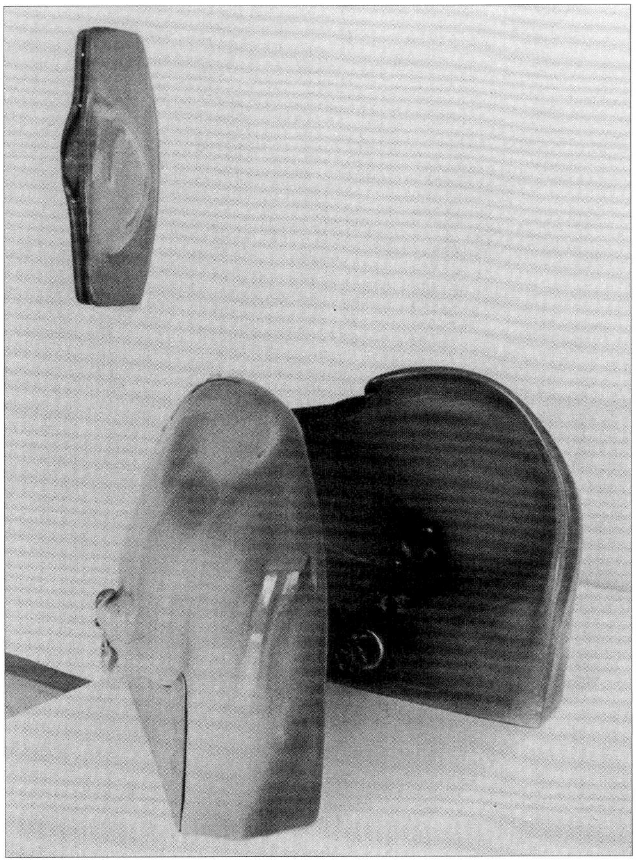

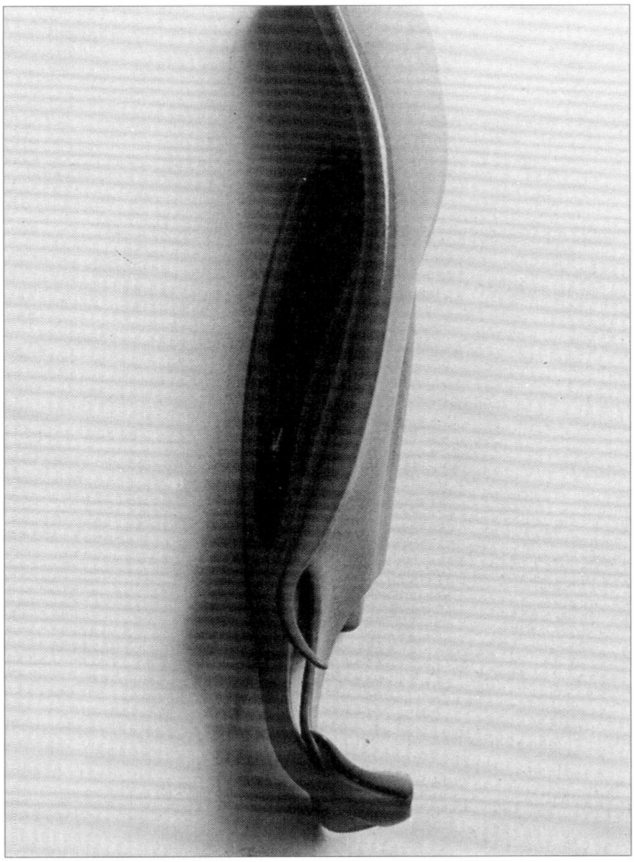

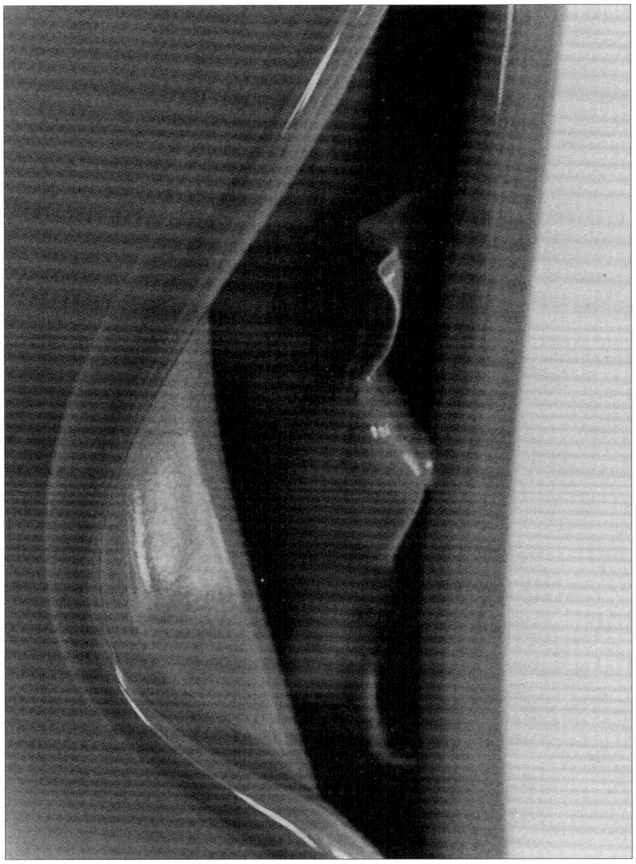

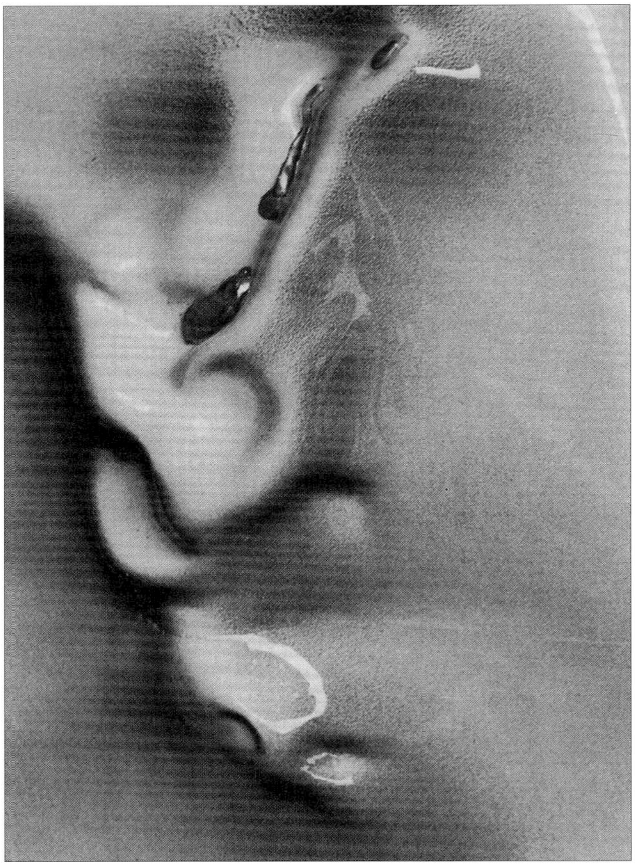

Sommerseminare für Keramik

1970

Am 22. September schied Professor Kurt Ohnsorg freiwillig aus dem Leben.

In der interessierten Öffentlichkeit verbreitete sich daraufhin das Gerücht, dass es deshalb keine weiteren Symposien mehr gab. Doch Ohnsorgs Tod hatte damit nichts zu tun, da mit der Planung für ein „Internationales Sommerseminar 1970" bereits im Herbst 1969 begonnen hätte werden müssen. Es hatten sich einfach die Voraussetzungen für die Abhaltung von Symposien geändert: Dr. Lester war nicht mehr verantwortlich, und die neuen Besitzer wollten diese Art von Veranstaltung nicht mehr.

Internationales Sommerseminar für Keramik 1978

Erst im Jahre 1978 fand wieder ein Symposion in Engelhof statt. Diesmal mit Arbeitsmöglichkeiten im Werk Engelhof und der „Gmundner Keramik". Veranstalter war der „Verband Internationaler Keramik-Symposien", von Ohnsorg 1969 gegründet und nun von Dr. Lester als deren Präsident geleitet. Nach Ohnsorgs Tod 1970 wurde Kurt Spurey künstlerischer Leiter des Verbandes. Nach 9 Jahren Unterbrechung gelang es Spurey, der als

Oben:
Broschüre über das Symposion 1978

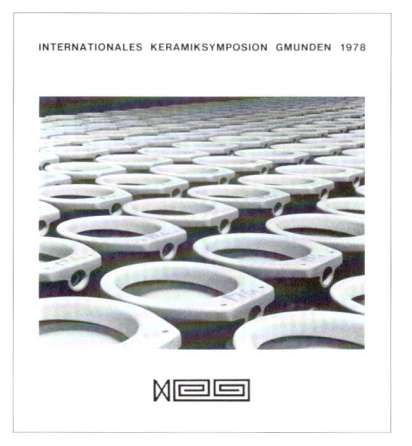

Oben:
Objekt, Jody Baral (USA)

Links:
Objekt, Hans Lifka (BRD)

Linke Seite:
Objekte, Cheryl Russel (Canada)

Sommerseminare für Keramik

Künstler schon an früheren Symposien teilgenommen hatte, wieder ein Sommerseminar mit Teilnehmern aus fünf Ländern zu veranstalten. Dazu Kurt Spurey: *9 Jahre, so lange hat es gebraucht, bis endlich die Geschehnisse des letzten Symposions „vergessen" waren.*

Nach außen blieb diesmal alles ruhig, doch intern führte der Privatauftrag eines Künstlers, der diesen während des Symposions ausführte, zu beträchtlichen Spannungen. Die Abschluss-Ausstellung fand in einer Neubauhalle der „Gmundner Keramik" statt. Zu den von Spurey als gelungen bezeichneten Ergebnissen des Symposions meinte dieser: *Wie interessant auch die im Symposion geschaffenen Werke sein mögen, noch wichtiger sind Eindrücke und Anregungen, die die Teilnehmer mitnehmen und sich nachhaltig auf das weitere Schaffen auswirken.*

Die Prof. Kurt Ohnsorg gewidmete Veranstaltung war das bislang letzte Symposion im Werk Engelhof.

Künstlerische Verantwortung und Leitung: Kurt Spurey (Österreich) **Teilnehmer:** Carol Abraham (USA), F. J. Altenburg (Österreich), Jody Baral (USA), Peter Hotzy (Österreich), Paul Lester (Österreich), Hans Lifka (Schweiz), Christian Pasuello (Canada), Günther Praschak (Österreich), Cheryl Russel (Canada), Kurt Spurey (Österreich), Ingeborg Strobl (Österreich), Uke Kensaku (Japan), Shohei Yuasa (Japan), Alfred Zinhobl (Österreich)

Oben:
Objekte, Shohei Yuasa (Japan)

Mitte:
Objekt, Franz Josef Altenburg (Österreich)

Rechts:
Folder „Keramiksymposium Gmunden 2003"

Rechte Seite:
Von links oben nach rechts unten:
Objekt, Alfred Zinhobl (Österreich)
Objekt, Kensaku Uke (Japan)
Objekt, Paul Lester (Österreich)
Objekt, Carol Abraham (USA)

2003
Wiederbeginn der Symposien in Gmunden

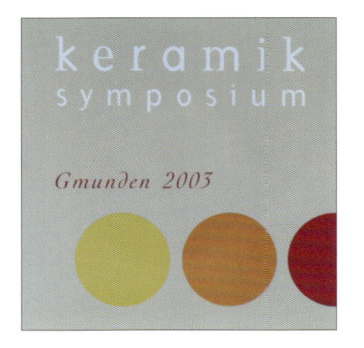

Im Jahre 2003 leitete in Gmunden ein Teilnehmer des Symposions 1966, der in Frankreich und Deutschland lebende Klaus Schultze, das wieder ins Leben gerufene Keramiksymposion. Das Werk Engelhof, der nunmehrigen „Laufen Austria AG" zugehörig, war daran nicht beteiligt, unterstützte die Veranstaltung aber, indem sie seine Feinfeuerton-Masse gratis zur Verfügung stellte.

155

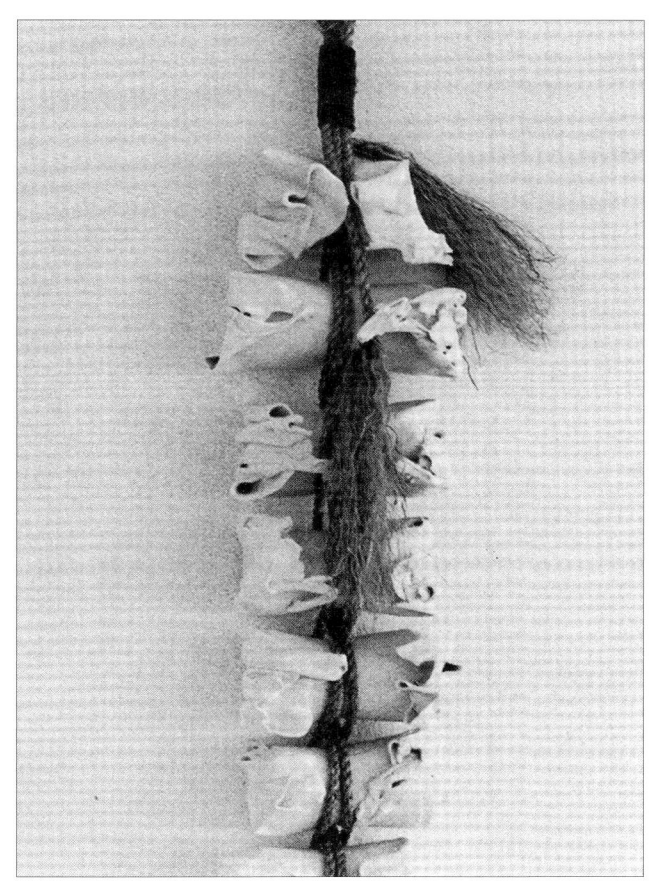

Stadtwappen

Das Stadtwappen
über dem Kammerhoftor

Da die Stadt Gmunden kein künstlerisch gestaltetes Stadtwappen in repräsentativer Größe besaß, fertigten Kurt Ohnsorg und der schwedische Symposionteilnehmer Anders Liljefors als Zeichen des Dankes für die finanzielle Unterstützung der Stadt, im Anschluss an das Symposion 1967, ein Stadtwappen an. Dieses Keramikwappen wurde noch im selben Jahr über dem Trauntor des Kammerhofgebäudes befestigt.

Ursprünglich plante man, die Wappenteile einzeln in die Mauer des Kammerhofs einzufügen. Das musste aus statischen Gründen verworfen werden. Darauf entschied sich Ohnsorg für eine Unterkonstruktion aus Eisen. Witterungsbedingt begannen nach Jahrzehnten kleine Keramikstücke von der zirka 500 kg schweren Plastik abzufallen. Diese Gefahrenquelle wurde im Jahre 2000 bei der Sanierung der Kammerhoffassade beseitigt, indem das ganze Wappen abgenommen und renoviert wurde.

Die Abnahme, Restaurierung und Wiederbefestigung des Werkes lag in der Obhut des damaligen Engelhofer Laborleiters Alfred Zinhobl, der schon bei der Entstehung des Wappens für die richtigen Masse- und Glasurzusammensetzungen verantwortlich war. Bei der Wiedermontage wurde auf besseren Witterungsschutz geachtet, indem man das Wappen tiefer in das Mauerwerk einbettete.

Unten:
Prof. Kurt Ohnsorg begutachtet das Gmundner Stadtwappen, 1967

Unten:
Anders Liljefors (Schweden), Symposionteilnehmer 1967 und Mitgestalter am Gmundner Stadtwappen

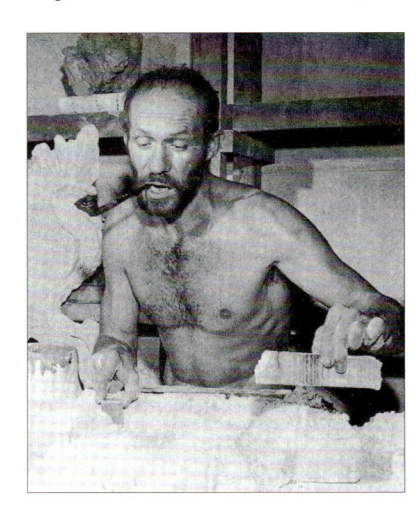

Rechts:
Trauntor, Kammerhof Gmunden, 2008

Rechte Seite:
Sandgussplastik,
Stadtwappen Gmunden

Stadtrecht

seit 1278

Anhang III

Katalog 1935

Katalog 1935

Unten links:
Deckblatt Katalog, Anfang 1925

Unten rechts:
Beiblatt, 1925

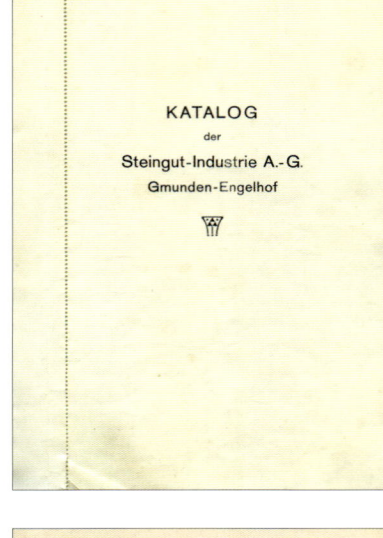

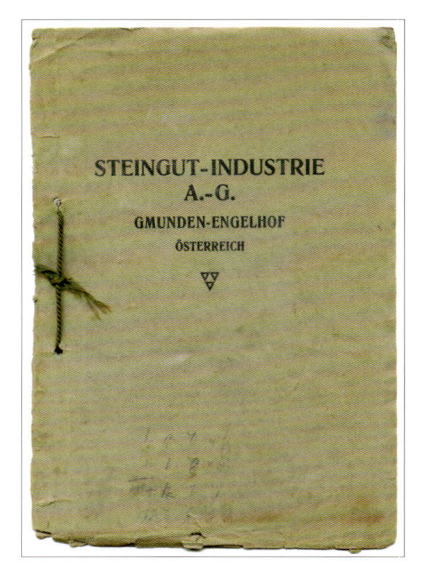

Oben links:
Deckblatt Katalog um 1927

Oben rechts:
Katalogblatt, Anfang der 1930er-Jahre

Rechte Seite:
Deckblatt Katalog, 1935

Der erste Katalog erschien Anfang 1925. Zu einem Zeitpunkt, als die AG noch in Planung war. Vorder- und Rückblatt sowie die Produktionsblätter dazwischen wurden nur gelocht und mit einer Kordel zusammengebunden. Der Umfang des anfänglichen Produktionsprogramms betrug 19 Sanitärmodelle. Geschirr wurde in diesem und in weiteren Katalogen nicht angeboten. Geschirrteile wurden abhängig von Größe und Form mit den Sanitärstücken mitgebrannt. Die erzeugte Stückzahl variierte und blieb unbedeutend. Das Hauptaugenmerk galt der Sanitärproduktion.

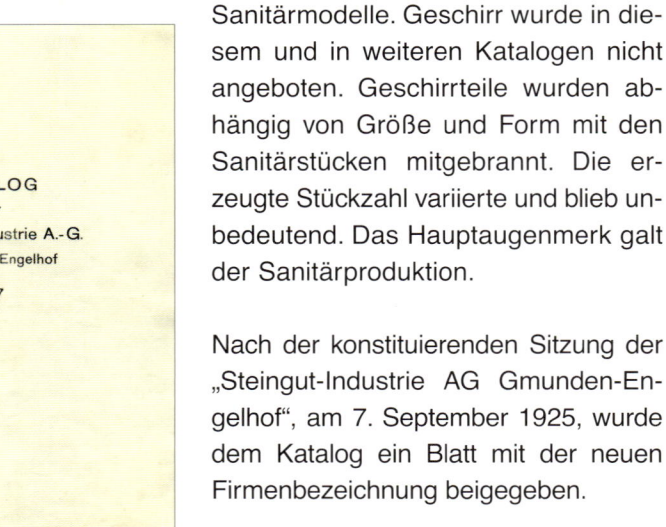

Nach der konstituierenden Sitzung der „Steingut-Industrie AG Gmunden-Engelhof", am 7. September 1925, wurde dem Katalog ein Blatt mit der neuen Firmenbezeichnung beigegeben.

Im nächsten Katalog, um etwa 1927, stand der Firmenwortlaut bereits auf dem Vorderblatt. Auch im Innenteil war nun jedes Blatt firmenmäßig gekennzeichnet. Interessant sind ab Anfang der 1930er-Jahre beigefügte viersprachige Ergänzungsblätter. Diese lassen auf vermehrte Exportgeschäfte schließen.

Auf den folgenden Seiten wird der umfangreiche Katalog von 1935 abgebildet. Erstmals wird darin die am 7. Dezember 1931 eingetragene „Schutzmarke" verwendet. Ebenfalls erstmalig erschien der Katalog mit einem Umschlag, war aber wie seine beiden Vorgänger gelocht und mit einer Schnur zusammengehalten. Viele der in diesem Katalog abgebildeten Sanitärobjekte blieben durchgehend bis weit in die 1960er-Jahre im Programm.

All diesen Katalogen gleich war ihre lange Gültigkeit. Durch das Binde-System konnten sie immer auf aktuellem Stand gehalten werden. Bei einer Produkterweiterung wurden Blätter hinzugefügt, bei einer Reduzierung Blätter entfernt. Erst in den 1940er-Jahren wich das Binde- dem Ringordner-System, welches ein einfacheres Wechseln der Blätter erlaubte.

STEINGUT — GMUNDEN — AUSTRIA

STEINGUT-INDUSTRIE A.-G.
GMUNDEN-ENGELHOF

STEINGUT-INDUSTRIE A.-G.
GMUNDEN-ENGELHOF

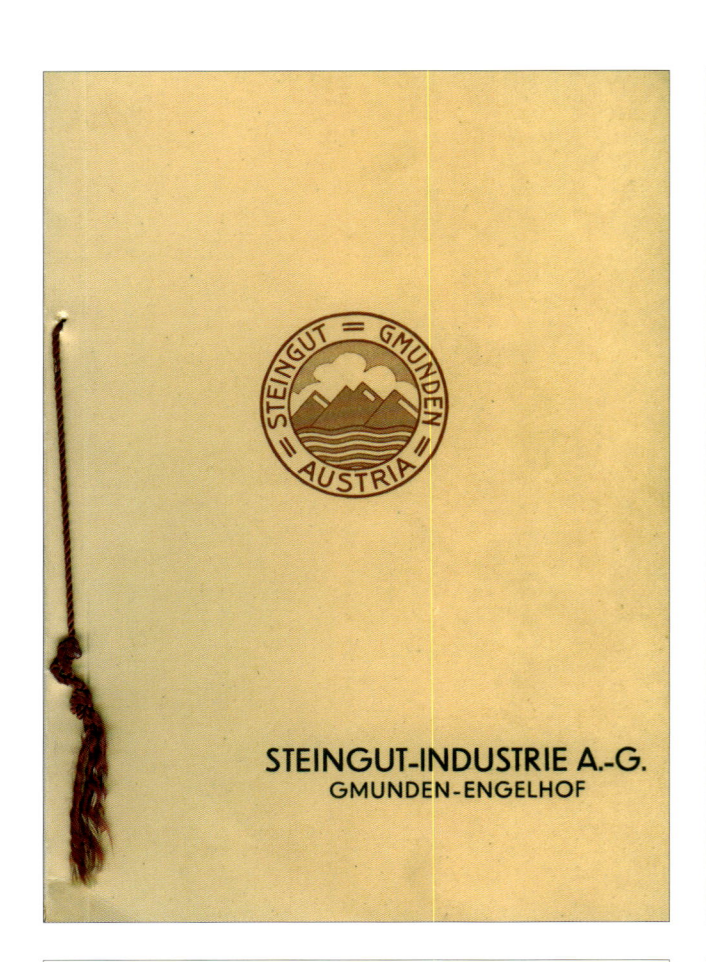

STEINGUT-INDUSTRIE A.-G.
GMUNDEN-ENGELHOF

SANITÄRE GEBRAUCHSGEGENSTÄNDE
AUS ÖSTERREICHISCHEM
QUALITÄTS-STEINGUT

Steingut-Industrie A.-G., Gmunden-Engelhof
Ober-Österreich
Telephon: Gmunden 107 · Telegramm-Adresse: Steingut Gmunden-Engelhof
Bahnstation: Engelhof, eigenes Anschlußgleis

Wiener Verkaufsbüro: Wien IV, Prinz Eugen-Straße 4
Telephon: U 41-5-90

Fabrikslager: Wien II, Nordbahnhof, Mag. 10
Telephon: R 43-0-55

CHWALA'S DRUCK. WIEN VII.

Unsere

sanitären Erzeugnisse

werden mit den modernsten technischen Hilfsmitteln hergestellt und zählen anerkannt zu den vollkommensten auf diesem keramischen Spezialgebiet

Wir liefern alle in Frage kommenden Gegenstände

a) in Qualitäts-Hartsteingut,
b) in doppeltstarker „AUSTRIA"-Spezial-Ausführung.
Bester Ersatz für teure Luxuserzeugnisse.

Die undurchlässige Struktur unseres Spezialmaterials und die glasartig mit dem Scherben verschmolzene haarrißfreie Glasur genügen den höchsten hygienischen Anforderungen. Der verfeinerten Geschmacksrichtung wird durch neuzeitliche, gefällige Modelle Rechnung getragen.

Jedes Stück ist mit unserer Schutzmarke versehen.

Steingut-Industrie A.-G.
Gmunden-Engelhof

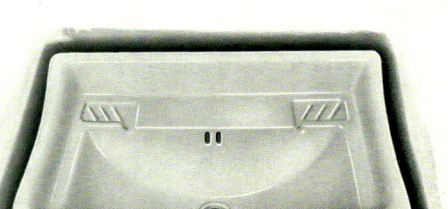

Normal-Waschtisch
mit Rückwand und drei durchschlagbaren Hahnlöchern

Mit kombiniertem Ab- und Ueberlauf Nr.	Mit kombiniert. Ab- und Ueberlauf und Schalthebelloch Nr.	Außenmaße cm	Becken cm	Mittenentfernung der Hahnlöcher cm	Gewicht kg
100	100/B	76×57	59×39	20	23
101	101/B	69×49,5	52×31	20	15
102	102/B	64,5×47	49×29	20	14,5
103	103/B	59×45	44×28,5	18	12,5
104	104/B	54,5×40,5	42×24,5	18	11
105	105/B	49×40	37×24,5	14	9

Die Waschtische Nr. 102 und Nr. 103 werden unter der Nr. 402 (19 kg) und Nr. 403 (17,5 kg) auch in unserer doppeltstarken Austria-Qualität geliefert.

Steingut-Industrie A.-G.
Gmunden-Engelhof

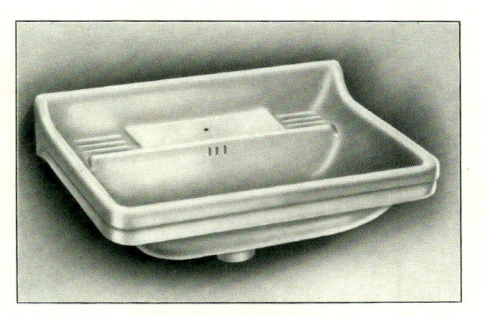

Vollraum-Normalwaschtisch
mit profiliertem Wulstrand, Rückwand und drei durchschlagbaren Hahnlöchern

Mit kombiniertem Ab- und Ueberlauf Nr.	Außenmaße cm	Becken cm	Mittenentfernung der Hahnlöcher cm	Gewicht kg
101 V	69×49,5	62×31	20	19
102 V	64,5×47	59×29	20	16,5
103 V	59×45	53×28,5	18	15,5
104 V	54,5×40,5	47,5×24,5	18	12
105 V	49×40	42,5×24	15	11

Steingut-Industrie A.-G.
Gmunden-Engelhof

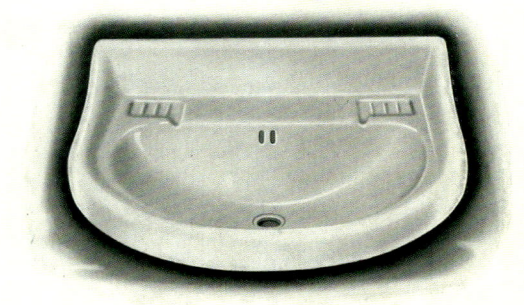

Waschtisch
halbrund, mit Rückwand und drei durchschlagbaren Hahnlöchern

Mit kombiniertem Ab- und Ueberlauf Nr.	Mit kombiniert. Ab- und Ueberlauf und Schalthebelloch Nr.	Außenmaße cm	Becken cm	Mittenentfernung der Hahnlöcher cm	Gewicht kg
233	233/B	69×55	55×35	20	16,5
234	234/B	62×45	50×28	20	12
235	235/B	56×42	45×24	18	10,5

Steingut-Industrie A.-G.
Gmunden-Engelhof

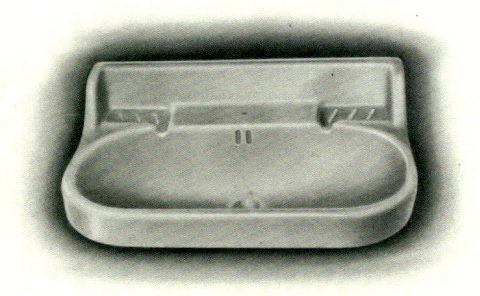

Großraum-Waschtisch
mit Rückwand, mit eingeformten Seifenschalen, mit kombiniertem Ab- und Überlauf und drei durchschlagbaren Hahnlöchern

Mit kombiniertem Ab- und Ueberlauf Nr.	Mit kombiniert. Ab- und Ueberlauf und Schalthebelloch Nr.	Außenmaße cm	Becken cm	Mittenentfernung der Hahnlöcher cm	Gewicht kg
239/I	239/I/B	67×47,5	59×31	20	18
239/II	239/II/B	61,5×46	55×28,5	20	15

Steingut-Industrie A.-G.
Gmunden-Engelhof

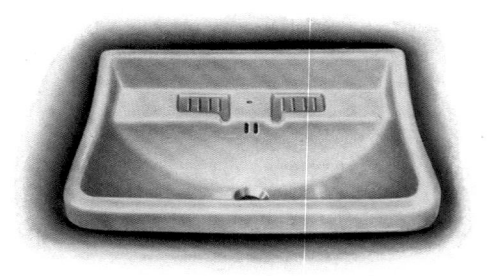

Großraum-Waschtisch
mit Rückwand, kombiniertem Ab- und Überlauf, innenliegenden Seifenschalen und drei durchschlagbaren Hahnlöchern

Nr.	Außenmaße cm	Becken cm	Gewicht kg
210	64×47,5	56×31	13,5

Steingut-Industrie A.-G.
Gmunden-Engelhof

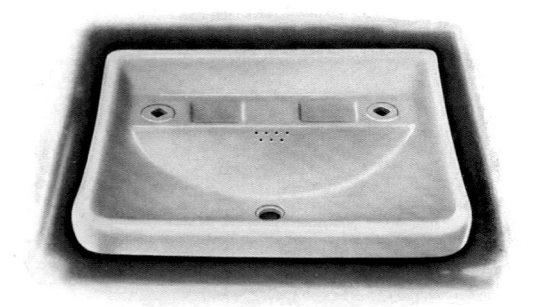

Großraum-Waschtisch
mit Rückwand, kombiniertem Ab- und Überlauf, innenliegenden, mit dem Überlauf verbundenen Seifenschalen

Nr.	Außenmaße cm	Becken cm	Gewicht kg
210/I	64×47,5	56×31	13,5
210/II	56×40	49×26	10,5

Steingut-Industrie A.-G.
Gmunden-Engelhof

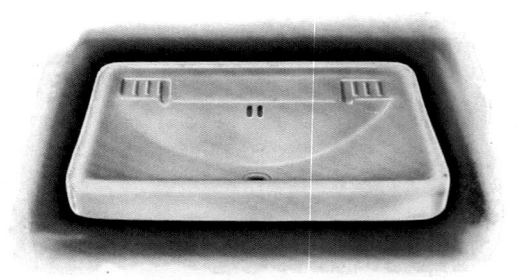

Großraum-Waschtisch
ohne Rückwand, mit eingeformten Seifenschalen, mit kombiniertem Ab- und Überlauf und drei durchschlagbaren Hahnlöchern

Mit kombiniertem Ab- und Ueberlauf Nr	Mit kombiniert. Ab- und Ueberlauf und Schalthebelloch Nr.	Außenmaße cm	Becken cm	Mittenentfernung der Hahnlöcher cm	Gewicht kg
232/I	232/I/B	68×47,5	59×31	20	14
232/II	232/II/B	64×47	56×31	20	13
232/III	232/III/B	56×47	48×31	18	11,5

Steingut-Industrie A.-G.
Gmunden-Engelhof

Ärzte-Waschtisch
mit drei durchschlagbaren Hahnlöchern

Mit kombiniertem Ab- und Ueberlauf und **ohne Ueberlauf** Nr	Mit kombiniert. Ab- und Ueberlauf und Schalthebelloch Nr.	Außenmaße cm	Becken cm	Mittenentfernung der Hahnlöcher cm	Gewicht kg
230	230/B	70×50	54×33	20	16
231	231/B	60×45	64×55	18	11,5

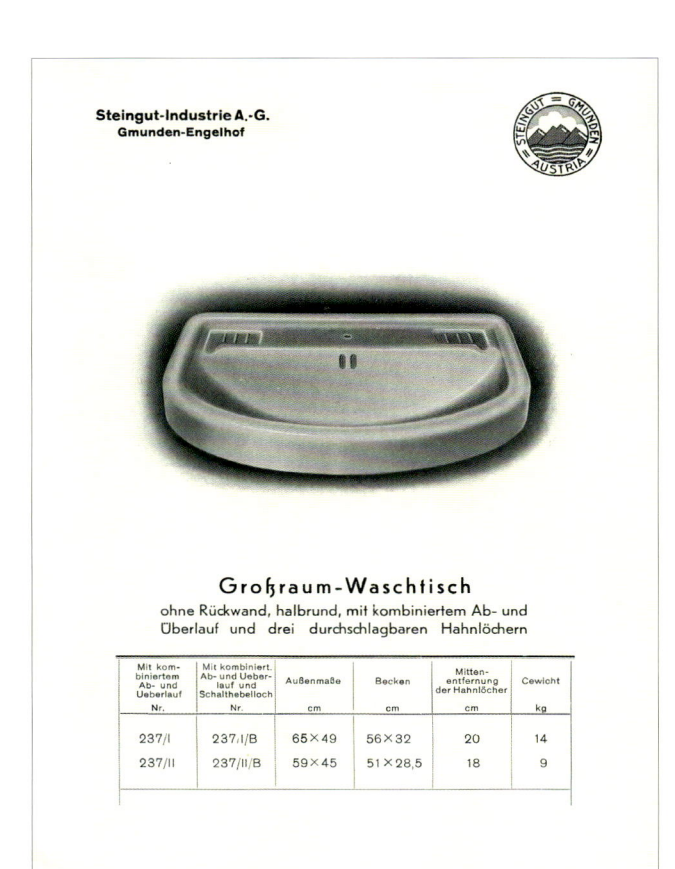

Steingut-Industrie A.-G.
Gmunden-Engelhof

Großraum-Waschtisch
ohne Rückwand, halbrund, mit kombiniertem Ab- und Überlauf und drei durchschlagbaren Hahnlöchern

Mit kombiniertem Ab- und Ueberlauf Nr.	Mit kombiniert. Ab- und Ueberlauf und Schalthebelloch Nr.	Außenmaße cm	Becken cm	Mittenentfernung der Hahnlöcher cm	Gewicht kg
237/I	237/I/B	65×49	56×32	20	14
237/II	237/II/B	59×45	51×28,5	18	9

Steingut-Industrie A.-G.
Gmunden-Engelhof

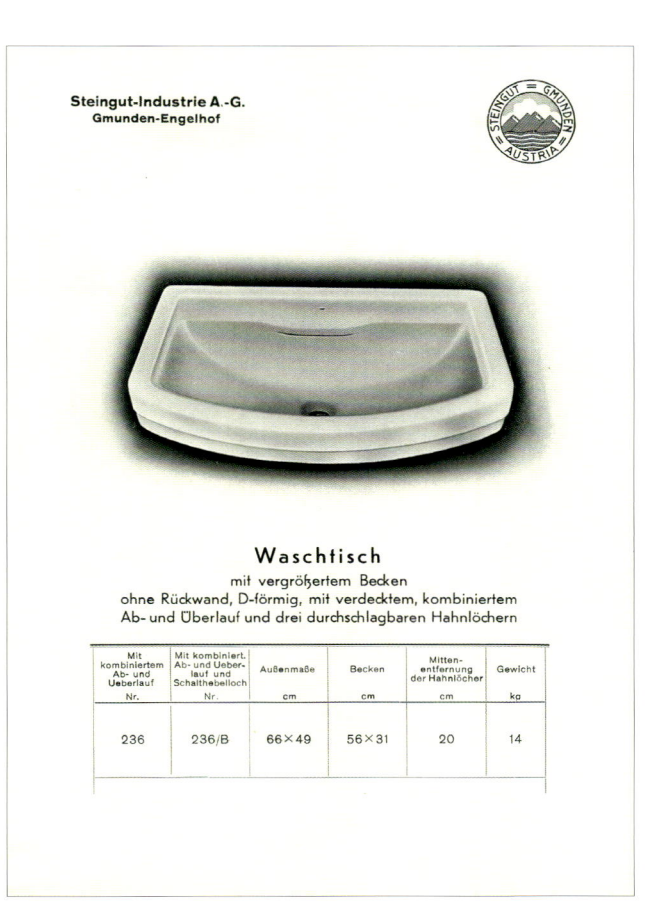

Waschtisch
mit vergrößertem Becken
ohne Rückwand, D-förmig, mit verdecktem, kombiniertem Ab- und Überlauf und drei durchschlagbaren Hahnlöchern

Mit kombiniertem Ab- und Ueberlauf Nr.	Mit kombiniert. Ab- und Ueberlauf und Schalthebelloch Nr.	Außenmaße cm	Becken cm	Mittenentfernung der Hahnlöcher cm	Gewicht kg
236	236/B	66×49	56×31	20	14

Steingut-Industrie A.-G.
Gmunden-Engelhof

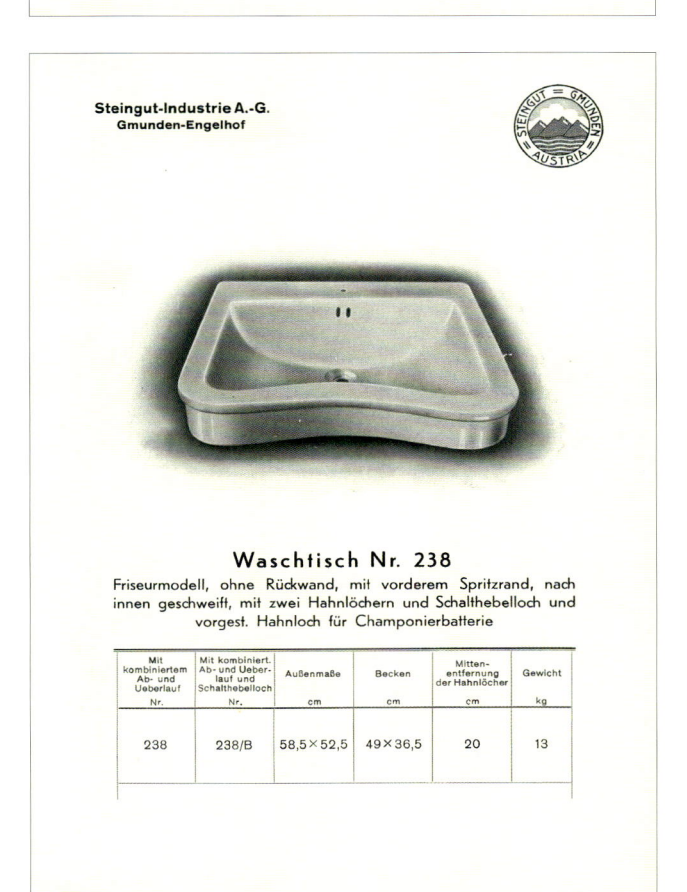

Waschtisch Nr. 238
Friseurmodell, ohne Rückwand, mit vorderem Spritzrand, nach innen geschweift, mit zwei Hahnlöchern und Schalthebelloch und vorgest. Hahnloch für Champonierbatterie

Mit kombiniertem Ab- und Ueberlauf Nr.	Mit kombiniert. Ab- und Ueberlauf und Schalthebelloch Nr.	Außenmaße cm	Becken cm	Mittenentfernung der Hahnlöcher cm	Gewicht kg
238	238/B	58,5×52,5	49×36,5	20	13

Steingut-Industrie A.-G.
Gmunden-Engelhof

DOPPELTSTARKES SPEZIALERZEUGNIS

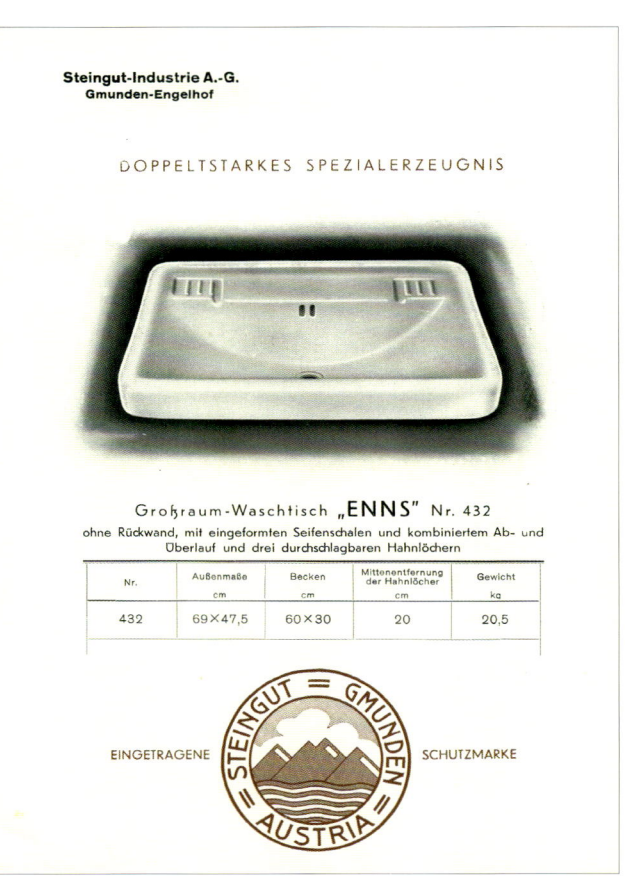

Großraum-Waschtisch „ENNS" Nr. 432
ohne Rückwand, mit eingeformten Seifenschalen und kombiniertem Ab- und Überlauf und drei durchschlagbaren Hahnlöchern

Nr.	Außenmaße cm	Becken cm	Mittenentfernung der Hahnlöcher cm	Gewicht kg
432	69×47,5	60×30	20	20,5

STEINGUT = GMUNDEN AUSTRIA
EINGETRAGENE SCHUTZMARKE

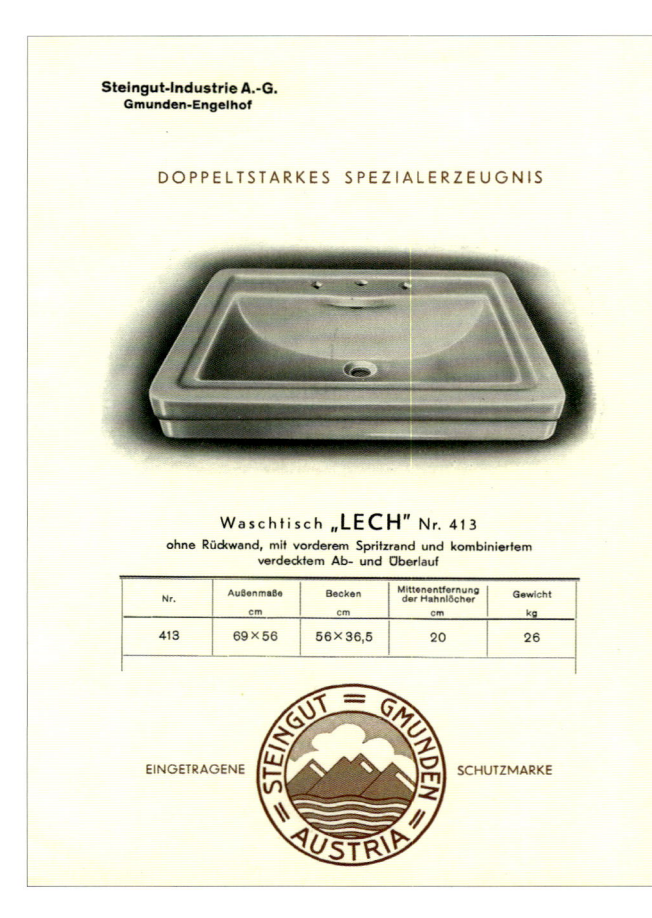

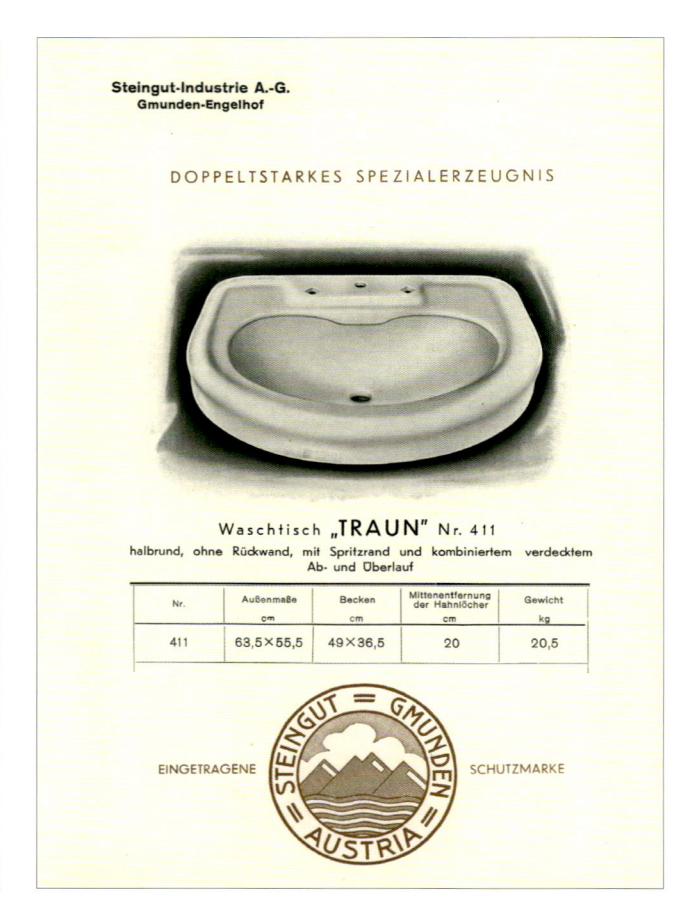

Steingut-Industrie A.-G.
Gmunden-Engelhof

DOPPELTSTARKES SPEZIALERZEUGNIS

Waschtisch „LECH" Nr. 413
ohne Rückwand, mit vorderem Spritzrand und kombiniertem verdecktem Ab- und Überlauf

Nr.	Außenmaße cm	Becken cm	Mittenentfernung der Hahnlöcher cm	Gewicht kg
413	69×56	56×36,5	20	26

EINGETRAGENE STEINGUT=GMUNDEN=AUSTRIA SCHUTZMARKE

Steingut-Industrie A.-G.
Gmunden-Engelhof

DOPPELTSTARKES SPEZIALERZEUGNIS

Waschtisch „TRAUN" Nr. 411
halbrund, ohne Rückwand, mit Spritzrand und kombiniertem verdecktem Ab- und Überlauf

Nr.	Außenmaße cm	Becken cm	Mittenentfernung der Hahnlöcher cm	Gewicht kg
411	63,5×55,5	49×36,5	20	20,5

EINGETRAGENE STEINGUT=GMUNDEN=AUSTRIA SCHUTZMARKE

Steingut-Industrie A.-G.
Gmunden-Engelhof

DOPPELTSTARKES SPEZIALERZEUGNIS

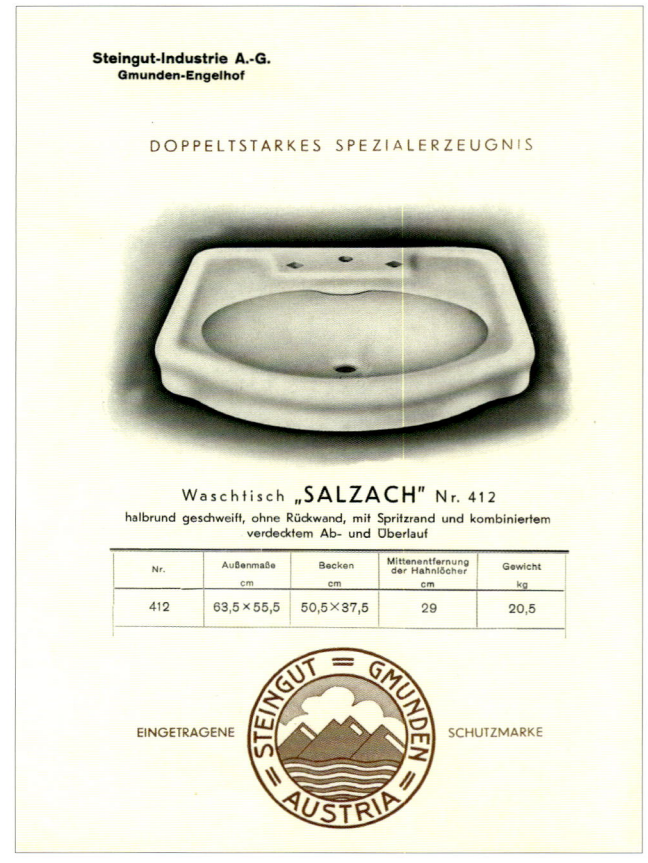

Waschtisch „SALZACH" Nr. 412
halbrund geschweift, ohne Rückwand, mit Spritzrand und kombiniertem verdecktem Ab- und Überlauf

Nr.	Außenmaße cm	Becken cm	Mittenentfernung der Hahnlöcher cm	Gewicht kg
412	63,5×55,5	50,5×37,5	29	20,5

EINGETRAGENE STEINGUT=GMUNDEN=AUSTRIA SCHUTZMARKE

Steingut-Industrie A.-G.
Gmunden-Engelhof

DOPPELTSTARKES SPEZIALERZEUGNIS

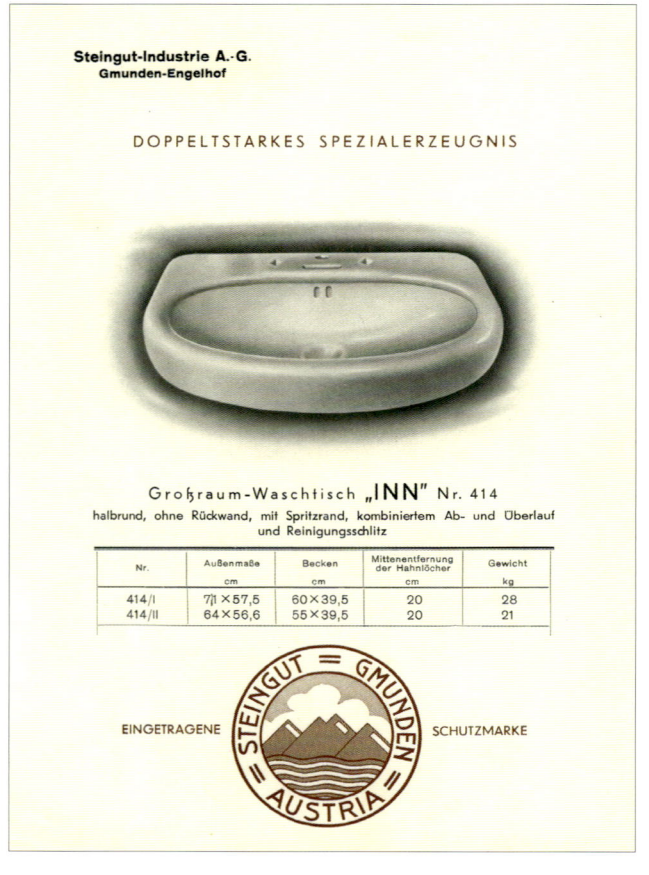

Großraum-Waschtisch „INN" Nr. 414
halbrund, ohne Rückwand, mit Spritzrand, kombiniertem Ab- und Überlauf und Reinigungsschlitz

Nr.	Außenmaße cm	Becken cm	Mittenentfernung der Hahnlöcher cm	Gewicht kg
414/I	71×57,5	60×39,5	20	28
414/II	64×56,6	55×39,5	20	21

EINGETRAGENE STEINGUT=GMUNDEN=AUSTRIA SCHUTZMARKE

Steingut-Industrie A.-G.
Gmunden-Engelhof

Wandbecken
Nr. 206
mit kombiniertem Ab- und Überlauf

Nr.	Außenmaße cm	Becken cm	Gewicht kg
206/I	65×36,5	41×26	10
206/II	58×32	34×22	8
206/III	50×27	30×19	6

Normallieferung: Mit 2 durchschlagbaren Hahnlöchern
Mit 2 Schraubenlöchern in der Rückwand

Steingut-Industrie A.-G.
Gmunden-Engelhof

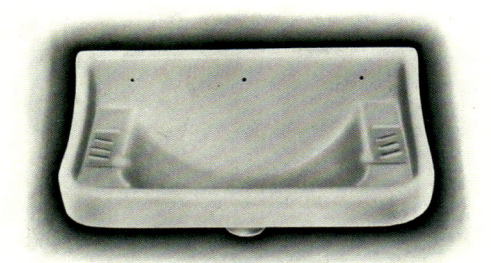

Wandbecken
Nr. 228
mit kombiniertem Ab- und Überlauf

Nr.	Außenmaße cm	Becken cm	Gewicht kg
228/I	57×32	37×25	9,5

Normallieferung: Mit 2 durchschlagbaren Hahnlöchern neben den Seifenschalen
Mit 3 Schraubenlöchern in der Rückwand

Steingut-Industrie A.-G.
Gmunden-Engelhof

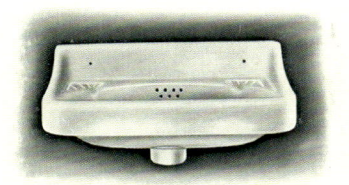

Wandbecken
Nr. 229
mit kombiniertem Ab- und Überlauf oder mit Sieb und Stutzen

Nr.	Außenmaße cm	Becken cm	Gewicht kg
229/I	45×30	41×24	7
229/II	36×26	31×20,5	5

Normallieferung: Ohne Hahnlöcher
Mit 2 Schraubenlöchern in der Rückwand

Steingut-Industrie A.-G.
Gmunden-Engelhof

Eckwandbecken
Nr. 240
mit kombiniertem Ab- und Überlauf

Nr.	Außenmaße cm	Höhe cm	Becken cm	Gewicht kg
240/I	39	54,5	37,5×35,5	7,5

Normallieferung: Mit 2 durchschlagbaren Hahnlöchern
Mit 4 Schraubenlöchern in der Rückwand

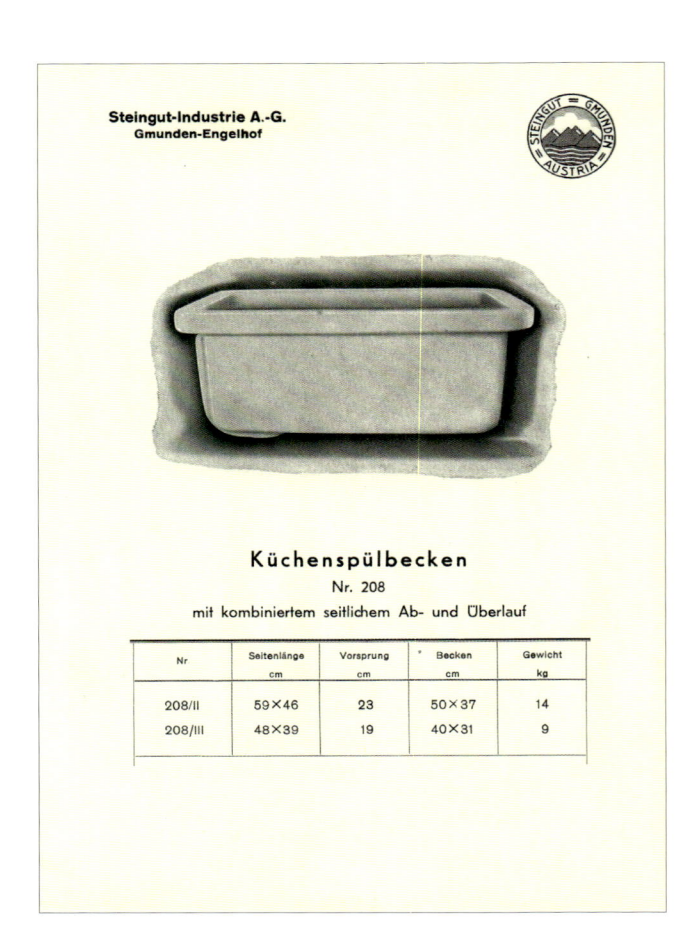

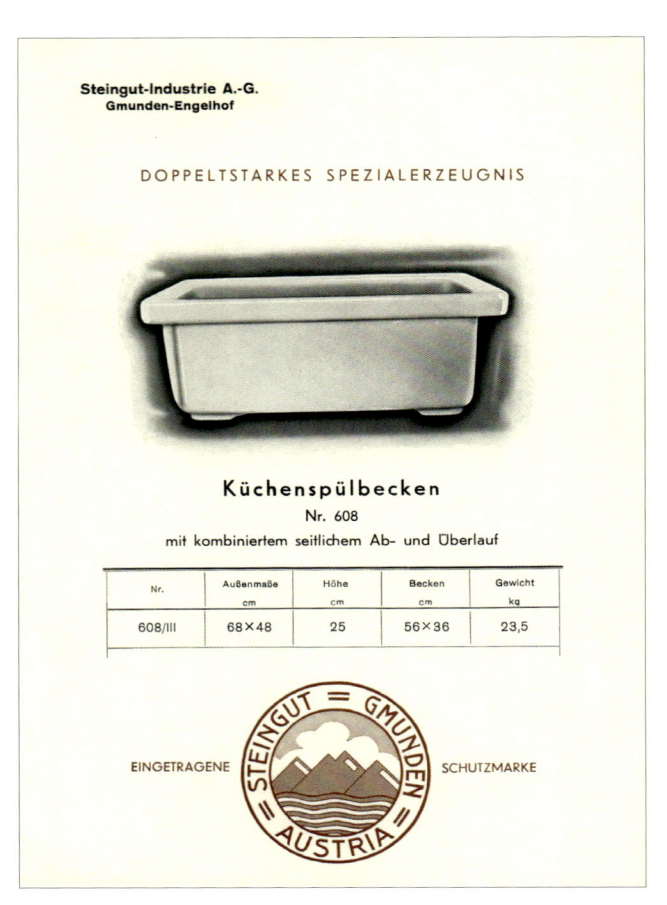

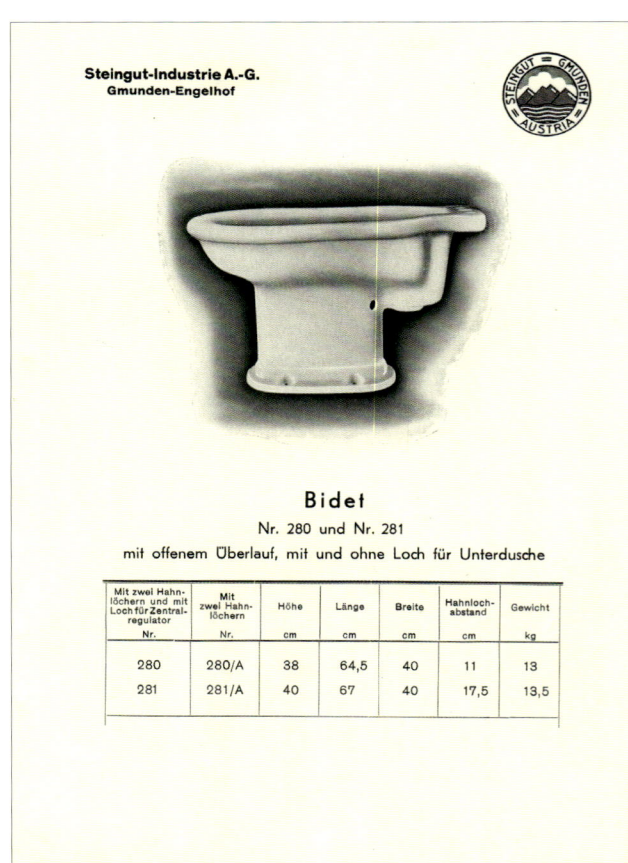

Steingut-Industrie A.-G.
Gmunden-Engelhof

Küchenspülbecken
Nr. 208
mit kombiniertem seitlichem Ab- und Überlauf

Nr	Seitenlänge cm	Vorsprung cm	Becken cm	Gewicht kg
208/II	59×46	23	50×37	14
208/III	48×39	19	40×31	9

Steingut-Industrie A.-G.
Gmunden-Engelhof

DOPPELTSTARKES SPEZIALERZEUGNIS

Küchenspülbecken
Nr. 608
mit kombiniertem seitlichem Ab- und Überlauf

Nr.	Außenmaße cm	Höhe cm	Becken cm	Gewicht kg
608/III	68×48	25	56×36	23,5

EINGETRAGENE SCHUTZMARKE

Steingut-Industrie A.-G.
Gmunden-Engelhof

Bidet
Nr. 280 und Nr. 281
mit offenem Überlauf, mit und ohne Loch für Unterdusche

Mit zwei Hahnlöchern und mit Loch für Zentralregulator Nr.	Mit zwei Hahnlöchern Nr.	Höhe cm	Länge cm	Breite cm	Hahnlochabstand cm	Gewicht kg
280	280/A	38	64,5	40	11	13
281	281/A	40	67	40	17,5	13,5

Steingut-Industrie A.-G.
Gmunden-Engelhof

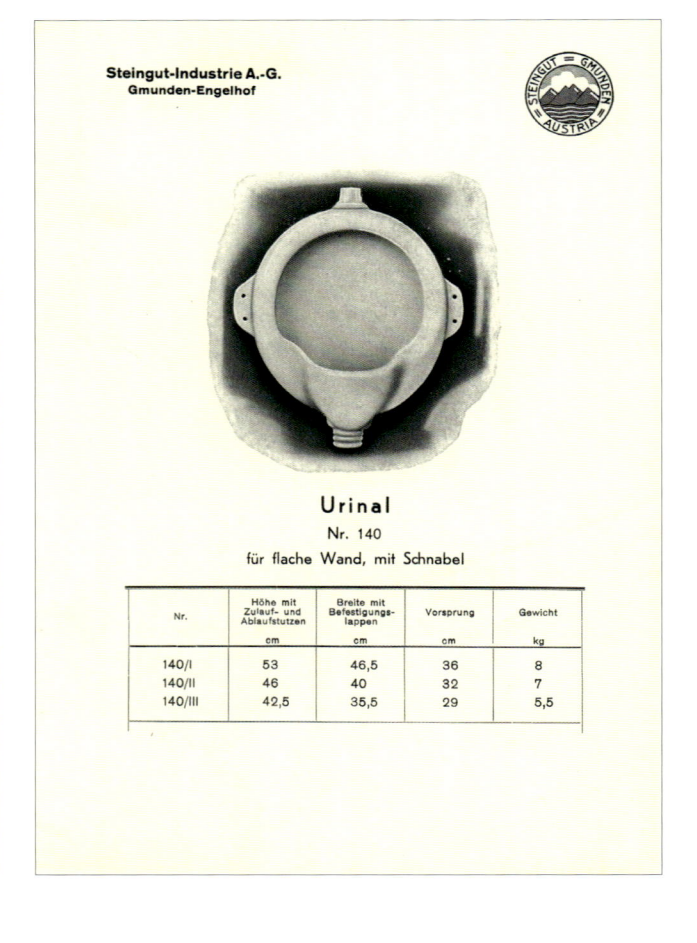

Urinal
Nr. 140
für flache Wand, mit Schnabel

Nr.	Höhe mit Zulauf- und Ablaufstutzen cm	Breite mit Befestigungslappen cm	Vorsprung cm	Gewicht kg
140/I	53	46,5	36	8
140/II	46	40	32	7
140/III	42,5	35,5	29	5,5

Steingut-Industrie A.-G.
Gmunden-Engelhof

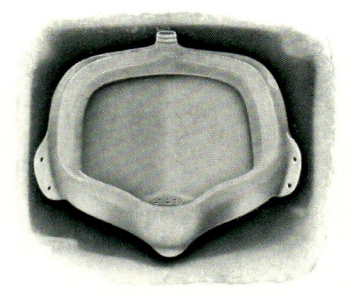

Urinal
Nr. 141
für Ecke, mit Schnabel

Nr.	Höhe mit Zulauf- und Ablaufstutzen cm	Breite eines Schenkels mit Befestigungslappen cm	Vorsprung cm	Gewicht kg
141/II	37	30,5	44	8,5
141/III	34	28	40	6

Steingut-Industrie A.-G.
Gmunden-Engelhof

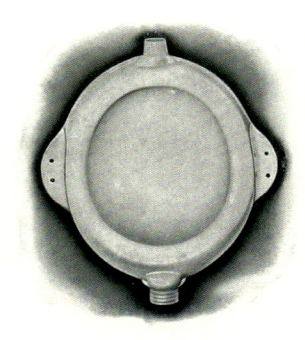

Urinal
Nr. 142
für flache Wand, ohne Schnabel

Nr.	Höhe mit Zulauf- und Ablaufstutzen cm	Breite mit Befestigungslappen cm	Vorsprung cm	Gewicht kg
142/II	47	40	25	7

Steingut-Industrie A.-G.
Gmunden-Engelhof

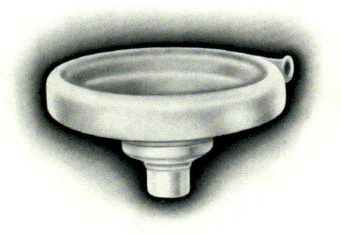

Spuckbecken
Nr. 303
mit Rundspülung und Siebeinlage

Außendurchmesser . . . . 27 cm
Innendurchmesser . . . . 22 „
Höhe, einschließlich Stutzen . . . . . 16 „
Zulaufstutzen, außen . . . . 3,7 „
    „   innen . . . . 2,1 „
Ablaufstutzen, außen . . . . 5 „
    „   innen . . . . 3,8 „
Gewicht . . . . ca. 2,2 kg

Steingut-Industrie A.-G.
Gmunden-Engelhof

Spuckbecken Nr. 304 mit Konsole
mit Wirbelspülung und Siebeinlage

Außendurchmesser . . . . 26 cm
Ablaufmitte bis Wand . . . . 17,5 „
Konsolenrückwand . . . . 20×15,5 „
Zulaufstutzendurchmesser, außen . . . . 3,2 „
    „   innen . . . . 1,7 „
Ablaufstutzen mit Bajonettverschluß, außen . . . 7,8 „
    „   „   innen . . . . 4,4 „
Beckentiefe mit Ablaufstutzen . . . . 16 „
Gewicht . . . . 3 kg

Steingut-Industrie A.-G.
Gmunden-Engelhof

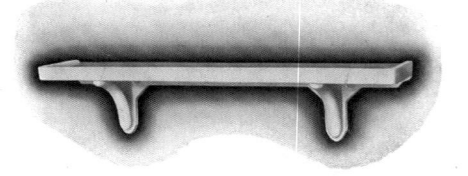

Etagere Nr. 290—292

Nr.	Länge cm	Breite cm	Gewicht kg
290	70	13	3,5
291	60	13	3
292	50	13	2,5

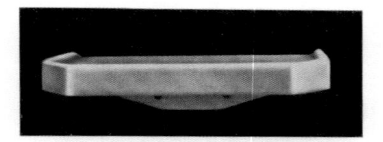

Etagere Nr. 293
mit abgeschrägten Ecken und schmalen Schraublöcherlappen

Länge cm	Breite cm	Gewicht kg
30	13	1,7

Steingut-Industrie A.-G.
Gmunden-Engelhof

Spülkasten
Nr. 205
mit Deckel, tiefhängend, für 20 Liter Spülwassermenge

Nr.	Höhe cm	Breite cm	Tiefe cm	Gewicht kg
205	42	52	18	19,5

Dazu lieferbar Absauge-Klosett Nr. 130

Steingut-Industrie A.-G.
Gmunden-Engelhof

Absauge-Klosett
Nr. 130

Höhe cm	Oberer äußerer Durchmesser cm	Gewicht kg
44,5	47,5×38	14,5

Dazu lieferbar Spülkasten Nr. 205

Steingut-Industrie A.-G.
Gmunden-Engelhof

Flachspül-Klosett Nr. 120
„PANAMA"
mit Zentralspülung und innenliegendem Abgang

Höhe cm	Oberer äußerer Durchmesser cm	Gewicht kg
42	50×37	12,5

Steingut-Industrie A.-G.
Gmunden-Engelhof

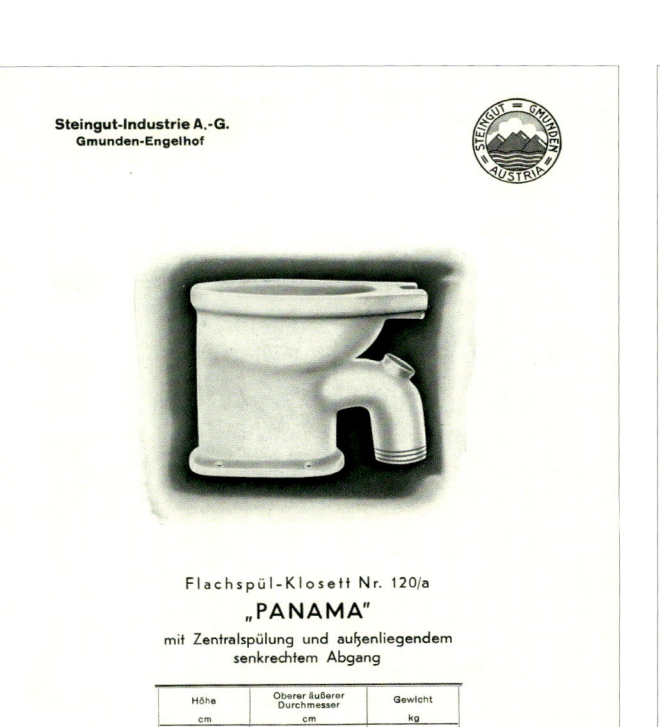

Flachspül-Klosett Nr. 120/a
„PANAMA"
mit Zentralspülung und außenliegendem
senkrechtem Abgang

Höhe cm	Oberer äußerer Durchmesser cm	Gewicht kg
42	49×37	12,5

Steingut-Industrie A.-G.
Gmunden-Engelhof

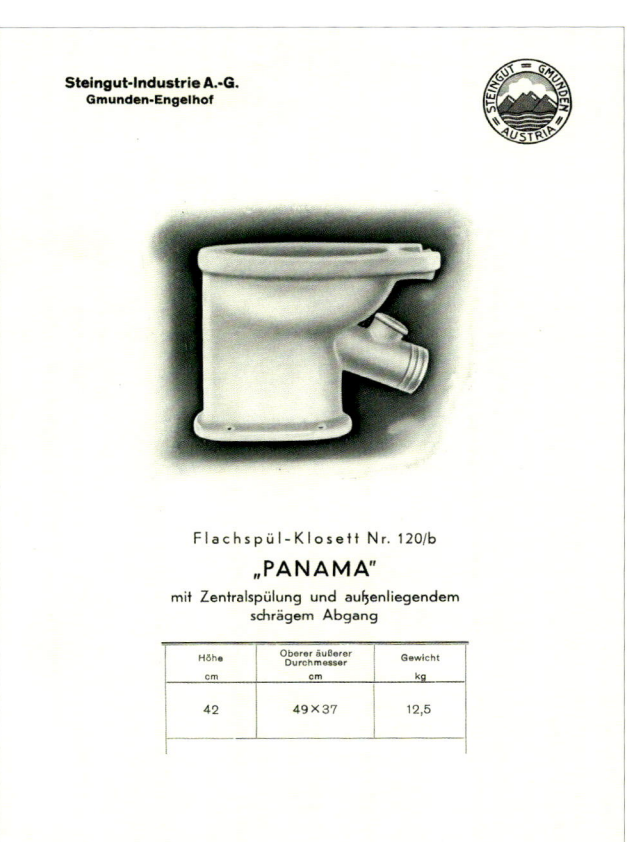

Flachspül-Klosett Nr. 120/b
„PANAMA"
mit Zentralspülung und außenliegendem
schrägem Abgang

Höhe cm	Oberer äußerer Durchmesser cm	Gewicht kg
42	49×37	12,5

Steingut-Industrie A.-G.
Gmunden-Engelhof

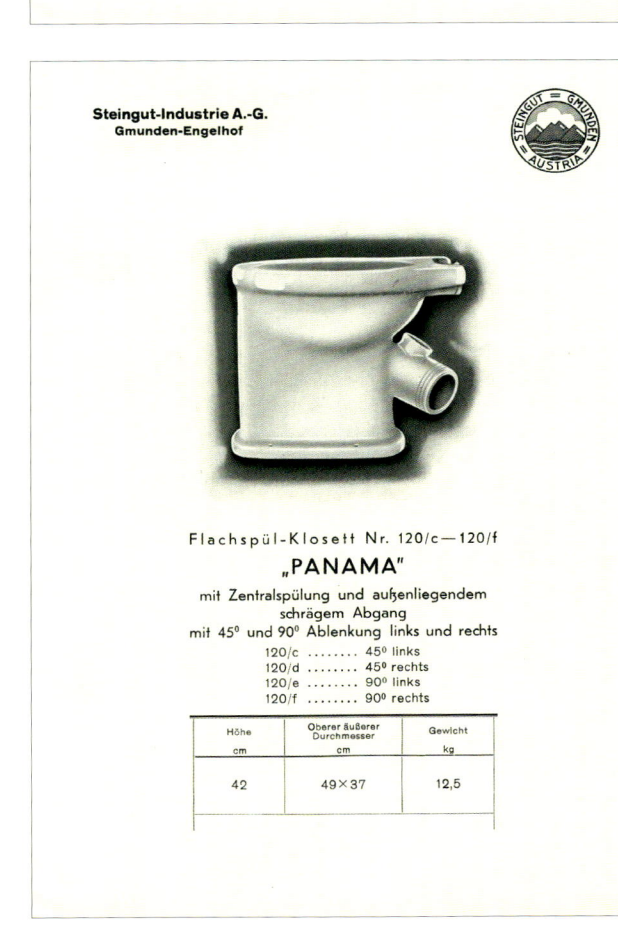

Flachspül-Klosett Nr. 120/c—120/f
„PANAMA"
mit Zentralspülung und außenliegendem
schrägem Abgang
mit 45⁰ und 90⁰ Ablenkung links und rechts

120/c .... 45⁰ links
120/d .... 45⁰ rechts
120/e .... 90⁰ links
120/f .... 90⁰ rechts

Höhe cm	Oberer äußerer Durchmesser cm	Gewicht kg
42	49×37	12,5

Steingut-Industrie A.-G.
Gmunden-Engelhof

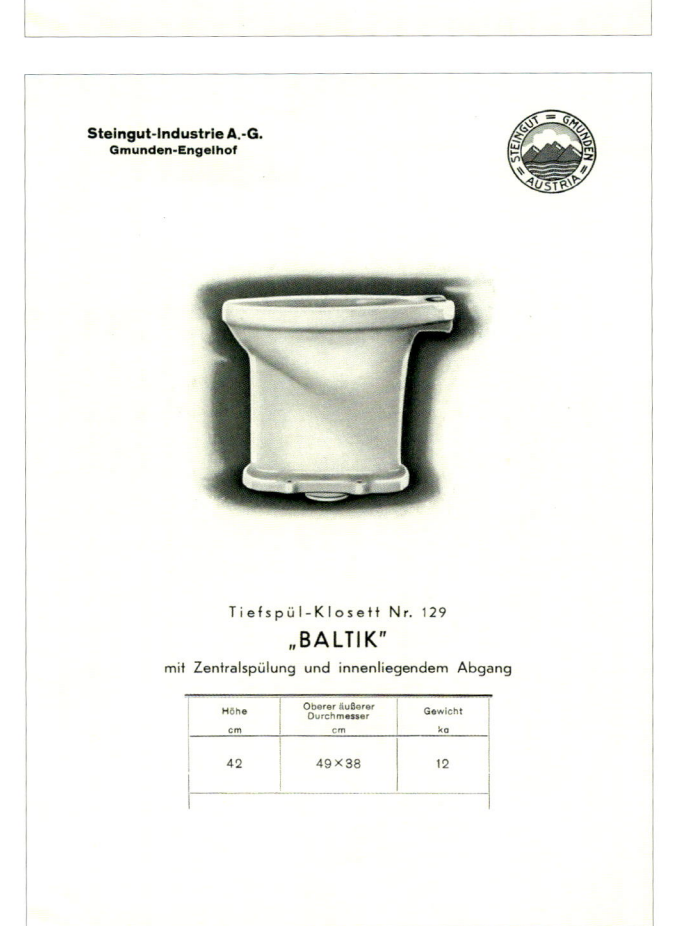

Tiefspül-Klosett Nr. 129
„BALTIK"
mit Zentralspülung und innenliegendem Abgang

Höhe cm	Oberer äußerer Durchmesser cm	Gewicht kg
42	49×38	12

Steingut-Industrie A.-G.
Gmunden-Engelhof

Zungen-Klosett Nr. 135
„SIMPLON"
mit Zentralspülung und innenliegendem Abgang

Höhe cm	Oberer äußerer Durchmesser cm	Gewicht kg
42	49×37	12,5

Steingut-Industrie A.-G.
Gmunden-Engelhof

Trocken-Klosett Nr. 138
Klosett-Trichter
mit Zentralspülung

Höhe cm	Oberer äußerer Durchmesser cm	Durchmesser des Abzugstutzens cm	Gewicht kg
42	46×37	11	10,5

Steingut-Industrie A.-G.
Gmunden-Engelhof

Flachspül-Klosett Nr. 121
„DONAU"
mit innen geschlossenem, spitz zulaufendem Wasserrand, Zentralspülung und geradem Abflußrohr

Höhe cm	Oberer äußerer Durchmesser cm	Gewicht kg
43	52×39	13,5

Steingut-Industrie A.-G.
Gmunden-Engelhof

Reitsitz-Klosett Nr. 529/b
„KREMS"
mit Zentralspülung und außenliegendem schrägem Abgang

Höhe cm	Oberer äußerer Durchmesser cm	Gewicht kg
39 u. 47	51×39	13,5

Steingut-Industrie A.-G.
Gmunden-Engelhof

Zungenschale
Nr. 157
mit Zentralspülung, mit und ohne Sitzbrettlappen

Höhe cm	Oberer äußerer Durchmesser cm	Gewicht kg
35	46×38	7,5

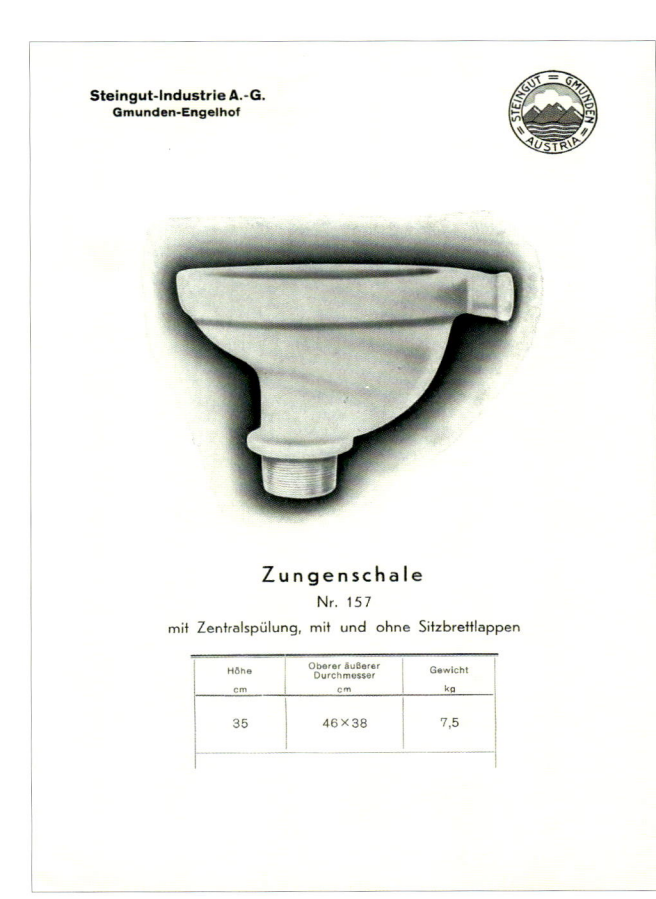

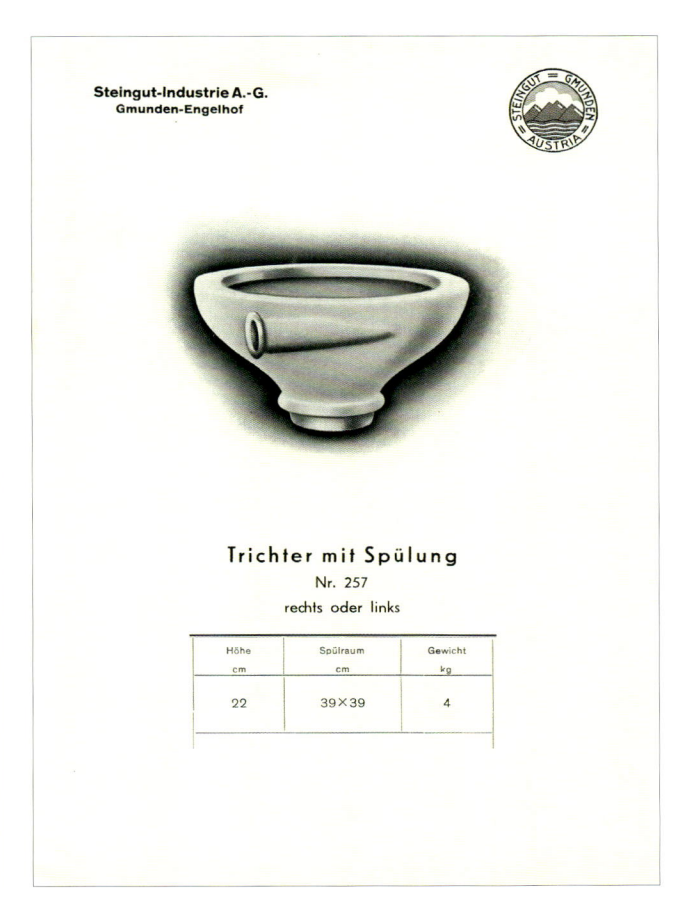

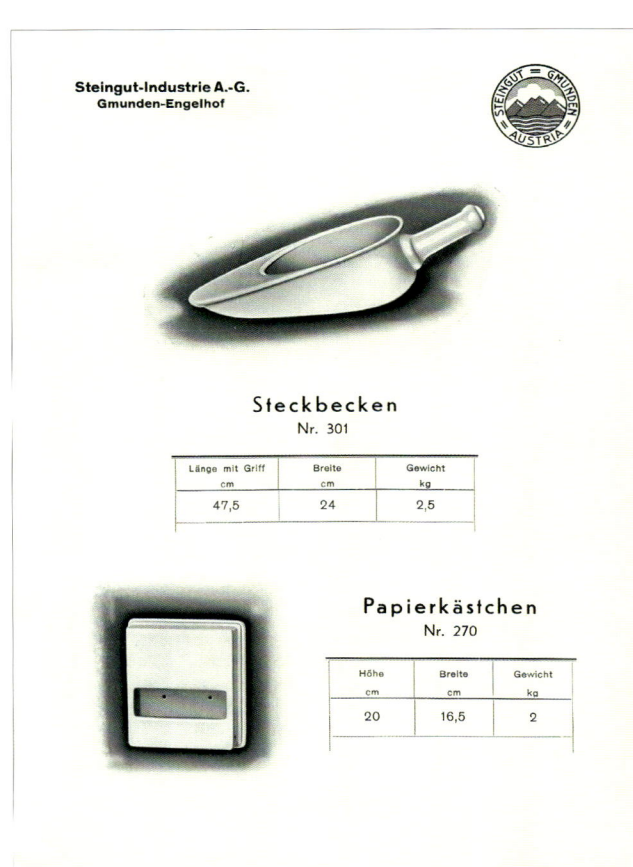

Steingut-Industrie A.-G.
Gmunden-Engelhof

Trichter mit Spülung
Nr. 257
rechts oder links

Höhe cm	Spülraum cm	Gewicht kg
22	39×39	4

Steingut-Industrie A.-G.
Gmunden-Engelhof

Steckbecken
Nr. 301

Länge mit Griff cm	Breite cm	Gewicht kg
47,5	24	2,5

Papierkästchen
Nr. 270

Höhe cm	Breite cm	Gewicht kg
20	16,5	2

CHWALA'S DRUCK, WIEN VII.

Anhang IV

Quellen

Oben:
Werbung, 1958

Quellen, Unterlagen und Gewährspersonen

Das Quellenverzeichnis wurde nach bestem Wissen und Gewissen erstellt. Sollten trotzdem Urheberrechte übersehen worden sein, ist der Autor selbstverständlich zur Nachhonorierung bereit.

Bank Austria Historisches Archiv, *Dr. Ulrike Zimmerl*
Compass 1926 – 1945
Corinna – Ein Design-Traum von Lilien-Porzellan, *René Edenhofer, Deutsch-Wagram 2009*
Franz Bruderhofer, *Gemeinde Gschwandt*
Das Gmundner-Taschenbuch, *Musealverein Gmunden 2007*
Demner, Merlicek & Bergmann, *Mag. Evelyn Berghold*
Dkfm. Peter Dóczy
René Edenhofer
Festschriften und Firmenbeschreibungen 1930 – 2005
RR. Dir. i.R. Josef Hausner
History of European Toilet, *Hiroshi Unno, Ryu Niimi und Fritz Lischka, 1988*
Monika Hohenberg
Industrie Compass 1931 – 1947
Roland Kihs
Heinz König
Kunst im Handwerk Österreichs, *Wien 1964*
Ulrike Landleithner
Laufen Austria AG, *Archiv*
Laufen Austria AG, *Marketing, Mag. Birgit Lammer*
Dipl. Ing. Paul C. Lester
Lilien-Porzellan, *René Edenhofer, Deutsch-Wagram 2003*
Herta und Konstanze Lischka
MAK-Österreichisches Museum für angewandte Kunst, Wien
Ing. Herbert Meixner
Alfred Mittermair
Gernot Mühlbacher
Österreichische Nationalbibliothek
ORF-Österreichischer Rundfunk
Wilhelm Pelikan
Porsche Design Studio
Prof. Günter Praschak
Ernst Riedler
Dr. Heinrich und Inge Sandner
Sanitärporzellan Katalog ab 1925
Ingrid Spitzbart, *Direktorin K-HOF Kammerhof Museen Gmunden*
Kurt Spurey
Stadtgemeinde Gmunden
Verkaufskataloge 1959 – 1971
Vom Steingut zum Porzellan in Niederösterreich, *Gustav Otruba, Wien 1966*
Alfred Zinhobl

Bildnachweis

Bank Austria Historisches Archiv, *S. 25, 33 (r. unten), 37, 46 (oben)*
Siegfried Bernhart, *S. 45 (oben)*
Demner, Merlicek & Bergmann, *S. 87, 88 (oben), 104 (oben), 111 (l. oben)*

Quellen

Deutsches Bundesarchiv, *S. 32 (l. unten), 33 (r. oben), 41 (r. unten)*
Stefan Dietrich/picturedesk.com, *S. 46 (links), 85 (r. oben)*
Gemeinde Gschwandt, *S. 13, 15 (links), 17 (oben)*
Heinz Frech, *S. 119 (oben), 121 (l. oben), 122 (oben)*
RR. Dir. i.R. Josef Hausner, *S. 85 (r. Mitte, r. unten)*
Heeresgeschichtliches Museum, *S. 44 (Mitte)*
Ingrid Hellmich, *S. 14 (l. unten)*
Monika Hohenberg, *S. 78 (oben)*
Anne Jellouschek, *S. 64*
K-HOF Kammerhof Museen Gmunden, *S. 156 (oben)*
Klo & So-Museum, *S. 118 (r. Mitte), 119 (links)*
Roland Kihs, *S. 121 (r. oben)*
Laufen Austria AG Archiv, *S. 5, 7, 10, 21, 22, 23, 24 (l. oben), 27 (l. unten), 28, 29, 30, 31, 32 (l. oben, r. oben), 34 (l. unten), 35, 36 (l. unten), 38 (l. unten), 40, 42 (l. oben), 50 (l. unten), 52 (l. Mitte, l. unten), 53, 54 (alle rechts), 56 (r. Mitte, r. unten), 57 (unten), 59, 60, 62 (l. Mitte, rechts), 67 (unten, r. oben), 68 (l. unten, r. unten), 69, 70 (oben), 73, 74, 75 (l. oben, l. Mitte), 76 (l. Mitte, l. unten), 77, 78 (unten), 79 (Mitte und unten), 80, 82 (alle ausser l. oben), 83 (unten), 84, 89 (r. oben), 92 (r. Mitte, l. unten), 96, 98 (l. Mitte, r. Mitte, r. unten), 99, 100, 105 (r. oben, l. Mitte, l. unten), 108 (r. Mitte, r. unten, l. unten), 110 (oben), 111 (r. Mitte), 113 (oben), 119 (r. Mitte), 120 (unten), S. 160 – 173*
Laufen Austria AG Marketing, *S. 90, 91 (alle ausser r. oben), 93 (l. unten, r. unten), 94, 95 (alle ausser l. oben), 98 (l. oben), 101 (r. unten), 103, 104 (l. Mitte, r. unten), 105 (r. unten), 106, 107, 108 (oben, l. Mitte), 109, 110 (alle unten), 111 (r. oben), 112 (l. Mitte, rechts), 114, 115, 116, 117, 118 (alle links), 120 (oben), 121 (unten), 122 (unten), 123, 131 (l. unten), 132, 133, Rückseite*
Bernd Noack, *S. 26 (unten)*
ORF-Historisches Archiv, *S. 44 (unten), 47 (unten)*
Österreichische Nationalbibliothek, *S. 58*
Prof. Günter Praschak, *S. 136 (l. unten),137, 138, 139, 140, 141*
Dipl. Ing. Markus Putz, *S. 156 (u. links)*
Dr. Heinrich und Inge Sandner, *S. 50 (l. Mitte), 62 (l. oben), 63 (l. Mitte)*
Lucia Seidl, *S. 136 (l. oben)*
Salzkammergut Zeitung, *S. 113 (unten)*
Stadtgemeinde Gmunden, *S. 154 (unten)*
Wienbibliothek im Rathaus – Plakatsammlung, *S. 34 (l. oben)*
Alfred Zinhobl, *S. 66, 67 (r. Mitte), 75 (r. Mitte, l. unten, r. unten), 76 (r. oben), 142 (rechts)*
Privat, *(alle Anderen)*

Objekte

Franz Bruderhofer, *Titelseite (Tongeschirr), 12 (l. unten), 14 (l. oben), 15 (rechts), 16, 17 (r. unten)*
Ingrid Hellmich, *S. 14 (r. unten)*
Susi und Ricky Probst, *S. 55 (im Bild rechts)*
Werner Wach, *S. 51 (l. unten)*
Privat, *(alle Anderen)*

Dank

Wenn ich auf der Suche nach Projektinformationen bin, darf sich im „Handyzeitalter" keine Person zu keiner Tages- oder Nachtzeit vor mir sicher fühlen. Bei den Recherchen zu diesem Buch waren neben vielen Gesprächen innerhalb Österreichs auch Telefonate mit Auskunftspersonen in den USA, Kanada, England, Spanien, Deutschland oder der Schweiz zu führen. Das wird meinen „Handy-Anbieter" gefreut haben, war aber für mein Vorhaben unerlässlich. Dabei passierte auch Kurioses: Statt bei meinem gesuchten Zeitzeugen landete ich versehentlich bei einem namensgleichen Landwirten, der schlagfertig die Gunst der Stunde nutzend, mir einen „Saubären" zum Kauf anbot. Doch schlussendlich ist es mir gelungen nicht nur diesem Geschäft zu entgehen, sondern auch das vorliegende Buch, dank Hilfe vieler, fertig zu stellen.

Beginnen möchte ich mit meiner Danksagung bei all den vielen aktiven und pensionierten „Werk Engelhof"-Mitarbeitern, die mich mit Informationen und Unterlagen versorgt haben. Besonders unterstützt wurde ich von Ulrike Langleitner, Dipl.-Ing. Paul C. Lester, Ernst Riedler und Alfred Zinhobl. Mein Dank richtet sich an den Managing Director der „Laufen Austria AG", Manuel Herrera, der mir für meine Nachforschungen das „Firmenarchiv" zur Verfügung stellte, Manufacturing-Manager Ing. Alfred Mittermair für seine Informationen sowie an Birgit Lammer, Marketing, die mir mit Katalogen und Auskünften behilflich war.

Ein „Danke!" auch an die „Bank Austria"-Mitarbeiterin Dr. Ulrike Zimmerl, die mir Einsicht in das bankeigene Archiv gewährte. Erst dadurch konnte die Zeit der „Ostmark-Keramik" von 1938 – 1947 aufgearbeitet werden. Ebenso gilt mein Dank Mag. Evelyn Berghold von „Demner, Merlicek & Bergmann", die mich mit Material aus dem firmeneigenen „ÖSPAG-Archiv" unterstützte.

Bedanken möchte ich mich für die persönlichen Beiträge der ehemaligen „ÖSPAG"-Mitarbeiter Dkfm. Peter Dóczy, Heinz Frech, Roland Kihs und Ing. Herbert Meixner. Herta „Maxi" Lischka und ihre Tochter Konstanze Kassmannhuber überließen mir Unterlagen zu Werksdirektor Fritz Lischka, Inge und Dr. Heinrich Sandner Fotos und Informationen zu Franz Stoschek Regierungsrat Dir. i. R. Josef Hausner und Prof. Günther Praschak verdanke ich Unterlagen und Informationen zum ersten Symposion in Gmunden/Engelhof, Wilhelm Pelikan war mit seinen historischen Recherchen zu Gmunden eine große Hilfe, DI Bernhard Paul Negwer wiederum war es mit seinen Erinnerungen zu „Henry Radio", genauso wie Ingrid Hellmich und Franz Bruderhofer, ohne die das Kapitel „Original Gmundner Tongeschirr-Erzeugung" nicht geschrieben hätte werden können.

Ein „Danke schön!" geht auch an Ingrid Spitzbart, Direktorin der „K-Hof Museen" in Gmunden für ihre Unterstützung mit Unterlagen und das Ver-

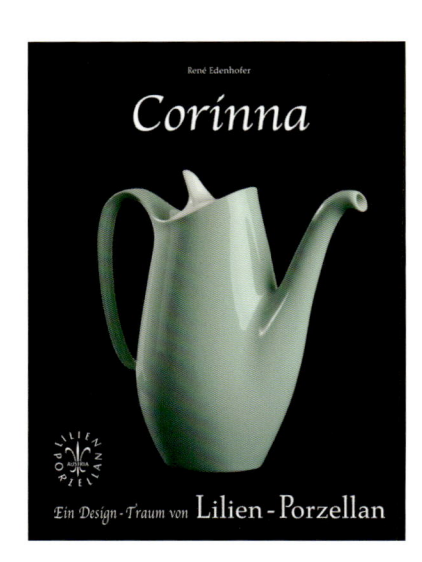

Oben:
Band I, *„Corinna"*
Ein Design-Traum von Lilien-Porzellan

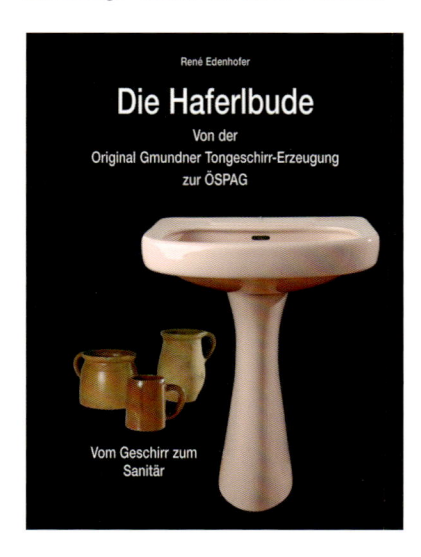

Rechte Seite:
Band II, *„Die Haferlbude"*
Von der Original Gmundner Tongeschirr-Erzeugung zur ÖSPAG

Dank

fassen des Vorwortes. Dank auch an Harald Rath, Wilhelm Kindlinger und Siegfried Bernhart für ihre Ermittlungen zur Firma Stölzle, an den Verein „Geschirr-Museum Wilhelmsburg" sowie an viele ungenannt bleibende Helferinnen und Helfer, die nicht weniger wichtig für das Gelingen dieses Vorhabens waren.

„Last but not least!" richtet sich mein Dank an die Mitarbeiter „meines Teams": An Ing. Herbert Meixner für seine Ergänzungen und die viele Zeit, die er mit mir und meinen Texten verbrachte. An meinen Bruder Ralph Edenhofer, an Tina King (www.die-fotograefin.at) und an meine Lektorin Ilse Walter. An meine Lebensgefährtin Mag. Sabine Daxberger für ihr Verständnis für mein Tun und an den wichtigsten Mann in meinem Leben, meinen Sohn Elias.

Links:
Elias Edenhofer,
Sohn des Autors, 2009

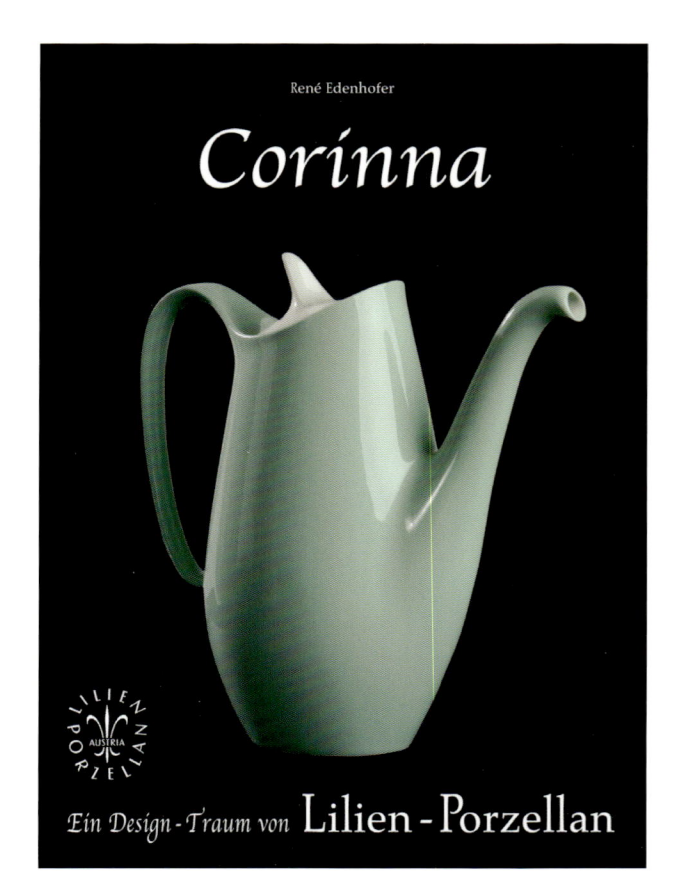

Corinna

Ein Design-Traum von Lilien-Porzellan

Anfang der 60er-Jahre des 20. Jahrhunderts verhalf ein bis dato unbekannter Lebensstandard einer breiten Bevölkerungsschicht zu neuem Lebensgefühl. Der Aufbruch in eine neue, moderne Zeit, spiegelte sich auch in Gebrauchsgegenständen wider. Somit waren Service der Marke „Lilien-Porzellan" Ausdruck und Teil des wachsenden Wohlstands. Mit dem Design der Form „Corinna" war „Lilien-Porzellan" bei der 1961 erfolgten Präsentation am Puls der Zeit. Doch der „Designtraum" hatte werksintern mit Produktionsproblemen zu kämpfen, was in der Folge zur Einstellung der Form „Corinna" führte.

In diesem Buch wird die Geschichte der einzigen eigenständigen Tafelgeschirr-Form von „Lilien-Porzellan" und ihres Designers Fritz Lischka erzählt. Ergänzt wird das Werk durch alle bei „Corinna" verwendeten Bodenmarken, einen „Corinna"-Produktionsablauf, einem Kapitel über die Werbeabteilung und Fritz Lischkas initiierten Sanitärmuseum „Klo & So".

Band I, 1. Auflage 2009, gebunden, 20,7 x 28 cm, 160 Seiten mit 296 Abbildungen, davon 145 in Farbe.

Preis: 65 Euro (inkl. Nachnahme-Versand)
Erhältlich unter: rene.edenhofer@aon.at oder
ISBN 978-3-9501460-4-2

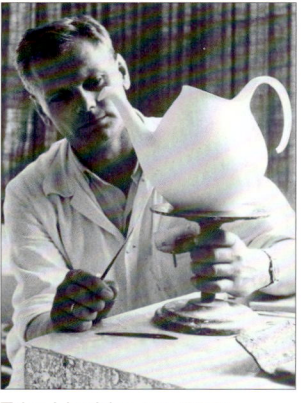

Fritz Lischka um 1961  | „Corinna" Tonmodell  | „Corinna" Dekor Seladon  | „Corinna" Werbung 1961

„Corinna" Dekor Stylo 9012  | „Corinna" Dekor Melange 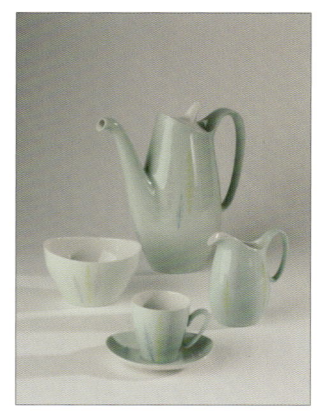 | „Corinna" Dekor 8110 Feder  | „Corinna" Werbung 1961

Lilien-Porzellan
Von der Keramik AG zur ÖSPAG

In diesem prämierten Standardwerk zum Thema Lilien-Porzellan wird die Geschichte der ÖSPAG und ihrer Tafelgeschirr-Formen im Zeitabschnitt von 1959 – 1971 erzählt, gefolgt von einer Darstellung der Produktionszeiträume und einer Auflistung aller Dekore sowie die zu jener Zeit im Verkaufsprogramm befindlichen Hotelservice.

Ergänzt wird das Werk durch Beiträge über damals in der ÖSPAG wirkende Künstler und dort veranstaltete Künstlerprojekte, durch alle Bodenmarken, einen Produktionsablauf, den Verkaufs-Katalog von 1964, welcher die Vielfalt der kompletten Geschirrproduktion anschaulich wiedergibt, weiters einer englischen Kurzfassung des Textes, sowie einer CD mit dem „Lilien-Porzellan" Werbefilm von 1960.

2. erweiterte Auflage 2005, gebunden, 20,7 x 28 cm, 277 Seiten mit 507 Abbildungen, davon 297 in Farbe.
Preis: 65 Euro (inkl. Nachnahme-Versand)
Erhältlich unter: rene.edenhofer@aon.at oder
ISBN(10) 3-9501460-1-6, ISBN(13) 978-3-9501460-1-1

Form „Daisy"

Form „Corinna"

Form „Dolly"

Form „Menuett"

Form „Dora"

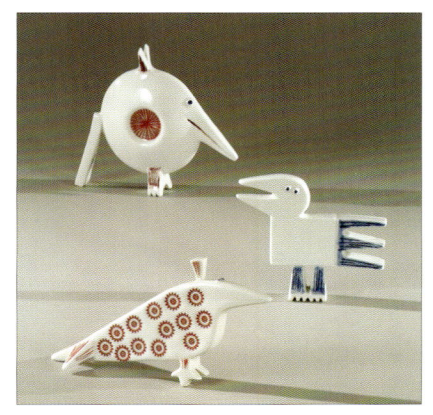

Designstudio

Lilien-Porzellan-Kalender

Immerwährender Kalender
mit original „Daisy" und „Cup"-Werbungen
im Dekor „Melange" (1959 – 1965)

2008, Ringbindung, 21,1 x 29 cm
Preis: 9,90 Euro

Porto und Verpackung Inland
(Versand im Kartonkuvert) 2 Euro

Bestellung unter: rene.edenhofer@aon.at

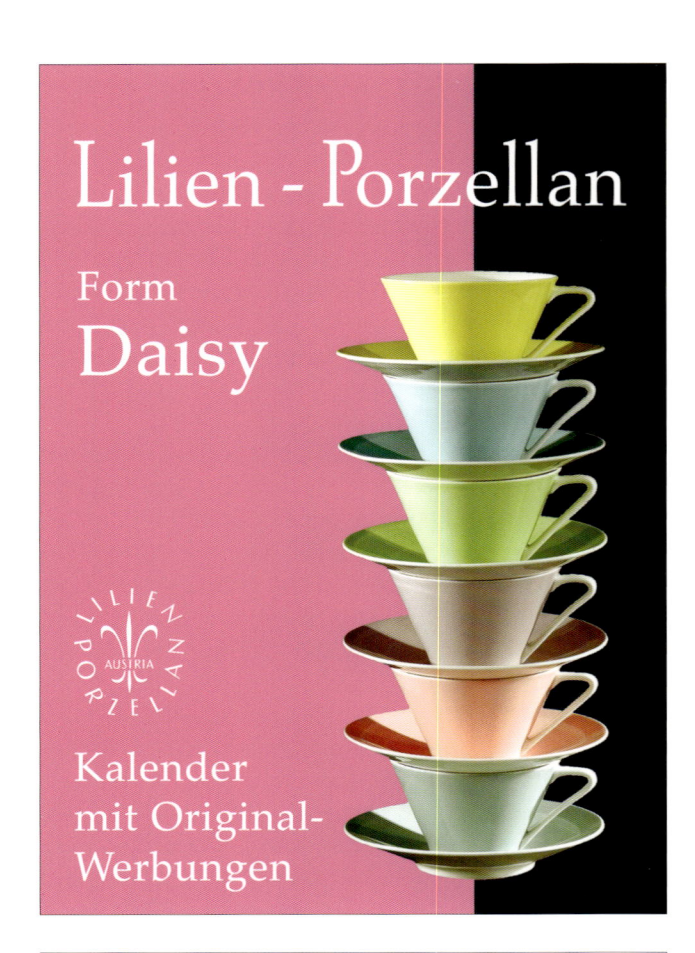

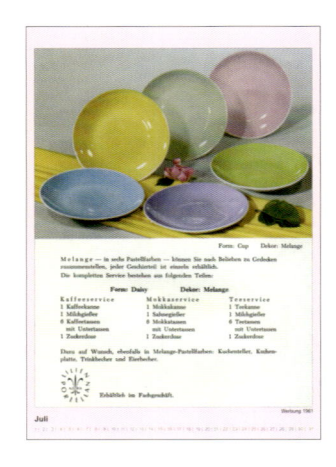

1. Lilien-Porzellan Katalog 1959

Erstmals wird der 1. Lilien-Porzellan Katalog mit den beigefügten Werbeblättern von 1959 gezeigt, gefolgt von einer genauen Darstellung der Form „Daisy" – 1. Serie Juni 1959. Ergänzt wird der vorliegende Katalog durch alle „Lilien-Porzellan" Bodenmarken, welche ab 1959 verwendet wurden.

Mokkakanne „Daisy", 1. und 2. Serie

Lilien-Porzellan Broschüre von René Edenhofer
1. Auflage 2007, broschürt, 65 Seiten, 20,5 x 28,2 cm, mit 50 Abbildungen, davon 42 in Farbe und einem Verkaufskatalog von 1959

Preis: 24 Euro (inkl. Versand)

Bestellung unter: rene.edenhofer@aon.at oder
ISBN: 978-3-9501460-3-5

Form „Daisy"

Form „Josefine"

Form „Barock-Feston"

Klo & So

im
K-Hof Kammerhof Museen Gmunden

Öffnungszeiten:
Mittwoch bis Sonntag 10.00 – 17.00 Uhr – letzter Einlass 16.00 Uhr
Jeden ersten Mittwoch im Monat von 10.00 – 21.00 Uhr geöffnet
In den Monaten Juni bis August und während der Weihnachtsferien
erweiterte Öffnungszeiten:
Dienstag bis Sonntag 10.00 – 17.00 Uhr – letzter Einlass 16.00 Uhr

Für Reisegruppen und Schulklassen ist gegen Voranmeldung unter
Tel. 07612/794 DW 420, 423 oder 425 sowie unter
e-mail: museum@gmunden.ooe.gv.at
auch ein Besuch zu anderen Terminen möglich!

DEMNER, MERLICEK & BERGMANN